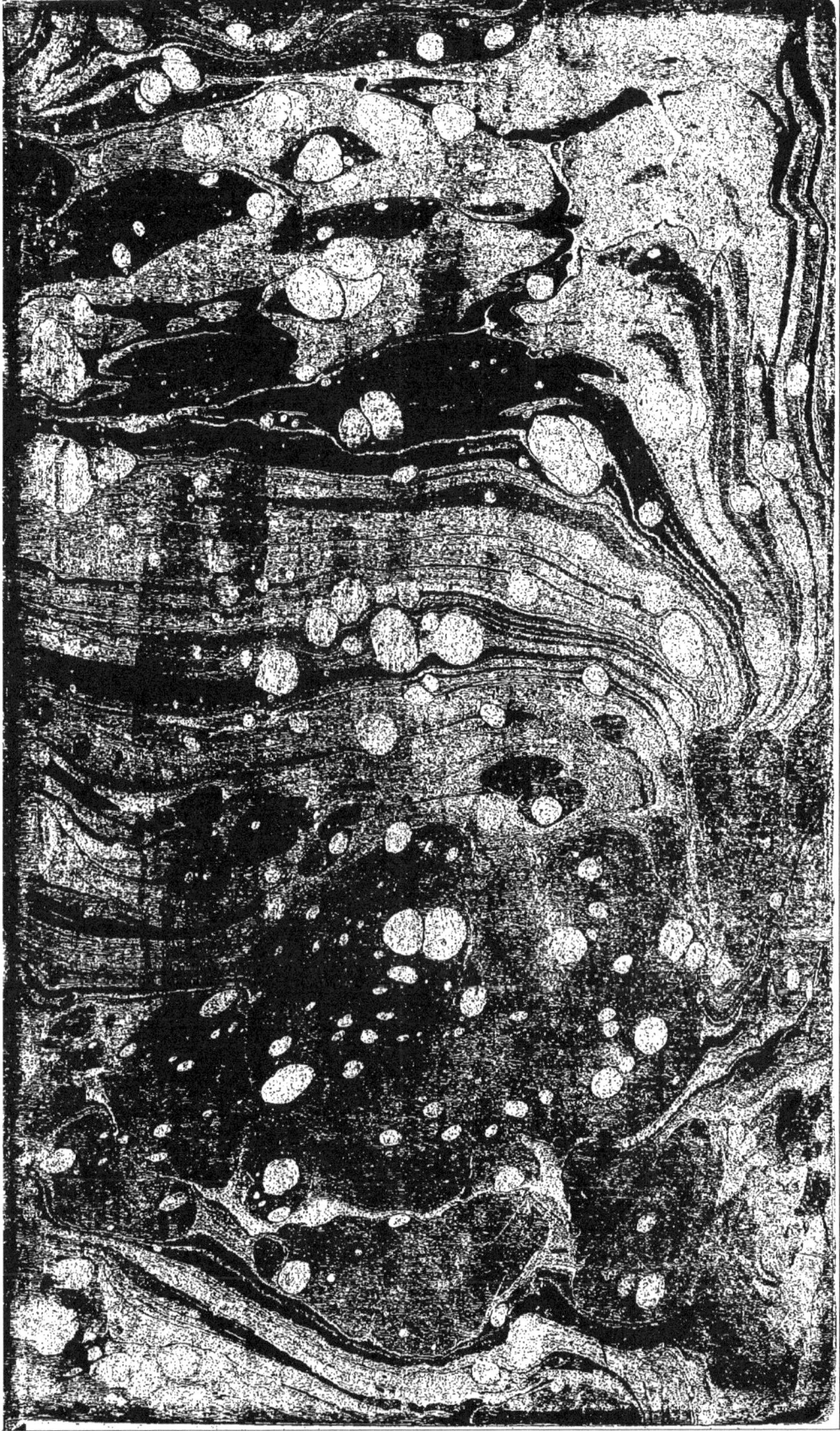

N.168

N.505.
H.

G Consewer

VOYAGE
EN ANGLETERRE,
EN ÉCOSSE
ET
AUX ÎLES HÉBRIDES.

TOME PREMIER.

VOYAGE
EN ANGLETERRE,
EN ÉCOSSE
ET
AUX ÎLES HÉBRIDES;

AYANT POUR OBJET

Les Sciences, les Arts, l'Histoire naturelle et les Mœurs;

AVEC

La Description minéralogique du pays de Newcastle, des montagnes du Derbyshire, des environs d'Édinburgh, de Glasgow, de Perth, de S.-Andrews, du duché d'Inverary et de la grotte de Fingal.

AVEC FIGURES.

PAR B. FAUJAS-SAINT-FOND.

TOME PREMIER.

A PARIS,

CHEZ H. J. JANSEN, IMPRIMEUR-LIBRAIRE,
RUE DES SAINTS-PÈRES, N°. 1195, F. S. G.

1797.

VOYAGE EN ANGLETERRE E EN ÉCOSSE.

CHAPITRE PREMIER.

LONDRES.

Sir Joseph Banks. Docteur Whitehurst. Cavallo. Docteur Letsson. Scheldon. Société royale. Muséum britannique, etc.

Je ne me propose pas d'entretenir ici le lecteur de la grandeur, de la beauté, ni de l'immense population de la ville de Londres (1) ; d'autres ont traité ces matières à fond.

L'histoire naturelle, les sciences, les arts, et quelques objets d'économie, fixeront plus particulièrement mon attention. J'entre en matière.

Sir Joseph Banks.

La maison de ce célèbre voyageur, président de la Société royale de Londres, est le rendez-vous des personnes qui cul-

---

(1) Arthur Young, dans son *Voyage en France*, *pendant les années* 1787, 88, 89 *et* 90, *entrepris plus particulièrement pour s'assurer de l'état de l'agriculture, des richesses, des ressources et de la prospérité de cette nation*, ouvrage plein de vues neuves et de faits instructifs sur la population, le commerce, l'agriculture de la France, comparée à celle de l'Angleterre; s'exprime de la manière suivante sur la grandeur et la population de la ville de Londres: « La grande supériorité de Londres sur Paris « rend toute comparaison ridicule ; je crois sans exagération « que Londres seul est égal à Paris, Lyon, Bordeaux et Mar-« seille ; comme il paroît par les rôles de population et par les « richesses et le commerce de toutes ces villes. » Tome III, page 213. Quelqu'attachement particulier que j'aie pour Arthur Young, je ne suis pas entièrement de son avis. Londres a plus d'étendue et de population que Paris, cela est vrai, mais non pas dans cette disproportion.

tivent les sciences ; les étrangers y sont reçus avec politesse et affabilité.

On s'y réunit chaque jour le matin dans une des pièces d'une bibliothèque nombreuse, entièrement composée de livres d'histoire naturelle, la plus complète qui existe en ce genre ; on y trouve tous les journaux et les papiers publics relatifs aux sciences ; on s'y communique les nouvelles découvertes, que les correspondances des uns et des autres font connoître, ou que les savans étrangers qui arrivent à Londres, et qui sont tous admis dans cette société, y transmettent.

Un déjeûné amical, en thé ou en café, entretient le ton d'aisance et de fraternité, qui devroit régner parmi tous les savans et les hommes de lettres ; ceux-ci seroient, en général, beaucoup plus sociables et plus unis, s'ils avoient l'habitude de se voir, et sur-tout de trouver, comme ici, un point de réunion qui leur offrit les charmes d'une société douce à côté des plaisirs purs que présente tout ce qui tient aux connoissances et à l'instruction.

Sir Joseph Banks a rendu des services importans aux sciences par ses voyages de long cours qui avoient pour but des découvertes ; il en rend de journaliers par les collections qui en ont été le fruit, particulièrement dans la botanique, qui est la partie d'histoire naturelle qui l'intéresse le plus. Sa fortune le met d'ailleurs à portée d'entretenir de nombreuses correspondances dans toutes les parties du monde ; et comme il est aussi honnête que communicatif, il fait participer les autres au fruit de toutes les découvertes nouvelles.

Cet ami des sciences n'a publié jusqu'à présent que le recueil de Guillaume Houston (1), où sont plusieurs plantes de l'Amérique ; ainsi que celui des plantes du Japon de Kaempfer ; mais il s'occupe depuis long-tems à faire dessiner et graver par d'habiles artistes les planches

---

(1) *Reliquiæ Houstonianæ, seu plantarum in America meridionali, a Gulielmo Houston, collectarum icones manu propria incisæ in bibliotheca, Joseph Banks asservati.* Londini, 1781, in-4°. fig.

de la superbe collection des plantes de la mer du Sud; ouvrage considérable attendu avec impatience, et qui sera digne de la réputation de son auteur.

M. Banks a fait des acquisitions précieuses en botanique, et est devenu par-là le conservateur de plusieurs herbiers faits par des savans d'une grande réputation: ces collections de plantes seroient, sans les soins et la fortune de M. Banks, dispersées çà et là, ou peut-être égarées par la négligence des héritiers; tandis que réunies à présent dans un même lieu, elles se trouvent à la disposition de ceux qui sont bien aise de les consulter.

C'est dans cette vue que sir Joseph Banks s'est procuré un herbier du célèbre Haller, qu'il a acheté de M. Dick, ministre de l'évangile à Bodligène en Suisse, dans lequel se trouvent réunies les collections de plantes des frères Bohins.

Il a acquis également les plantes de la Guiane françoise, par Fusée Aublet, l'herbier de Jacquin, et d'autres formés par des savans qui ont illustré la botanique.

M. Banks venoit de recevoir de la Chine, lorsque j'eus le plaisir de le voir, un envoi dans lequel se trouvoit une boîte renfermant une matière pierreuse réduite en poudre, telle qu'on la vend aux lapidaires pour couper et user les pierres dures de la nature du cristal de roche, dont les Chinois font usage dans leur parure et dans leurs ameublemens. La même boîte renfermoit un petit sac avec des fragmens de la pierre qui sert à faire cette poudre.

On ne connoît, en général, en Europe, que deux matières propres à scier et à user les pierres dures : la poudre de diamant, pour tailler le diamant lui-même et les pierres fines, et celle d'émeril pour les jaspes, les agathes, les cristaux de roche, etc.

Quelques années avant cet envoi, le docteur Lind, étant à Canton, s'étoit occupé de la recherche des arts chinois; il n'avoit négligé ni dépenses, ni soins pour obtenir des renseignemens à ce sujet, malgré les difficultés qu'il falloit vaincre.

Il apporta de la même poudre, et l'archet dont font usage les lapidaires de la Chine, qui diffère de celui dont on se sert en Europe, en ce qu'ils emploient un fil de métal double, c'est-à-dire, un fil cordé sur l'autre; tandis que nous ne faisons usage que d'un simple fil. Cette méthode des Chinois mérite d'être examinée par les gens de l'art. Le docteur Lind ne manqua pas de se procurer des échantillons de la pierre qui sert à former la poudre à scier : le hasard fit qu'il en obtint des morceaux presque tous cristallisés.

Le plus considérable de ces cristaux fut remis, en 1782, par le docteur Lind à Solander, compagnon de voyage du chevalier Banks. Solander mourut quelque tems après; M. Woulf, habile chimiste, en fit l'acquisition à la vente du mobilier de Solander, et il voulut bien, en 1783, m'en faire très-gracieusement le sacrifice à Paris, où j'eus le plaisir de le voir alors (1).

C'est le même que je prêtai à M. Brisson pour en déterminer la pesanteur spécifique, et qu'il a cité dans son livre sur

---

(1) J'ai donné ce beau cristal au muséum national d'histoire naturelle de Paris.

la pesanteur des pierres et des minéraux.

Ce fut d'après les renseignemens du docteur Lind que M. Banks chercha à faire venir de la poudre et des échantillons de pierres de la Chine, et qu'on lui apporta la boîte qui en renfermoit divers morceaux. M. Banks m'offrit de choisir ceux qui pouvoient m'intéresser, et me donna une assez grande quantité de poudre pour en faire faire divers essais à Paris.

La chose qui m'intéressoit le plus dans le choix que me permit de faire M. Banks, fut de m'attacher aux morceaux encore adhérens à des portions de pierres dans lesquelles se trouve le *spath adamantin;* car le docteur Lind l'appela ainsi : en effet, je parvins par-là à déterminer dans quelle roche composée existe cette pierre, qui ressemble, au premier aspect, et par sa contexture lamelleuse, à un feldspath. Je ne crois pas qu'il soit possible de révoquer en doute qu'elle ne soit dans une espèce de granit, où elle se trouve en cristaux plus ou moins gros, plus ou moins parfaits; ces cristaux sont opaques, de couleur brune verdâtre, quelquefois d'un blanc grisâtre, faisant mouvoir le barreau aimanté. Il faut donc chercher cette pierre dans les roches granitiques, où il est possible de la trouver; et comme elle est utile dans l'art de couper les pierres dures, il seroit à désirer qu'on put la découvrir dans les granits de France; ce qui nous dispenseroit de faire usage de l'émeril que nous tirons de l'étranger (1). Le doc-

---

(1) Voici la liste des échantillons que j'ai choisis dans l'envoi de M. Banks, et que j'ai donnés au Muséum d'histoire naturelle de Paris, ainsi que le gros crystal que m'avoit cédé M. Woulf.

1. Spath adamantin de couleur brune, avec des troncatures rhomboïdales dans quelques parties.

2. Idem adhérent à du mica lamelleux brillant couleur d'argent.

3. Idem avec du mica noir brillant.

4. Idem avec du feld-spath verdâtre, du mica noir et quelques points de schorl noir.

5. Spath adamantin adhérent à la stéatite verdâtre, dure, mais douce au toucher, et donnant une poussière onctueuse.

6. Idem avec de la stéatite blanche, tendre un peu micacée.

7. Avec du feld-spath couleur de rose.

8. Avec de la pyrite ferrugineuse de forme cubique.

9 Crystal confus de spath adamantin, sur une des faces duquel on voit l'empreinte en creux d'une pyrite cubique.

teur Lind a donné à la pierre de la Chine le nom de *spath adamantin*, parce que sa contexture lamelleuse, sa crystal-

---

10. Spath adamantin en gros grains irréguliers, adhérens à des grains pareillement irréguliers de quartz de couleur rougeâtre, et à du fer micacé en petites lames.

On ne sauroit douter, d'après cela, que le spath adamantin ne se trouve dans une roche composée. Lametherie, dans ses *Notes sur la sciagraphie de Bergmann*, page 271, tome I, parle du spath adamantin, et lui donne, d'après Klaproth, le nom de *corrindon*. Ce savant et estimable ami, qui ne cherche en tout que la vérité, voudra bien ne pas désapprouver que je relève une petite erreur qui lui est échappée au sujet de cette pierre, lorsqu'il dit, en parlant de sa dureté, « qu'elle n'égale que celle du crystal de roche tout au plus; « car le crystal de roche l'entame plutôt qu'il n'entame le « crystal : sa dureté peut donc être estimée comme celle du « crystal à onze. » Voici une réponse décisive à ce sujet ; c'est un procès-verbal des expériences que j'ai fait faire par un des plus habiles lapidaires de Paris, M. Fontaine fils, en présence de M. Hoppé, Allemand, très-instruit dans la connoissance des pierres fines. Ce sujet est assez important, par sa nouveauté et son utilité, pour que je place ici le résultat de ces expériences.

« M. Faujas (Saint-Fond) ayant remis à M. Hoppé une
« certaine quantité de spath adamantin en poudre, pour en
« faire faire des essais comparatifs avec l'émeril ; ce dernier
« s'est adressé, à cet effet, à M. Fontaine fils, dont les ta-
« lens sont connus de tous les amateurs, et qui s'est prêté
« de la manière la plus honnête à remplir les vues de M.
« Faujas.

lisation, l'aspect que présente sa cassure, la rapprochent des *spaths*.

Le mot générique de *spath*, que nous

« Les principales opérations du lapidaire en pierres fines
« étant de scier, de percer et de tailler sur la roue, M. Fon-
« taine a employé le spath adamantin à la place de l'émeril
« dans les différentes opérations en question, et avec des
« instrumens qui n'avoient pas encore servis, afin d'obte-
« nir des résultats certains.

« Comme les lapidaires scient et percent ordinairement
« avec de la poudre de diamant, le spath adamantin s'est
« trouvé de beaucoup inférieur à celle-ci; mais il a cepen-
« dant produit un effet assez marqué et plus grand que l'é-
« meril. M. Fontaine l'a comparé à celui que produiroit la
« poudre de rubis, de saphir ou de topase d'Orient.

« Il a ensuite employé la poudre du spath adamantin sur
« la roue à dégrossir et à tailler, et son effet a infiniment
« surpassé et au-delà de toute attente, celui de l'autre ma-
« tière, le résultat d'un grand nombre d'expériences a été que
« la roue du lapidaire reçoit et retient très-bien le spath
« adamantin, qu'il n'en faut que le quart de l'émeril pour
« la mettre parfaitement en état d'user et de tailler les pier-
« res, et qu'on gagne même près de la moitié du tems. Il
« n'est pas inutile d'ajouter à cela que le spath adamantin
« dispose mieux les pierres à recevoir le poli que l'émeril,
« parce que le premier produit un gris plus doux. M. Hoppé,
« présent à toutes ces opérations, en a tenu la note ci-des-
« sus, à mesure qu'on faisoit les expériences comparatives,
« et a signé avec M. Fontaine.

« A Paris, le 30 mai 1789.

Hoppé. Fontaine fils, lapidaire.

tenons des Allemands, nos premiers maîtres en minéralogie, quoiqu'insignifiant, n'est pas à rejeter, comme le voudroient les amis des nouvelles nomenclatures; car c'est par la raison qu'on ne trouve aucun sens dans la racine de ce mot, qu'on doit le considérer comme bon, en y ajoutant une épithète, telle que celle de *spath calcaire*, de *spath pesant*, de *spath cubique* ou *phosphorique*, etc.

Klaproth, qui a analysé en bon chymiste le spath adamantin, lui a donné, je ne sais pourquoi, le nom de *corrindon*; et comme il a reconnu dans cette pierre une terre particulière, une terre *sui generis*, unie au quartz, au fer et au nickel, il lui a plu d'appeler cette terre *corrindoniene*. Si le mot corrindon étoit chinois, je serai le premier à l'adopter, et à engager les naturalistes à le conserver, ne fut-ce que pour apprendre que cette pierre et l'usage auquel elle est appliquée nous ont été transmis par les Chinois; mais ce nom a si peu de rapport avec la langue de ce peuple, qu'il est à présumer qu'il est de fabrique européenne.

Cette

Cette manie de faire de nouveaux mots a séduit M. Haüy, très-habile naturaliste, qui en a créé un dans le genre composé, à l'exemple de quelques chymistes qui ont cherché à renfermer les principes de la science dans les noms. Il a donc appelé le spath adamantin *leïaste*, dérivé de *levigator (polisseur)*, à cause, dit-il, de l'usage qu'on en fait pour polir les pierres; mais M. Haüy auroit dû peut-être considérer, avant de créer un nom tiré des propriétés de la chose même, que la poudre du spath adamantin est employée à couper et à scier les pierres, et non à les polir; c'est la *potée*, c'est le *brun-rouge* d'Angleterre qui sont destinés à les polir et à leur donner le lustre, à qui le nom de *leïaste* seroit plus applicable. Conservons donc à cette pierre celui de spath adamantin, quelque mauvais qu'il puisse être, jusqu'à ce qu'on parvienne à avoir celui qu'elle porte à la Chine; en attendant l'on saura que c'est le docteur Lind qui le premier nous l'a fait connoître, ainsi que ses usages chez un peuple dont la haute antiquité et la constante application ont donné naissance à une foule d'arts et de procédés qui nous sont encore inconnus, et dont il seroit facile de citer des exemples.

Le lecteur voudra bien excuser les détails dans lesquels je suis entré relativement à cette pierre ; mais comme c'est un objet encore nouveau en histoire naturelle, que l'art du lapidaire pourra en tirer parti, et qu'il est à présumer que le spath adamantin n'existe pas exclusivement dans les granits ou parmi les porphyres de la Chine, j'ai cru que ces considérations méritoient de fixer l'attention des savans (1).

Le même envoi, expédié à M. Banks, renfermoit un second objet, non moins digne d'attention, puisqu'il intéresse une classe plus nombreuse d'hommes, celle qui

---

(1) Il seroit trop long, et hors de place, de rapporter ici les différentes analyses qu'on a faites en Allemagne et en France de cette pierre, M. de Bournon croit en avoir reconnu quelques indices dans un granit du forêt du côté de Montbrison, d'autres ailleurs. Je me propose, dès que mes occupations me le permettront, de traiter à fond cette matière dans un mémoire particulier.

s'occupe d'agriculture ; c'étoit de la graine d'une espèce de chanvre supérieure à celle qu'on cultive en Europe.

M. Eliot, qui avoit résidé quelque tems à Canton, donna, en 1781, à M. Fitz-Gerald trente à quarante graines de ce chanvre ; il ne fut semé que le 4 juin, plus d'un mois trop tard ; malgré cela et la sécheresse qui régna cette année, la plupart des plantes s'élevèrent à quatorze pieds, et les tiges de quelques-unes étoient si grosses qu'après les avoir mesurées, on reconnut qu'elles avoient, par le bas, sept pouces anglois de circonférence.

Ces belles plantes fleurirent, mais le froid étant arrivé, elles périrent sans donner des graines. « Il y avoit, dit M. Fitz-
« Gerald, à chaque plante depuis trente
« jusqu'à quarante branches latérales, et
« ces branches étoient disposées par pai-
« res, en prenant une direction horison-
« tale ; les autres étoient à cinq, à six
« pouces de distance, et prenoient diver-
« ses directions ; ce qui continuoit ainsi
« jusqu'au sommet : quelques-unes des

« branches du fond de la tige avoient jus-
« qu'à cinq pieds, et les autres décrois-
« soient graduellement jusqu'au sommet,
« de manière à former un beau cône quand
« la plante étoit en fleur.

« En examinant, après l'avoir fait rouir
« à la manière ordinaire, si ce chanvre
« pouvoit être séparé aisément de la par-
« tie ligneuse, je fus agréablement sur-
« pris de voir qu'en enlevant longitudi-
« nalement cette enveloppe extérieure, à
« peu de pouces de la racine, toute cette
« écorce, depuis le bas jusqu'au sommet,
« non-seulement de la tige, mais encore
« des branches latérales, s'enlevoit entiè-
« rement sans se rompre. La force de ce
« chanvre me parut extraordinaire.....
« L'écorce de trente-deux plantes pesoit,
« après avoir été bien dessechée, trois li-
« vres et un quart; mais je ne crois pas
« qu'elles soient parvenues à leur pleine
« maturité, comme si les graines avoient
« été semées dans une saison favorable;
« l'été avoit été très-sec, et non-obstant
« cela, quoique l'endroit fut chaud et le

« sol peu fertile, j'observai que l'accrois-
« sement avoit été presque de onze pou-
« ces par semaine. »

Tel est le précis du mémoire communiqué à M. Banks par M. Fitz-Gerald, lu ensuite à la société royale de Londres, le 17 du mois de janvier 1782, et imprimé dans les *Transactions philosophiques*, année 1783. J'ai cru qu'on verroit avec quelqu'intérêt l'historique et le résultat de cette première expérience, quoiqu'incomplète, faite en Europe sur le chanvre de la Chine.

Le désir de procurer à l'Angleterre une production aussi importante pour sa marine, c'est à-dire, pour la partie qui constitue sa puissance, fixa l'attention du parlement et de ceux qui cherchèrent à enrichir l'agriculture de ce nouveau produit. L'on sut que la sortie de cette graine étoit sévèrement défendue ; cette prohibition ne fut qu'un véhicule de plus qui anima le zèle et l'émulation ; aussi arriva-t-il de-là qu'au premier retour du voyage de la Chine un vaisseau en rapporta environ une livre, cachée dans une caisse d'histoire naturelle adressée à M. Banks, la même qui renfermoit le spath adamantin et d'autres objets curieux. Le président de la société royale voulut bien en partager deux onces, entre Broussonet, qui se trouvoit à Londres, et moi, pour en faire l'essai en France, mais particulièrement dans les départemens du midi, où nous avions l'un et l'autre des possessions. Il y avoit lieu d'espérer que la graine y parviendroit à maturité, et qu'on pourroit la retrouver là dans le cas où elle ne réussiroit pas en Angleterre. Nous acceptâmes avec reconnoissance ce beau présent, et je me proposai, à mon retour en France, de distribuer les graines à d'habiles cultivateurs, et d'en mettre en réserve pour être semées dans le midi de la France (1).

---

(1) De retour à Paris, mon premier soin fut de donner de ces graines, à M. de Malesherbes, à M. de Rosambo son gendre, à M. de Trudaine l'aîné, à M. Boutin, à M. de Lavoisier, à M. Hell pour l'Alsace, à Varenne de Fenille pour la Bresse, à M. de Buffon pour sa terre de Montbard en Bourgogne, à M. Thoin pour le Jardin de plantes de Paris, et à Montélimar à M. Moral, médecin qui s'occupe de

Whitehurst.

BENJAMIN Franklin avoit eu la bonté de me donner une lettre de recommanda-

culture. J'en mis en réserve environ cinquante graines pour l'année suivante, voulant en diriger moi-même le semis et en suivre les progrès dans le département de la Drôme.

Le chanvre de la Chine réussit par-tout au-delà même des espérances; l'on venoit voir par curiosité celui du Jardin des plantes de Paris; il avoit au mois d'août quatorze pieds de hauteur, quinze à seize en septembre. M. Hell m'écrivit d'Alsace que les tiges de vingt graines qu'il avoit semées s'étoient élevées à dix-sept pieds le 20 du mois de septembre, et que les branches latérales étoient si vigoureuses, et occupoient un si grand espace que toutes ces plantes paroissoient plutôt être des arbres que des végétaux annuels. Il en fut de même à Malesherbes, à Montigny, en Bourgogne, en Bresse et ailleurs: par-tout on obtint des individus mâles et femelles, et une bonne floraison; mais depuis Bourg jusqu'à Paris, depuis Paris jusque dans le bailliage du Landser en Alsace, aucune plante ne put donner de bonnes graines; le froid les ayant empêché de parvenir à maturité. On m'écrivit aussi que tout ce qui avoit été cultivé en Angleterre avoit eu le même sort. Par-tout cette espèce de chanvre fut reconnue supérieure à l'autre, par sa force, par sa qualité soyeuse et par la longueur des brins. M. Thoin hasarda d'en enlever quelques plantes en motte, pour les placer dans des pots et les déposer dans la serre, tant il regrettoit que ce chanvre gigantesque se perdit, les graines acquirent une certaine maturité; elles n'étoient pas très-vigoureuses, mais elles étoient susceptibles de se reproduire. J'avois des espérances

tion pour son ancien et estimable ami Whitehurst, qui a fait connoître, dans le plus grand détail, l'étonnante et singulière structure des montagnes du Der-

---

sur celles qui me restoient, et j'attendois des nouvelles du chanvre semé dans les environs de Montélimar; j'appris vers la fin de septembre qu'il avoit parfaitement réussi, que la secheresse qui avoit régné dans ce pays l'avoit empêché de s'élever aussi haut qu'ailleurs; mais que la graine avoit acquis toute la maturité convenable, et qu'on en avoit récolté plus d'une livre. J'obtins l'année suivante le même succès de celle que j'avois mis en réserve, et que je semai dans le département de la Drôme; les plantes s'élevèrent à douze pieds. J'ai continué cette culture jusqu'à ce jour avec beaucoup d'avantage, et il est évident que le chanvre de la Chine produit de l'excellente graine dans le midi de la France. J'en ai déja donné à plusieurs personnes, soit à Paris, soit ailleurs; il est très-essentiel d'éviter de le semer dans le voisinage du chanvre ordinaire. J'attends la paix pour m'acquitter envers les Anglois; car il est juste de leur rendre ce qu'ils nous ont si loyalement prêté. J'aurois publié il y a long-tems le résultat des expériences que j'ai faites, et celles des différentes personnes à qui j'avois donné des graines; mais j'en ai été détourné, je l'avoue, par des souvenirs douloureux, qui me rappeloient avec horreur que de onze personnes à qui j'avois donné les premières graines venues de la Chine, et qui s'étoient prêtées avec l'enthousiasme de l'intérêt public à les cultiver elles-mêmes, huit ont été traînées à l'échaffaud, sans respect pour des noms illustrés par des vertus et des talens. Buffon étoit mort, on se vengea sur son fils; il fut impitoyablement assassiné.....

byshire, dans un ouvrage qui a pour titre, *Inquiry into the original state and formation of the earth*, etc. By Joh. Whitehurst. London 1778. In-4°. *fig. 1 vol.*

Il étoit du Derbyshire, et en avoit long-tems habité la capitale. Ses vues et ses méditations s'étoient portées sur un pays véritablement extraordinaire et intéressant pour les naturalistes.

Whitehurst s'étoit formé lui-même à une époque où la science n'étoit pas aussi avancée ; mais s'il a commis quelques erreurs (et quel est celui qui en est exempt?), elles tenoient moins encore à la marche incertaine de la minéralogie à cette époque, qu'à une sorte d'égard ou plutôt de frein religieux, qui arrêtoit souvent les bons esprits et les contraignoit à chercher des rapports immédiats entre les révolutions multipliées du globe, et la cosmogonie orientale, écrite dans les livres de Moïse.

Whitehurst s'étoit fixé à Londres depuis plusieurs années ; il étoit plus à portée par-là de s'y livrer à l'étude et au commerce des savans. Ce respectable vieillard tenoit beaucoup à la découverte qu'il avoit faite dans le Derbyshire d'une multitude de courans de laves basaltiques, qui traversoient en plusieurs sens des bancs de roche calcaire, dont ils avoient souvent dérangés l'assiette première. Toute la partie descriptive de son livre est excellente et d'une exactitude remarquable.

« Vous avez, me dit-il, vu beaucoup de
« pays volcanisés, vous avez fait une étude
« particulière des différentes matières at-
« taquées par les feux souterrains ; je n'ai
« pas été à portée, par les circonstan-
« ces, de voyager hors de l'Angleterre,
« et de voir des volcans en activité ; mais
« j'ai cru reconnoître, dans les pics du
« Derbyshire, des traces si évidentes des
« incendies souterrains, que j'ai cru pou-
« voir édifier, sur cette base, un système
« relatif à l'ancien état de la terre ; il me
« tarde que vous confirmez ou que vous
« détruisez mes observations.

« Si je n'avois pas ici une parente ma-
« lade à qui je dois mes soins, je quit-
« terois toute autre occupation pour vous
« accompagner ; j'éprouve une grande pri-

« vation dans ce moment, mais je vous
« prierai de vous charger d'une lettre
« pour le médecin des eaux minérales de
« *Buxton*, qui est instruit et connoît
« très-bien toutes les localités décrites
« dans mon livre. »

Des manières aussi affables sont faites pour rendre les sciences recommandables, et faire aimer ceux qui les cultivent, lorsqu'on a le bonheur de rencontrer de tels hommes.

Je trouvai des rapports remarquables entre M. Whitehurst et son ami Benjamin Franklin. Sa bonhommie, sa franchise, une simplicité de mœurs admirable et une philantropie douce, m'attachèrent à lui, je le vis très-souvent; il eut la bonté de me procurer la connoissance de plusieurs savans, et de me conduire chez les plus habiles artistes de Londres, qu'il connoissoit particulièrement, et qui venoient souvent le consulter. Il poussa l'attention jusqu'à partager avec moi une partie des minéraux et des fossiles qu'il avoit recueillis et sur lesquels il appuyoit son système. Son cabinet n'étoit pas considérable ; il avoit borné sa collection aux productions du Derbyshire, et cette réunion d'objets propres à former le tableau minéralogique d'un pays, présentera toujours un grand intérêt au voyageur naturaliste.

Je promis à M. Whitehurst de porter toute mon attention sur les montagnes qu'il avoit décrites ; il me dit que je l'obligerois de lui écrire de Buxton ou de *Matelock*, lorsque j'aurois visité ce pays, et de lui marquer sans déguisement ma façon de penser sur les *toadstone* et les autres pierres qu'il regardoit comme volcaniques. Tous les échantillons que je vis chez lui m'annoncèrent qu'il avoit suivi la même marche de Lammanon, qui avoit pris, dans les Alpes du *Champsaur*, des *trapps* pour des laves ; mais j'attendois d'avoir vu les lieux pour lui marquer ma façon de penser à ce sujet. J'en agis de même avec mon illustre et courageux ami Lammanon (1), qui revint de son erreur

---

(1) Lammanon, doué de beaucoup de talent et d'un grand amour pour l'histoire naturelle, étoit si convaincu de l'existence d'un volcan éteint, qu'il croyoit avoir reconnu sur la mon-

peu de tems avant son départ pour le voyage autour du monde avec la Pérouse, dont il a partagé le malheureux sort.

Cavallo.

Tiberius Cavallo est de Naples ; mais il est fixé depuis plus de vingt ans à Londres, où il fait sa principale occupation de la physique proprement dite, dans la-

---

tagne de *Drouveire*, dans les Hautes-Alpes du Champsaur en Dauphiné, qu'il fit graver le cratère, les courans de lave, en un mot le plan topographique de ces prétendues restes d'un incendie souterrain dans les Alpes, où il n'existe aucune trace de volcan. Il m'envoya le mémoire manuscrit qu'il avoit fait à ce sujet, et me le fit parvenir de Turin où il se trouvoit alors; il me demandoit dans sa lettre ma façon de penser sur cette découverte, et me fit en même tems parvenir la collection des diverses matières, qui portoient, selon lui, les caractères les plus évidens de l'action des feux volcaniques. J'avois visité en 1776 cette montagne avec le botaniste Liotard, et je possédois la collection des pierres qu'on y trouve, elles ont, au premier aspect, une ressemblance apparente avec des laves. Je répondis au mémoire de Lammanon, article par article, et fis le parallèle de ces pierres avec les trapps de Suède dont j'avois une belle collection. Lammanon refuta à son tour mes objections d'une manière ingénieuse, et persistant dans son opinion, fit imprimer, à son retour à Paris, chez Cu-

quelle il est très-versé; il a beaucoup d'intelligence et une grande dextérité pour les expériences les plus délicates. Il a perfectionné les électomètres au point de les rendre sensibles à l'électricité la moins apparente avec les instrumens ordinaires. Je vis chez lui des thermomètres que le plus léger changement dans la température fait mouvoir d'une manière très-remarquable, et avec lesquels il a obtenu

---

chet, libraire, rue et hôtel Serpente, son mémoire, ma lettre et sa réponse avec la carte des lieux. Cet ouvrage alloit voir le jour en 1784, lorsque de savans minéralistes Suédois à qui il le communiqua avec sa collection, l'assurèrent que toutes ces matières étoient des espèces ou variétés de trapps absolument semblables à ceux de leur pays. Lammanon revint de son erreur en homme qui cherche la vérité; il fit plus, il supprima et anéantit l'édition de son livre, à l'exception de douze exemplaires, à chacun desquels il ajouta un carton imprimé avec l'aveu honorable de sa méprise, et le nom des personnes à qui il destinoit un de ces exemplaires; il voulut bien me comprendre dans cette distribution. Ce livre est très-rare, puisqu'il n'en existe que douze exemplaires, et même que onze depuis la mort de l'auteur qui en avoit emporté un exemplaire dans son voyage: il a pour titre, *Mémoire litho-géologique sur la vallée de Champsaur et la montagne de Drouveire dans le Haut-Dauphiné, par le chevalier Delammanon. Paris 1784. In-8°. avec une carte.*

de grandes divisions et des graduations qu'on n'avoit pas encore pu atteindre. Les tubes sont d'une finesse extrême et d'un calibre parfait, et le mercure est porté au dernier degré de pureté.

Cavallo a beaucoup contribué à ce haut point d'exactitude et de perfection auquel ont été porté les instrumens de physique en Angleterre. Il faut rendre justice aux artistes, ils entrent dans cette carrière avec des connoissances préliminaires, fruit d'une bonne éducation qui honore un gouvernement où la plupart des hommes sont en état d'apprécier les artistes habiles, et de mettre un prix convenable aux ouvrages qui sortent de leurs mains.

Cavallo s'étoit beaucoup occupé, dans un tems, des globes aérostatiques; il a traduit en anglois, avec des notes et des commentaires, tout ce qui a été écrit en France sur cette étonnante découverte, dont les progrès n'ont été arrêtés que par les dépenses considérables qu'exigeoient des expériences faites en grand, et cependant l'on ne pourra parvenir à des résultats heureux et satisfaisans qu'en opérant avec de vastes machines et en employant des moyens majeurs. Mais le principe est connu, et il est à présumer qu'on pourra tôt ou tard se remettre sur la voie et tirer parti d'une découverte dont le mérite n'a pas été assez généralement senti (1).

M. Cavallo me fit voir un petit appareil, simple et ingénieux, pour obtenir promptement de la glace, au milieu même des ardeurs de la canicule, par la simple action de l'évaporation. Cet instrument

---

(1) Les François à la bataille de Fleurus ont fait un emploi très-avantageux d'un globe aërostatique en taffetas. L'air inflammable qu'on y introduisoit provenoit de la décomposition de l'eau par l'intermède du fer et d'un feu violent. C'est la première fois depuis que les hommes se battent, et ils se battent depuis qu'ils existent, qu'on a vu en présence de l'ennemi une pareille machine de guerre. Elle fut confiée aux soins d'un homme aussi intelligent que modeste, Coutelle, capitaine d'une compagnie entièrement consacrée à ce service, et formée de jeunes militaires pleins de zèle, d'adresse et de bonne volonté. C'étoit un plaisir de les voir conduire, placer sous la tente, élever, abaisser et manœuvrer de toute manière cet observatoire ambulant, qui permettoit au général en chef de voir d'un coup-d'œil et au loin toutes les dispositions et manœuvres de l'ennemi.

consiste

consiste en un petit tube cylindrique de verre très-mince de quatre ou cinq lignes environ de diamètre sur deux pouces et demi ou trois de longueur, ouvert par un bout, fermé par l'autre.

On introduit dans ce tube un fil de métal quelconque jusqu'au fond, mais très-mince, et tourné en spirale; on verse après cela sept à huit lignes d'eau dans l'appareil. Le fil métallique n'est destiné qu'à retirer la glace lorsqu'elle est formée. Le tout ainsi disposé, l'on a une de ces petites seringues de verre avec lesquelles les enfans jouent; son extrêmité ou son bec, doivent être très-capillaires; elle doit être sans piston. On verse dans cette espèce d'entonnoir de l'éther vitriolique bien rectifié, en fermant l'orifice supérieur avec le pouce pour empêcher l'évaporation et forcer la liqueur volatile à sortir par le bout.

L'éther ne tarde pas à couler en très-petites gouttes par ce bec alongé, qu'on dirige sur le cylindre dans lequel l'eau qu'on veut glacer est contenue; on fait tomber l'éther sur l'extérieur du tube, qu'on tient avec la main gauche et qu'on tourne dans les doigts pour que toutes les parties soient mouillées par l'éther, qui, à l'aide de la main droite, jaillit sur le tube.

Cette liqueur en s'évaporant, presque instantanément, entraîne avec elle le calorique de l'eau; l'on voit dans très-peu de tems l'eau prendre de la consistance et passer à l'état de congellation. On retire alors le fil de fer ou de cuivre, qui entraîne avec lui un petit cylindre de glace.

Franklin avoit fait des observations très-curieuses sur l'évaporation et les effets qu'elle produits, et sur l'application utile qu'on pouvoit en faire pour la médecine et même pour l'économie ; il a écrit des choses très-intéressantes à ce sujet. L'expérience de Cavallo n'est qu'une application de ce principe, mais elle est simple et facile pour les démonstrations de physique.

Cette expérience engagea une conversation sur l'éther ; je fis, à ce sujet, au savant physicien une question relative à un article du dictionnaire de chimie de Macquer, qui avoit donné lieu à quelques personnes d'attaquer ce célèbre chimiste, au sujet de la dissolution de la gomme élastique ou *caoutchou* dans l'éther.

« Il est certain, lui dis-je, que l'éther
« vitriolique tel qu'on le prépare ordinai-
« rement, ne dissout pas la gomme élas-
« tique ; cependant à la mort de Mac-
« quer, dont j'achetai le cabinet de chi-
« mie, je trouvai trois petits flacons dans
« l'un desquels il y a de la gomme élas-
« tique parfaitement dissoute par l'éther,
« ainsi qu'il est facile de s'en assurer; les
« deux autres en renferment également,
« qui paroît avoir été dissoute en partie ;
« mais elle est précitée au fond comme de
« la térébenthine un peu épaisse, et elle
« n'a pas la faculté de se mêler à l'éther
« qui est dans le flacon. Celui qui ren-
« ferme la gomme élastique parfaitement
« dissoute, porte une étiquette écrite
« de la main de Macquer, ainsi conçue :
« *Gomme élastique dissoute par l'éther*
« *envoyée de Londres*. Je vous fais ce ré-

« cit pour vous demander si vous avez
« connoissance que quelqu'un à Londres
« ait employé avec succès l'éther pour dis-
« soudre le caoutchou, et quels étoient
« les ingrédiens qu'on y ajoutoit ou la pré-
« paration qu'on lui donnoit. »

« Vous ne pouvez, répondit Cavallo,
« vous adresser à personne qui puisse ré-
« pondre d'une manière plus positive à
« vos questions que moi; nous devons
« sortir ce matin pour visiter des atteliers
« d'artistes, et comme la personne qui a
« trouvé le procédé pour dissoudre la
« gomme élastique est sur notre route,
« nous irons la voir; ainsi vous serez bien-
« tôt satisfait. »

J'acceptai l'offre, et nous nous rendîmes une heure après chez M. Winch, apo-
thicaire de Londres, qui nous reçut avec
beaucoup d'honnêteté, et qui me dit qu'en
effet c'étoit lui qui avoit adressé à Paris
à Macquer un flacon renfermant de la gomme élastique très-bien dissoute dans l'é-
ther, et qu'en écrivant au chimiste françois, il lui avoit assuré qu'il n'y avoit
dans l'éther aucun mélange. Macquer,

qui vit la gomme élastique parfaitement unie à l'éther dont elle n'altéroit pas la transparence, et qui, en examinant cet éther, n'y trouva aucun corps étranger, crut de bonne foi que l'éther pur étoit son dissolvant, et s'il ne réussit qu'imparfaitement en employant le meilleur éther, il se persuada peut-être que celui-ci n'étoit pas encore assez rectifié.

« En effet, me dit M. Winch, je ne lui
« avois point envoyé le procédé que j'employois ; mais toujours est-il vrai que
« l'éther est sans mélange, et que tout
« tient à une préparation fort simple. »
Cavallo, qui est ami de M. Winch, me dit qu'il se réservoit de répéter l'expérience le lendemain chez lui, et que j'en serois témoin. Voici en quoi elle consiste. On se procure une livre de bon éther vitriolique, qu'on introduit dans une bouteille ou flacon propre à contenir environ quatre livres d'un liquide ordinaire. On verse sur cet éther deux livres d'eau pure ; on bouche alors le flacon, et l'on renverse le gouleau en bas, en agitant le tout par secousses, afin que les deux liqueurs puis-

sent se mélanger; mais comme l'éther surnage bientôt, on tient la bouteille dans la même position, on l'ouvre ensuite avec précaution, en appuyant le pouce dessus; on a, par ce moyen, la facilité de laisser échapper l'eau, qu'on recueille dans un vase. On répète la même opération deux ou trois fois, avec de la nouvelle eau; de manière que seize onces d'éther se réduisent à cinq environ; c'est cet éther lavé qui est le dissolvant le plus parfait de la gomme élastique, qu'on y jette après l'avoir coupée en très-petits morceaux; elle se gonfle en peu de tems; l'éther la pénètre et n'agit d'abord que lentement sur elle; mais au bout de cinq jours au plus tard, la liqueur s'en sature et reste transparente. S'il y a surabondance de gomme élastique, elle se précipite au fond; celle-ci en la sortant du flacon peut être moulée, et conserve toute son élasticité.

Veut-on faire usage de celle qui est complettement dissoute, voici la manière employée par Cavallo, pour former, par exemple, un tube de gomme élastique.

L'on prépare d'abord un petit cylindre d'argile, du diamètre et de la longueur qu'on veut donner au tube; il ne faut point le faire cuire, mais simplement le laisser sécher.

On verse l'éther chargé de gomme dans un bocal de verre ou de fer blanc fait en forme d'étui, et qui doit être un peu plus long que le cylindre d'argile : on le remplit jusqu'au bord.

Alors celui qui opère plonge dans toute sa longueur le tuyau d'argile dans l'éther, le retire promptement, le laisse un instant à l'air, le replonge de nouveau et répète l'opération en raison de l'épaisseur qu'il veut donner à ce tube; car chaque immersion et chaque évaporation produisent une petite couche.

La chose faite, on trempe dans l'eau le cylindre d'argile chargé de gomme élastique; l'eau attaque l'argile qui servoit de moule, et le tube de gomme reste creux.

Cette manière de dissoudre et d'employer la gomme élastique est ingénieuse; elle se rapproche en un point de celle qu'emploient les naturels de l'Amérique, qui font tous leurs ouvrages en gomme élastique sur des moules d'argile ; on peut objecter que le procédé avec l'éther est trop dispendieux ; cela est vrai pour des objets ordinaires, mais l'on a fait une application si heureuse de la gomme élastique en chirurgie et dans quelques arts, qu'il est des circonstances où la dépense ne doit pas arrêter ; d'ailleurs, les procédés pour faire l'éther sont si simplifiés, qu'il n'est pas la moitié aussi cher qu'autrefois (1).

Je ne dois pas oublier de dire que l'eau qui a servi à laver l'éther sera conservée,

---

(1) J'aimerois mieux sans doute qu'on cherchât à naturaliser en Europe l'arbre utile qui produit la singulière substance de la gomme élastique, ou plutôt les arbres, car il paroît qu'il y en a de plusieurs espèces ; il faut recommander sans cesse aux voyageurs naturalistes que le gouvernement emploie de s'attacher principalement à envoyer des plantes et des arbres d'une utilité bien reconnue ; il est inconcevable que le quinquina, ce spécifique admirable pour une multitude de maladies, soit encore relégué dans des parties du Pérou où la température n'est pas très-différente de celle de plusieurs parties du midi de la France. Il faut rendre justice à l'administration du Jardin des plantes de Paris ; elle ne néglige pas cette partie ; elle a des jardiniers intelligens dans l'A-

parce qu'on retrouve, par la distillation, une partie de cet éther qui y est mélangé.

Je vis souvent M. Cavallo, avec lequel on ne peut que s'instruire ; il voulut bien me faire présent d'un des électromètres si délicats, qu'il a perfectionnés et qu'on ne trouvoit pas encore à acheter chez les artistes en instrumens de physique. Il me donna aussi avec la même grâce un beau cristal de spath adamantin qu'il tenoit du docteur Lind (1). Je saisis l'occasion de lui en témoigner de nouveau ma reconnoissance.

---

mérique et ailleurs, qui ont envoyé des choses utiles : la partie économique commence à y être en vigueur. Il ne faut pas oublier que ce jardin a fourni le premier café de l'Amérique. Deux pieds de cet arbuste furent remis à Declieu, qui se priva, pendant une longue traversée, d'une portion de sa ration d'eau, pour conserver la seule plante qui lui restoit; elle arriva, grâce à ses soins, en bon état à la Martinique, où elle a produit cette immense progéniture qui a peuplé toutes les Antilles : la nation a une dette à payer à la mémoire de cet homme utile.

(1) J'ai donné ce cristal au Cabinet d'histoire naturelle de Paris.

Docteur Letsson.

Ce médecin célèbre a une collection d'oiseaux, d'insectes et de minéraux dans laquelle on remarque de très-belles choses ; mais ce qu'il y a de plus intéressant à voir et à admirer chez lui, c'est, sans contredit, lui-même.

Cet ami de l'humanité, ce vertueux quaker a donné le premier l'exemple d'affranchir ses nègres de l'esclavage, dans les riches possessions qu'il a en Amérique.

Il a trouvé la plus douce récompense de cette offrande à la justice, dans son propre cœur, et dans l'attachement tendre et filial de ceux dont il a brisé la chaîne ; ils n'ont plus voulu se séparer de lui, aussitôt qu'ils ont eu la liberté de le quitter. Heureux celui qui trouve sa félicité dans le besoin de faire le bonheur d'autrui ! on aime à trouver de pareils hommes ; ils consolent de l'injustice et de la dureté de la plupart des autres.

Tout ce qui entoure le docteur Letsson participe de la candeur et de l'amabilité de son caractère : les personnes qui composent sa société sont dans le même genre.

Après avoir employé une partie de la journée à soulager les nombreux malades qu'il va visiter, il vient partager les jouissances de l'amitié, et réunit autour de lui les personnes qu'il aime et dont il est aimé.

Je soupai un soir chez lui avec les plus aimables femmes de Londres ; elles n'avoient, il est vrai, ni poudre, ni parfum, ni plumes sur la tête, comme la plupart des autres dames ; mais leurs beaux cheveux, d'une propreté recherchée, flottoient en boucles naturelles sur des fichus d'une blancheur et d'une finesse que rien n'égaloit ; et leurs vêtemens simples, mais élégans, tiroient leur principal éclat de la beauté et de la perfection des étoffes, et sur-tout de la touchante physionomie et de la grâce de celles qui les portoient.

Tout répondoit dans cette maison à cette propreté, à cette simplicité recherchée qui caractérisent les quakers. Une jeune veuve, d'une figure charmante, d'un esprit très-orné et qui cultivoit la poésie, formoit, par son agréable vivacité, un contraste piquant avec la douceur et la tranquille sensibilité de plusieurs autres dames, qui avoient toutes de l'instruction et des talens.

Nous soupâmes sans serviette, ce qui se pratique dans plusieurs maisons d'Angleterre; mais les meilleures espèces de bierres, des mets simples et exquis, des légumes choisis, furent servis dans des plats d'une forme élégante. Au dessert, la nappe fut levée, et l'on apporta, sur la plus belle table de bois d'acajou, des fruits, des confitures et autres friandises, et des vins en abondance dans des flacons de cristal; c'est le luxe des Anglois. Nous bûmes plus d'une fois, avec du Champagne et du Bordeaux, à la santé de nos aimables convives, et l'on nous répondit avec du Madère et du Constance. Une gaieté vive, mais décente, animoit cette scène, au milieu des prévenances et de la plus franche bonhommie.

Le thé, le punch et les liqueurs fines eurent leur tour; nous eussions passé la nuit à table, si nous avions voulu nous rendre aux invitations pressantes du docteur. Nous quittâmes la partie, malgré ses vives instances, à une heure du matin. Je m'occupai le reste de la nuit à méditer sur la manière dont je pourrois me faire quaker; car si le bonheur est quelque part sur la terre, il habite certainement chez ces honnêtes gens.

John Sheldon.

Il y a de bons médecins à Paris, Londres en compte un plus grand nombre qui excellent dans la pratique. L'art utile de traiter, de soulager et de guérir l'homme au milieu des maladies et des infirmités qui l'affligent, exige une instruction préliminaire si longue et si couteuse, des connoissances si profondes, pour celui qui cherche à remplir avec distinction cette honorable fonction, qu'on ne sauroit trop apprécier un habile médecin.

Les Anglois, beaucoup plus riches, et par conséquent beaucoup plus souvent malades, sur-tout à Londres, où le climat et le régime sont, en général, moins salubres qu'à Paris, ont plus besoin de médecins, et plus de moyens pour reconnoître leurs services ; c'est l'état le plus justement honoré, et en même tems le plus lucratif.

La chirurgie, en France, offre la première école de l'Europe ; par le mot école j'entends la manière admirable avec laquelle on démontre et on pratique toutes les branches et les innombrables ramifications de l'anatomie et de ses applications pour marcher ensuite avec assurance dans l'art des traitemens et des opérations, souvent terribles, mais presque toujours certaines, à l'aide desquelles on éteint les souffrances par les souffrances, et l'on rend des hommes à la vie en employant les instrumens de la mort.

Ce que je dis ici des chirurgiens n'empêche pas qu'il n'y en ait de justement célèbres à Londres et dans les trois royaumes, j'en aurois plusieurs à citer. Je me suis particulièrement attaché à voir ceux qui suivoient cette carrière sous un double rapport, celui de l'anatomie comparée, qui tient de si près à l'histoire naturelle proprement dite.

J'eus à regretter l'absence de Hunter, qui étoit alors dans une campagne éloignée de Londres ; mais j'ai beaucoup fréquenté John Sheldon, et quelques autres anatomistes de mérite : ce dernier a un des plus beaux cabinets qui existent ; il est connu par d'excellens ouvrages, particulièrement par un beau travail sur les vaisseaux lymphatiques, orné de magnifiques gravures.

Ce savant anatomiste, animé de la passion de perfectionner encore ses recherches sur les vaisseaux lymphatiques, se proposoit de braver les fatigues et d'affronter les dangers de la pêche de la baleine, pour être à portée de disséquer à l'aise les vaisseaux bien distincts de ces énormes cétacés.

Il faut connoître et avoir vu de près John Sheldon pour être à portée de juger de sa passion pour l'étude ; de l'activité de sa tête, sans cesse animée par la vivacité, je dirois presque par la fougue de son caractère. Ici la gravité angloise est en défaut : j'aime beaucoup à rencontrer de semblables exceptions ; car un homme dont les conceptions vives et néanmoins soutenues peuvent s'élever à de grandes choses, qui dévore le travail et réunit diverses connoissances à l'aptitude et au désir passionné de savoir beaucoup, ne doit pas avoir la même égalité de caractère, la même marche symmétrique que le commun des hommes.

Sheldon, que j'ai vu souvent, m'a d'autant plus intéressé qu'il joint à une vivacité, que des personnes froides pourroient appeler extrême, des qualités très-estimables.

La découverte des globes aërostatiques excita son enthousiasme ; aussitôt qu'il eut appris tout ce qui avoit été fait à Paris à ce sujet, il suspendit une partie de ses travaux anatomiques, pour se livrer à des calculs sur la théorie de la pésanteur de l'air ; il fit ensuite des recherches sur les meilleures enveloppes, sur les vernis, sur les appareils les plus commodes pour simplifier et perfectionner ces machines ; il parcouroit

roit les atteliers, les manufactures diverses de Londres, pour y puiser des recherches à ce sujet. Il me dit qu'il ne tarderoit pas à faire le voyage de France, pour rendre hommage à Montgolfier, à Pilatre et à Charles; et voir par lui-même tout ce qui avoit été fait ou devoit s'exécuter en ce genre.

Mais sa tête active ne lui permit pa d'attendre si long-tems, et il fit construire, de concert avec le major Gardiner, dans le jardin du lord Foleys, un globe aërostatique de cinquante-six pieds de diamètre, en toile vernie; il devoit le remplir avec de l'air dilaté par le feu. Il me dit que ce n'étoit-là qu'un essai très en petit qu'il se proposoit de faire, afin d'être à portée d'étudier cette machine, dont les résultats seroient bien plus satisfaisans, si l'on traitoit, comme il espéroit qu'on le feroit un jour, les globes aërostatiques très en grand.

Le cabinet d'anatomie de Sheldon renferme de nombreuses préparations et des objets rares : je consacrai plusieurs matinées à le visiter, ainsi qu'une suite de dessins très-précieux en ce genre, faits par d'habiles artistes; mais ce qui fixa le plus mon attention dans sa collection, ce fut une espèce de momie, remarquable sous un double rapport; d'abord, par le sujet, dont je parlerai bientôt; secondement, par les soins particuliers et les procédés dont on a fait usage dans cette préparation. Aussi celle-ci occupe-t-elle une place distinguée dans la chambre où couche ordinairement le célèbre anatomiste, qui affectionne infiniment cet ouvrage.

Je fus introduit dans une pièce fort propre, une table de forme oblongue en bois d'acajou étoit au milieu et en face du lit.

Le dessus de la table s'ouvroit par une coulisse, et j'apperçus, sous un chassis en glace, une jeune femme de dix-neuf à vingt ans, ayant de beaux cheveux bruns, dans un état de nudité, étendue et couchée comme sur un lit.

La glace fut levée, et Sheldon me fit admirer la souplesse des bras, une sorte d'élasticité dans le sein, et même dans les joues, et une conservation parfaite dans le reste du corps ; la peau ayant gardé une partie de sa couleur, quoiqu'en contact avec l'air.

Je trouvai cependant les chairs un peu trop desséchées et les muscles trop tendus ; ce qui donnoit à la figure, qui avoit des restes de beauté, un air de maigreur et de tiraillement qui effaçoit trop la douceur de ses traits.

Sheldon me dit que cet état venoit en partie de la longue maladie à laquelle la jeune personne avoit succombé.

Voici la manière dont il m'apprit que cette préparation avoit été faite. Il avoit d'abord injecté à plusieurs reprises le corps, avec du fort esprit de vin saturé de camphre, et mélangé d'un peu d'esprit de térébenthine.

La peau avoit été préparée et comme tannée avec de l'alun en poudre fine, frotté avec la main. Les intestins furent enlevés, plongés dans l'esprit de vin, et vernis avec un mélange de camphre combiné avec de la poix résine ordinaire ; il en fut fait autant à toutes les parties internes du corps, qui furent ensuite passées à l'alun.

Sheldon m'assura que le camphre pilé avec un mélange de colophane, formoit une combinaison particulière très-convenable à la conservation des chairs et des autres parties moles. Après avoir remis dans le corps tous les viscères ainsi préparés, il fit une injection par l'artère crurale du bas en haut et du haut en bas, avec une forte dissolution de camphre dans l'esprit de vin rectifié.

Voulant imiter ensuite la teinte naturelle de la peau du visage, une injection colorée y fut portée par l'artère gutturale.

En cet état de choses, le corps fut placé dans la table dont j'ai parlé, mais dans une double boîte. La dernière est de bois de cèdre de Viginic *(juniperus Virginiana)* ; le fond intérieur fut recouvert d'un pouce de craie calcinée, pour absorber toute humidité, et le corps y fut étendu. On ferma ensuite soigneusement la boîte, pour la garantir de l'accès de l'air extérieur.

Elle ne fut ouverte que cinq ans après, époque à laquelle la momie fut visitée; on reconnut alors qu'elle étoit dans le même état de conservation que lorsqu'elle fut préparée; aucun signe de destruction ne s'y étoit manifesté ; aucun insecte ne s'y étoit introduit. La boîte avoit déja été plusieurs fois ouverte lorsque je la vis ; et quoique cette momie eût encore de la souplesse dans plusieurs parties, il est à croire qu'à la longue l'air la desséchera entièrement.

Un sentiment de curiosité m'ayant engagé à demander à Sheldon, au moment où l'on recouvroit la table, quelle étoit cette jeune personne dont il avoit conservé si précieusement les restes ? Il me répondit franchement et sans balancer :
« C'est une maîtresse que j'aimois tendre-
« ment ; je lui donnai tous mes soins pen-
« dant une longue maladie, et elle exigea,
« peu de tems avant sa mort, que je fis
« une momie de son corps, et que je la
« gardasse auprès de moi ; je lui ai tenu
« parole. »

Il me semble que je sus bon gré à Sheldon de ne m'avoir appris cette circonstance que dans ce moment; car j'avoue qu'il n'eût pas dépendu de moi, de ne pas éprouver un sentiment pénible, en voyant un amant qui a fait de sang-froid une démonstration anatomique sur l'objet de ses plus tendres affections, sur une charmante personne qu'il a perdue, et dont l'image défigurée ne peut que lui renouveller des souvenirs déchirans.

Je conçois que ce seroit une consolation douce, une sorte d'égard et de respect religieux qui s'étendroit au-delà de la vie, si l'on étoit, comme dans l'ancienne Egypte, dans l'usage de conserver les restes de ses parens, de ses amis et des personnes qui nous ont été les plus chères; mais faire de sa main un travail aussi repoussant que les préparations qu'exigent, dans ces cruelles circonstances, la conservation des corps! j'avoue que l'on seroit presque tenté d'agir comme les Egyptiens, qui poursuivoient à coups de pierres ceux mêmes qui, par état, étoient chargés de ces tristes opérations.

Mais le savant Sheldon ne mérite pas un traitement si dur, car il est bon et compatissant, et c'est certainement moi qui me trompe, et qui ait tort de regarder cette sorte de courage de sa part comme un acte de cynisme ; puisque des personnes très-instruites, qui connoissent ce trait, m'ont dit à Londres que la chose tenoit à une grande force d'esprit, nullement exclusive de la sensibilité. Mais quittons ces objets lugubres, je suis attendu à dîner avec des membres de la société royale, partons.

Dîner au club académique.

QUARANTE membres de la société royale des sciences sont dans l'usage de se réunir, depuis plus de vingt-cinq ans, dans une taverne de Londres, pour y dîner fraternellement ; chaque membre agrégé à ce club particulier a le droit d'y amener deux convives qu'il choisit parmi des étrangers ou parmi des amis particuliers de la société royale ; le président peut en amener un plus grand nombre, et jeter les yeux sur qui bon lui semble.

On se mit à table à cinq heures ; M.

Banks présidoit et occupoit la place d'honneur. On n'eût pas la peine de déployer les serviettes, il n'y en avoit point ; le dîner étoit véritablement à l'angloise.

Un membre du club, homme d'église, c'étoit, je crois, l'astronome Masckeline, fit une courte prière, et bénit les convives et les mets. Les plats étoient composés de grosses viandes, telles que du bœuf rôti, du bœuf grillé et du mouton apprêté de plusieurs manières, avec abondance de pommes de terre et d'autres végétaux, que chacun assaisonnoit à sa manière, au moyen des sausses diverses dont la table étoit garnie, et qu'on puisoit dans des vases de forme variée.

On arrosa d'abord les *beef-stake* et les *roast-beef*, avec de grandes lampées de bierre forte, connue sous le nom de *porter* : on la boit dans des pots cylindriques d'étain, et on la trouve beaucoup meilleure que dans des verres, parce qu'on peut d'un seul trait en avaler une pinte.

Ce prélude fini, la nappe fut levée, et une table bien propre, et en bois poli, fut couverte comme par magie d'une multitude de beaux flacons de cristal, remplis des meilleurs vins de Porto, de Madère et de *clairet* : ce dernier est du vin de Bordeaux. On distribua à chacun plusieurs verres à pieds, aussi brillans que beaux de formes, et les libations commencèrent d'une grande manière, au milieu de diverses sortes de fromages qui, roulant d'un bout de la table à l'autre, dans des coffrets de bois d'acajou montés sur des roues, alloient provoquer la soif des buveurs.

Pour donner plus de mouvement à la scène, le président porta d'abord la santé du prince de Galles : c'étoit l'anniversaire de sa fête.

On but à celle de l'électeur Palatin : il devoit ce jour-là être reçu de la société royale.

Nous étions cinq étrangers dont le tour arriva.

Les membres du club se saluèrent ensuite un à un, avec un verre de vin, c'est-à-dire, qu'on but autant de fois qu'il y avoit de convives ; car c'est manquer de politesse en Angleterre de boire à la santé de plusieurs personnes en même tems.

Quelques bouteilles de vin de Champagne mousseux achevèrent d'égayer tout le monde.

Le thé succéda, et arriva avec le beurre, les tartines et tout l'appareil qui l'environne; le café venoit à la suite, et cédoit humblement le pas au thé, qui valoit mieux que lui. On ne boit ordinairement en France, après le repas, qu'une tasse d'excellent café, on en prend cinq ou six de détestable en Angleterre.

Le brandevin, le rhum et quelques autres liqueurs fortes firent la clôture de ce banquet philosophique, qui finit à sept heures et demie; car il falloit être à huit à la séance de la société, convoquée pour ce jour-là. Mais avant de sortir, on vint écrire les noms de tous les convives sur une grande feuille de papier, et nous payâmes chacun 7 liv. 4 sols, argent de France, pour notre écot : cela n'est pas cher.

Je partis avec MM. Banks, Cavendish, Masckeline, Aubert et le chevalier Englifield, avec lesquels je me rendis à la société; tout le monde étoit fort gai, mais d'une gaieté décente.

Je ne voudrois pas, sans doute, de semblables dîners, si au sortir de-là il falloit aller traiter les intérêts sacrés d'une grande nation, ou discuter la meilleure forme d'un gouvernement: cela ne seroit ni sage ni prudent. Mais se réunir en assemblée pour annoncer qu'un électeur Palatin, qui d'ailleurs a beaucoup de mérite, est agrégé à une société savante; il ne peut, dans aucun cas, en résulter le moindre inconvénient (1).

---

(1) Le grand Corneille, Molière, Dépréaux, Lafontaine et Racine buvoient aussi quelques petits coups au cabaret; ils n'en étoient que meilleurs amis et meilleurs poëtes. Ah! combien, en dernier lieu, n'eût-il pas été à désirer que quelques hommes qui ont eu assez d'empire en France pour faire détruire les académies en les accablant d'injures, et assez de puissance pour les faire rétablir en les accablant d'éloges, eussent, au lieu de fuir et d'abandonner dans ces tems de malheur leurs infortunés confrères, cherché à les réunir dans des banquets modestes, pour y cimenter une intime union, y resserrer les liens d'une douce fraternité, et y jurer de défendre avec courage, et avec l'arme du talent, les droits sacrés de la justice et de l'humanité violés; la France affligée, l'Europe entière indignée n'auroient pas à regretter les illustres et malheureuses victimes qu'on a lâchement laissé livrer à la dent

Société royale.

La salle des séances de cette société est dans l'ancien hôtel de Sommerset; elle m'a paru beaucoup trop petite. Il n'y a pas long-tems qu'elle a été restaurée ; mais malgré la fraicheur et l'élégance de sa décoration, elle manque de ce caractère noble et sévère qui convient à un lieu consacré aux sciences, et elle ressemble plutôt à une salle de concert qu'à celle d'un lycée : la manière même dont les sièges sont disposés confirme ce rapprochement.

Ces sièges ne sont que de simples banquettes, avec des dossiers, rangées sur des lignes parallèles occupant la totalité de la salle. Le président et les secrétaires ont seuls une place distinguée : le premier est assis sur un fauteuil élevé

---

féroce des tigres, et l'on compteroit encore parmi les savans qui honoroient leur patrie, les Malesherbe, les Bailly, les Lavoisier, les Condorcet et tant d'autres savans, hommes de lettres ou artistes, dont on a fait une si sanglante boucherie.

de forme colossale, en bois d'acajou, garni de maroquin rouge, et surmonté d'un grand écusson colorié et vernis où sont les armoiries académiques : rien n'est si gothique et d'un aussi mauvais goût que cet ornement.

La table qui est devant le fauteuil est élevée et couverte, on ne sait pourquoi, d'un énorme coussin de velours cramoisi ; en face de celle-ci est une seconde table moins élevée, mais beaucoup plus longue, destinée pour les secrétaires, sur laquelle gît une grande masse d'armes en bois doré ou en métal : c'est le signe de toutes les institutions royales.

La séance s'ouvrit à huit heures précises ; le chevalier Banks la présidoit ; Blagden étoit un de secrétaires. Les étrangers recommandés par quelques membres, sont placés à côté d'eux, et pour peu qu'ils soient connus, chacun s'empresse de les recevoir avec politesse et affabilité (1).

---

(1) On reproche mal à propos aux Anglois de la froideur, et même un peu de morgue ; ce sont leurs détracteurs. Cette

Le président lut d'abord le nom des étrangers admis à la séance, avec celui des membres de la société qui les avoient présentés. Il proposa ensuite le scrutin pour l'admission de l'électeur Palatin à une

---

prétendue froideur n'est que réserve, et il n'en est pas moins vrai que les étrangers sont honorablement accueillis dans cette société savante, où l'on s'empresse de les faire placer à côté des membres, avec lesquels ils sont fraternellement confondus ; les sciences, à l'exemple des Muses, doivent être sœurs, et ne connoître de distinction de pays ni de gouvernement.

Le local des académies au Louvre est plus auguste et plus digne d'une nation chez qui les sciences, les lettres et les beaux-arts sont en grande recommandation ; mais les membres de ces sociétés enfoncés gravement dans des fauteuils de sénateur, autour d'un parallélipipède immense, couvert d'un tapis usé, une foule nombreuse de spectateurs, la plupart debout ou assis sur de mauvaises chaises, offrent dans les assemblées publiques le tableau d'un palais de justice, au moment où des magistrats vont prononcer un jugement solemnel dans quelque grande cause ; d'ailleurs, que signifie dans les assemblées ordinaires cette place presque humiliante par la manière dont elle est disposée, cette espèce de barre où les savans étrangers sont placés, sur une ligne de démarcation choquante ? A-t-on voulu les mettre dans le cas de rapporter chez eux l'opinion de nos sottises et de notre puérile vanité. Je sais que c'est un ancien usage qu'on a trouvé établi ; il faut avoir le courage et la gloire de le réformer. *Le lecteur verra que cette note est ancienne, et que les choses ont bien changé.*

place vacante ; on s'en occupa, et le dépouillement fini, il fut agréé, et reçu avec applaudissemens. Chacun se retira après le procès-verbal.

Plusieurs membres que j'avois l'honneur de connoître m'engagèrent pour le lendemain à aller visiter l'observatoire de Greenwich, où une commission de la société devoit se rendre pour y vérifier, par ordre du gouvernement, l'état des instrumens astronomiques. Ces sortes de commissions sont annuellement d'usage dans un pays où tout ce qui tient à la marine fixe l'attention générale, et n'est jamais perdu de vue un seul instant.

Il devoit y avoir, à la suite de cette visite, un dîner à la campagne ; Herschel, un des commissaires, y étoit attendu ; et je devois être présenté à cet illustre astronome ; j'avois quelque espoir qu'il ne me refuseroit pas l'avantage d'aller voir un jour ses grands télescopes dans son observatoire placé dans la forêt de Windsor.

Observatoire de Greenwich.

Ce local utile, consacré aux observations astronomiques, est situé sur une colline à sept milles environ de la ville. J'y arrivai dans une heure et demie en voiture.

L'observatoire est bâti sur la partie la plus élevée; on découvre de-là un des plus magnifiques points de vue qui puisse exister.

La Tamise à vos pieds, couverte de chaque côté et dans toute cette longueur d'un triple rang de vaisseaux; les banderoles de diverses couleurs flottant au gré des vents, des navires à la voile qui arrivent, d'autres qui partent, une immense population d'hommes de toutes les nations sur cette ville flottante, les mats dans le lointain qui se confondent avec les clochers, trois ponts fort élevés qui se succèdent, l'église de Saint-Paul dont le dôme et la belle proportion se font admirer à cette distance, celle de Westminster avec ses tours et son architecture gothique, la colonne du *Monument*, sur un plan plus avancé

avancé s'élevant à deux cent deux pieds de hauteur; tous ces grands et magnifiques objets forment un tableau dont le vrai point de vue est à l'observatoire de Greenwich.

L'édifice, construit en brique, est de la plus grande simplicité; toute la magnificence et les recherches se sont portées sur la grandeur et la perfection des instrumens, qui ne laissent rien à désirer.

J'y trouvai la commission assemblée, et M. Maskeline, directeur de l'observatoire, eut la bonté de me faire voir, dans un grand détail, les objets les plus remarquables de cette riche collection.

On reconnoît les véritables savans à leurs manières; rien n'égale leur complaisance et leur affabilité : cette règle n'est guère trompeuse, et cela doit être; car la culture de l'esprit adoucit les mœurs, comme celle de la terre adoucit et fait prospérer les plantes qu'on y sème. Un savant ou un homme de lettres qui s'entoureroit de morgue, de suffisance ou de froideur, ne doit être aux yeux d'un homme sensé, qu'un sujet médiocre ou un être malade. Une timidité invincible, l'habitude de la retraite, et l'importunité donnée à des hommes célèbres, peuvent quelquefois passer pour de la froideur; mais cela se distingue facilement.

M. Masckeline joignit à tant de complaisance, celle de me présenter, de concert avec M. Banks et M. Aubert, à M. William Herschel, qui voulut bien m'engager à aller voir son observatoire et les grands télescopes de son invention à sa maison de campagne, et me donna jour pour cela.

A quatre heures, la commission ayant fini son travail, tout le monde se réunit chez un fameux traiteur du voisinage. Nous étions environ trente à table; le dîner fut servi à la manière angloise, et assaisonné, selon l'usage, d'une bénédiction préliminaire sur les convives et sur les mets. Ce repas étoit excellent et surtout gai et fort agréable.

On se leva de table à sept heures du soir, non pour partir, mais pour passer dans une autre pièce, où les tartines de beurre, le thé, le café, l'eau-de-vie et le rhum nous attendoient : le tout étoit disposé avec beaucoup d'étalage, sur une grande table. Le thé est toujours excellent, mais nulle part on ne boit du plus mauvais café qu'en Angleterre ; il faut que les Anglois soient peu sensibles au parfum délicieux de cette agréable liqueur, que la nature semble avoir créée pour le corps autant que pour l'esprit ; car non-seulement elle fortifie l'estomac sans lui nuire, mais elle donne du ton à l'ame sans la fatiguer ; Voltaire, qui en faisoit un grand usage, l'appeloit avec raison *la quintessence de l'esprit*.

Pourquoi donc le gouvernement, par des raisons politiques et commerciales, prive-t-il les Anglois du droit si naturel d'user chez eux d'un café qu'ils prépareroient selon leur goût, au lieu de les contraindre à acheter chez des débitans exclusifs, du café brûlé long-tems à l'avance, sans qualité et sans parfum ; il semble qu'on ait cherché à les dégoûter d'une liqueur si propre à chasser la mélancolie, dans un pays où l'atmosphère est presque sans cesse enveloppée d'un crêpe funèbre, et où, s'il faut en croire le chevalier Fielding, l'on consomme plus de vin de Porto dans une année qu'on en recueille en Portugal dans trois.

Il seroit bien plus raisonnable de substituer au thé qu'il faut aller chercher à la Chine, le café qui croit dans les possessions angloises, et de diminuer par-là, s'il étoit possible, cette effrayante consommation de vin, la cause de tant de maladies et sur-tout de tant d'excès occasionnés par l'ivresse.

Je demande grâce au lecteur pour cette digression, un peu étrangère au sujet; mais j'ai été si dégoûté de prendre du mauvais café à Londres, même dans les maisons les plus opulentes, que, par attachement pour celui qui est bon, j'ai cru devoir lui payer ici un petit tribut de reconnoissance, ou, si l'on aime mieux, de friandise.

CHAPITRE II.

Maison de campagne de sir Joseph Banks. Observatoire de William Herschel, près de Windsor. Ses grands télescopes. Miss Caroline Herschel, sa sœur.

J'allai le 15 du mois d'août, et par une belle journée, à la maison de campagne de sir Joseph Banks, à dix milles de Londres, où je vis ses jardins, quelques objets de culture et d'économie qui m'intéressèrent, et un bel oiseau qu'on n'avoit pas encore eu vivant en Angleterre, le pigeon vert de l'île de *Nicobar*. Son plumage d'un vert foncé brille d'un éclat chatoyant; la vivacité de son caractère étonne autant que celle de sa couleur; il est hardi, pétulent, et n'a rien des mœurs douces de la famille des colombes : c'est une exception à la règle, ce bel oiseau n'en est que plus curieux. Sa grosseur est celle d'un fort pigeon ordinaire; mais il a le corps plus alongé. Il est, dit-on, excellent à manger (1).

M. Banks me dit que les matelots qui en avoient apporté plusieurs de cette île pour les vendre en Angleterre, ne purent résister, dans la traversée, au désir ou plutôt à la gloutonnerie de les manger; celui-ci n'échappa que par hasard, et resta seul de la bande qui étoit nombreuse.

Il eût été à désirer qu'on lui eût laissé une compagne; on auroit peut-être réussi à multiplier cette superbe espèce

---

(1) *Columba Nicobaria*, Linn. *Syt. nat.* pag. 283, 27. *Columba Nincombar indica*, Klein, *avis* pag. 120, n°. 28. Pigeon de Nincombar, Albin, tom. III, pag. 20, fig. du mâle, planche 47 fig. de la femelle; l'une et l'autre mal coloriées. Brisson, pigeon de Nincombar, tom. I, pag. 153, n°. 44, sans figures. *Edwards*, *pigeon from Nincombar*, *Hist. of birds*, pl. 339, figure assez bonne.

en Europe : du moins on auroit pu en faire l'expérience.

A sept heures du soir, et à l'issue d'un dîner élégant, et où les ananas abondoient au dessert, je pris congé de M. Banks, pour me rendre chez William Herschel, qui m'attendoit; M. le comte Andreani et William Thornton furent de la partie.

La maison de Campagne où M. Herschel fait ses observations est à une des extrêmités de la forêt de Windsor, et à vingt milles de la maison de M. Banks; mais avec de bons chevaux et une voiture angloise, on peut faire le trajet dans trois heures.

C'étoit l'instant où les voleurs entrent en campagne pour dévaliser l'imprudent voyageur; l'on sait qu'ils sont nombreux et qu'ils font ce dangereux métier à cheval, même souvent sur des chevaux de course; mais nous étions avertis qu'autant le danger eût été évident la veille, autant nous pouvions être dans la sécurité un jour de dimanche, où les chemins sont couverts de monde et de gens de tout état, qui ont passé la journée à la campagne et qui reviennent la nuit pour se trouver le lendemain à Londres à l'ouverture des affaires.

La soirée étoit de toute beauté, le tems calme et doux, le ciel brillant d'étoiles; la route aussi soignée, aussi unie que l'avenue d'une promenade publique, étoit bordée de haies vives, la plupart en fleurs, servant de clôtures à de charmans jardins, à des parcs enrichis d'arbres étrangers, au milieu desquels des maisons simples, mais délicieuses, sembloient se disputer le terrain.

Cette route étoit couverte alors de nombreuses calvacades d'hommes et des femmes courans sur des chevaux qui fendoient l'air, avec beaucoup de domestiques à la suite. Des voitures de toute espèce la plupart d'une grande élégance, mais toutes solides et commodes, traînées par les plus superbes attelages, se succédoient sans interruption et avec une telle rapidité, que ce tableau avoit l'air magique, et annonçoit une opulence et une population dont on n'a pas d'idée en France; par-tout de l'action, du mouvement, de la vîtesse, et, par un contraste qu'on ne voit que là, par-tout du calme, du silence, de l'ordre, par-tout un respect tacite et inviolable pour les individus, partout, au milieu de ce tourbillon impétueux, qui se dirigeoit sur le même point, une sorte de silence religieux si extraordinaire qu'une pareille scène, foiblement éclairée par la lueur mystérieuse des astres de la nuit, transporte involontairement celui qui en est témoin pour la première fois, au milieu des champs fortunés de l'Elysée.

Mais l'Elysée n'est qu'une fable, et ce que je rapporte ici est fondé; car c'est ce que j'ai vu, c'est ce que j'ai éprouvé, c'est ce que les Anglois, et ceux qui connoissent cet étonnant pays, trouveront exact. D'où peut donc venir ce calme, au milieu de tant d'agitation? De l'esprit public qui est formé, de l'éducation qui est bonne, de la pensée sans cesse en action, du culte même, qui, dégagé de toute vaine superstition, consacre le jour du repos à un pieux recueillement, et à la loi qui, venant à l'appui, défend sévèrement les jeux bruyans, et ces orgies tumultueuses qui, ce jour-là, abrutissent ou dégradent l'homme chez presque tous les peuples catholiques.

Maison de campagne de William Herschel. Sa sœur. Ses télescopes. Observations faites pendant la nuit.

J'ARRIVAI à dix heures du soir à la porte de la maison du célèbre astronome. J'entrai par un escalier bien propre, bien éclairé, dans une pièce décorée de cartes, d'instrumens d'astronomie et de physique, de sphères, de globes célestes et d'un grand clavecin.

Au lieu du maître de la maison, j'apperçus au fond de la salle, dans l'embrasure d'une fenêtre, une jeune demoiselle assise auprès d'une table environnée de plusieurs lumières, ayant un grand livre ouvert devant elle, une plume à la main, considérant avec application et alternativement, une pendule à équation, et un second cadran placé à côté, dont je ne connus pas l'usage, écrivant ensuite ses observations.

J'approchai doucement et sur la pointe du pied pour ne pas troubler un travail qui paroissoit captiver toute l'attention de celle qui s'en occupoit, et me trouvant insensiblement derrière elle, sans être apperçu, je vis que le livre qu'elle consultoit étoit l'atlas astronomique de Flamsted, et qu'après avoir regardé les deux cadrans, elle notoit sur une grande carte manuscrite des points qui me parurent désigner des étoiles.

Cette application, ce recueillement, l'heure de la nuit, l'âge de la personne, le plus grand silence dans toute la maison, m'inspiroient un intérêt touchant; lorsque la demoiselle, tournant par hasard la tête, et s'appercevant de la crainte que j'avois de la déranger, se leva subitement pour me dire combien elle étoit fâchée de ce que je ne l'avois pas avertie; qu'elle étoit occupée à suivre et à rédiger le résultat du travail de son frère, qui m'attendoit; et qui, pour ne pas perdre les heures précieuses d'une aussi belle nuit, étoit à son observatoire occupé d'un travail sur les étoiles.

« Mon frère, dit miss Caroline Herschel, est à l'ouvrage depuis plus de deux heures; je le seconde ici de tous mes moyens. Cette pendule me donne l'heure et la seconde, et cet autre cadran, dont l'aiguille communique par des cordons avec ses télescopes, m'apprend, à l'aide de signes de convention, ce qu'il observe, et je note, sur cette grande carte, les étoiles qu'il compte ou celles qu'il découvre dans telle ou telle constellation, et même dans les parties les plus reculées du ciel. »

Cette fraternelle intelligence, appliquée à une science sublime, mais abstraite, cette activité, cette constance, des nuits consécutives employées à de grandes et difficiles observations, sont des leçons douces et piquantes, propres à donner de l'enthousiasme pour les sciences, lorsqu'elles se présentent sous un aspect si aimable et si intéressant.

L'observatoire de M. Herschel, où je me rendis quelques instans après, n'est point établi sur une éminence, ni sur un bâtiment élevé; il a préféré un beau tapis de verdure, ou aucun mouvement ne peut faire vaciller ses instrumens, et où le local est assez spacieux pour lui permettre toutes les manœuvres qu'exigent des machines aussi considérables.

Ses télescopes sont en plein air, et montés sur des appareils aussi simples qu'ingénieux, à l'aide desquels un jeune homme, placé dans une espèce de chambre qui est au bas, fait tourner le télescope et l'observateur dans le cercle d'un mouvement graduel qui se compense avec celui de la terre, et permet de tenir l'astre qu'on observe dans le champ du miroir métallique.

Ces grandes machines sont d'ailleurs construites avec tant de précision, de solidité et de recherches propres à les conserver, qu'elles peuvent braver les intempéries de l'air, ainsi que les frimats ; les miroirs sont disposés de manière à pouvoir être déplacés et remis à volonté avec la plus grande facilité, quoiqu'ils soient d'un poids considérable.

Ce fut là que je vis ce télescope à jamais mémorable avec lequel la huitième planète fut découverte (1). M. Herschel lui donna, par reconnoissance, le nom du roi d'Angleterre son bienfaiteur, et l'appela *Georgium sidus*.

Mais tous les astronomes, par une reconnoissance générale tout aussi bien sentie, la débaptisèrent d'une voix unanime, si je puis me servir de cette expression, et lui firent porter le nom de *planète d'Herschel* (2).

Ce télescope, avec lequel j'ai eu le plaisir de faire des observations pendant plus de deux heures, n'a que sept pieds de

---

(1) Elle fut découverte en 1781 ; son mouvement est d'occident en orient, comme celui des autres planètes. En la suivant avec attention, avec le plus fort de ses télescopes, Herschel a reconnu deux satellites en mouvement autour de la planète, dans des orbes à peu près circulaires, et presque perpendiculaires au plan de l'écliptique.

(2) Laplace, dans son savant ouvrage de l'*Exposition du système du monde*, appelle cette même planète *uranus*. Mes relations avec plusieurs membres de la société de Londres étant suspendues depuis la guerre, j'ignore quel a pu être le motif qui a autorisé ce changement; mais je présume d'avance qu'il n'est dû qu'à la modestie de M. Herschel, qui se sera refusé à un hommage qui lui étoit si légitimement et si généralement rendu par le monde savant.

longueur sur six pouces six lignes de diamètre. M. Herschel m'a assuré qu'il avoit fondu et travaillé lui-même plus de cent quarante miroirs avant de porter cet instrument à son dernier degré de perfection. Un télescope de dix pieds est placé à côté de celui-ci.

Ce célèbre astronome n'a pas borné à beaucoup près la grandeur de ses télescopes à cette dernière mesure ; deux autres de vingt pieds de longueur et montés sur un grand appareil, s'élèvent plus haut que la maison et sont des machines imposantes ; l'un de ces télescopes a dix-huit pouces trois quarts de diamètre, le miroir pèse cent cinquante livres.

Comme ces superbes instrumens sont dans le genre newtonien, et que l'observateur doit être à côté de l'objectif, M. Herschel a eu l'art de faire construire un appareil d'un mécanisme ingénieux, à l'aide duquel on peut atteindre, avec facilité et sans danger, au plus haut bout du télescope ; l'on y trouve un siège tournant, disposé de manière que l'observateur y est à l'aise, et peut y suivre le cours des astres. Un domestique placé au bas du télescope fait mouvoir graduellement et sans effort, à l'aide d'une combinaison ingénieuse, le télescope et tout l'équipage, ainsi que l'observateur lui-même.

C'est de là que M. William Herschel est parvenu à discerner d'une manière distincte ces étoiles innombrables qui forment la partie la plus pâle et la plus reculée de la voie lactée.

C'est de là qu'il a reconnu cette multitude d'étoiles doubles, ainsi que tant de *nébuleuses* sur lesquelles on n'avoit que des notions vagues et incertaines, et qu'il a entrepris de compter les étoiles du ciel et fait de si étonnantes découvertes.

Ainsi, placé vers le haut de son télescope, l'infatigable astronome veut-il chercher, par exemple, dans les parties les plus désertes du ciel une nébuleuse ou une étoile de la dernière grandeur, invisible à l'œil nu, il avertit sa compagne d'observation au moyen d'un cordon qui correspond à la pièce où elle travaille ; au signal la sœur ouvre la fenêtre, et le frère
lui

lui demande les indications dont il a besoin.

Miss Caroline Herschel, après avoir consulté les tables manuscrites qu'elle a devant elle, lui répond : Mon frère, cherchez vers l'étoile *gamma*, vers *orion*, ou près de telle ou telle constellation qu'elle nomme. Elle ferme ensuite sa fenêtre et se remet à son travail.

Il faudroit être né avec une bien grande indifférence pour les sciences, pour n'être pas touché de ce charmant accord, et ne pas désirer de voir régner la même intelligence entre ceux qui ont le bonheur de les cultiver; ah! combien leurs progrès seroient alors plus rapides.

Nous commençâmes nos observations par *la voie lactée*.

Le télescope de vingt pieds fait voir, dans la partie la plus lointaine et la plus pâle, un nombre immense d'étoiles brillantes, distinctes et séparées les unes des autres.

M. Herschel dirigea ensuite l'instrument sur l'étoile du pied de la chèvre; elle jette un éclat si vif que l'œil en est affecté. En

Tome I. F

faisant tomber ensuite sa lumière sur un papier écrit en très-petits caractères, l'on peut reconnoître et compter facilement les lignes; il est curieux de distinguer ainsi les objets à la lueur d'une étoile, c'est-à-dire, d'un soleil qui est éloigné de plusieurs centaines de millions de lieues des confins de notre système.

Les étoiles doubles que les plus fortes lunettes acromatiques ne peuvent saisir, sont séparées, bien distinctes, lorsqu'on les examine avec le télescope de vingt pieds.

M. Herschel me fit observer les nébuleuses de M. Messier, d'abord avec le télescope de sept pieds, c'est-à-dire, avec celui qui avoit servi à découvrir la planète. Ces petites taches sont encore nébuleuses avec cet instrument, et l'on n'apperçoit qu'une lueur foible et confuse; mais le télescope de vingt pieds ne permet plus de douter que ce ne soit des amas d'étoiles, qui ne paroissent ainsi confondues que parce qu'elles sont dans un éloignement immense : on les voit ici très-distinctes.

M. Herschel me pria de porter toute

mon attention sur les étoiles qu'il a reconnu le premier avoir des couleurs différentes les unes des autres, et parmi lesquelles on en distingue qui tirent sur le bleu, d'autres sur l'orangé, quelques-unes sur le bleuâtre, etc.

Ce n'est certainement ni à une illusion d'optique, ni à l'effet des miroirs et des lentilles dont M. Herschel fait usage, qu'il faut attribuer cette différence de couleurs; je fis toutes sortes d'objections à ce sujet, et le savant observateur y répondit toujours par des faits auxquels il n'étoit pas raisonnable de répliquer; ainsi, par exemple, il porta plusieurs fois le télescope sur deux étoiles doubles de la même grandeur à peu près, et séparées l'une de l'autre par un petit intervalle, du moins en apparence, car cet intervalle est immense eu égard à l'éloignement; elles étoient de la même couleur, c'est-à-dire, de la lumière blanche des étoiles.

Le même télescope dirigé immédiatement après sur d'autres étoiles doubles voisines, l'une étoit évidemment de couleur bleue, l'autre de couleur argentée;

l'étoile bleue, dans quelques circonstances, étoit à droite, dans d'autres elle étoit à gauche. Je vis aussi des étoiles isolées bleues, quelques-unes d'un blanc bleuâtre, et d'autres de couleur orangée.

M. Herschel me dit avec beaucoup de modestie, que cette observation n'étoit pas d'un bien grand mérite, puisqu'il étoit si aisé de la faire sans recourir à de forts télescopes ; car les lunettes acromatiques à grands objectifs font voir ces étoiles avec les couleurs dont je viens de parler.

Cependant les observations de M. Herschel furent d'abord contestées, parce qu'il est plus commode de nier que d'examiner ; mais elles ne tardèrent pas à être confirmées, ainsi que cela devoit être, par les astronomes d'Allemagne et d'Italie, et à l'observatoire de Paris, par MM. de Cassini, Mechain, etc.

M. Herschel me fit voir un travail considérable sur les étoiles ; il se propose de le publier lorsqu'il sera terminé. Il a confirmé ce que l'on avoit déja reconnu, la disparution de plusieurs étoiles, désignées distinctement dans les plus anciens catalogues, dont quelques-unes même se trouvent gravées dans l'atlas céleste de Flamsted ; ainsi il est vraisemblable qu'il arrive quelquefois de grandes révolutions, et peut-être de terribles catastrophes dans quelques parties du systême de l'univers, puisqu'il y a des soleils qui s'y éteignent et qui plongent par-là dans le néant les êtres organisés qui existoient sur les planètes que ces mêmes soleils éclairoient (1).

Jupiter, vu avec le télescope de vingt pieds, paroît beaucoup plus considérable que la lune entière, lorsqu'elle est dans toute sa plénitude (2); ses bandes paral-

---

(1) « Quelquefois, dit Laplace, dans son *Exposition du « systéme du monde*, tome I, page 88, on a vu des étoiles « se montrer presque tout à coup et disparoître après avoir « brillé du plus vif éclat. Telle fut la fameuse étoile obser- « vée en 1572, dans la constellation de Cassiopée : en peu « de tems, elle surpassa la clarté des plus belles étoiles et de « Jupiter même ; sa lumière s'affoiblit ensuite ; et elle dis- « parut entièrement, seize mois après sa découverte, sans « avoir changé de place dans le ciel. Sa couleur éprouva des « variations considérables : elle fut d'abord d'un blanc écla- « tant, ensuite d'un jaune rougeâtre, et enfin d'un blanc « plombé. »

(2) Cela n'est pas étonnant lorsqu'on fait attention que

lèles sont très-distinctes, et ses satellites sont véritablement étonnant pour leur grandeur.

En dirigeant le même télescope sur Saturne, nous vîmes son anneau de la manière la plus distincte, ainsi que l'ombre qu'il projetoit sur le corps même de cette immense et singulière planète. M. William Herschel me fit observer, dans l'intervalle qui existe entre l'anneau mobile et la planète, le ciel et même quelques étoiles à travers cet espace. Le mouvement qu'il a reconnu dans l'anneau à l'aide de quelques points brillans qu'on y distingue, lui a fait appercevoir que ce cercle solide a un mouvement de rotation d'occident en orient, comme celui de toutes les autres planètes de notre système.

Jupiter est au moins mille fois plus grand que la terre. « Jupiter est au moins, dit Laplace, cinq fois plus loin de nous que le soleil. Quand son diamètre apparent est de 120″, le diamètre de la terre ne paroîtroit pas sous un angle de 11″ à la même distance. Le volume de Jupiter est donc au moins mille fois plus grand que celui de la terre. » *Exposition du systéme du monde*, par Laplace, tome I, page 78.

Le mycromètre dont M. Herschel fait usage est composé de deux simples fils de soie, très-fins, bien tendus et parallèles, qu'on rapproche ou qu'on éloigne à volonté. Cet instrument des parallèles étoit connu, mais ce savant observateur l'a perfectionné en trouvant un moyen facile de faire tourner à volonté un fil sur l'autre, de sorte qu'en le plaçant dans le télescope on peut prendre les angles avec une précision extrême.

L'inventeur d'aussi grands télescopes n'a pas borné, à beaucoup près, les siens à vingt pieds de longueur ; il faisoit toutes les dispositions nécessaires pour en construire un de quarante pieds, sur un diamètre proportionné (1).

L'intention de M. Herschel n'est pas, en faisant des télescopes aussi grands, de chercher à grossir l'objet. mais d'obtenir, à l'aide de miroirs d'un champ aussi

---

(1) Le miroir a quatre pieds de diamètre et pèse 2 milliers : le télescope et l'équipage pèsent 40 milliers. « Il donne « tant de lumière, dit Lalande, qui l'a vu fini, que la nébu- « leuse d'Orion y répand une clarté semblable à celle du « plein midi. » *Astron.* tome II, page 635, nouv. édit.

vaste, une somme plus considérable de lumière. Cette marche est neuve et excellente. Il me dit qu'il s'attendoit à de grandes difficultés pour porter un télescope de ce volume et de ce poids à sa perfection, mais qu'il en espéroit de si grands effets que rien ne seroit capable de le rebuter (1).

---

(1) Depuis cette époque, cet étonnant télescope, après des peines infinies, a été porté au plus haut point de perfection. Voici ce qu'en dit William Herschel lui-même dans une lettre écrite à M. Watson, sous la date du 10 décembre 1791.

« Selon mon usage, j'ai été fort occupé à polir des mi« roirs de télescopes de toutes sortes de grandeur, afin de
« porter à sa perfection cette partie difficile de l'optique. A
« la vérité, il seroit impossible de se former une idée du
« tems que j'ai passé et des peines que j'ai prises pour par« venir à mon but ; mais j'en ai été pleinement récompensé
« par le plaisir qu'on a toujours à suivre un objet favori, et
« encore par le succès que je puis me flatter d'en avoir ob« tenu. Mon télescope de quarante pieds est actuellement le
« meilleur instrument que j'aie en ma possession ; c'est-à« dire, que par son moyen je puis voir mieux qu'avec aucun
« autre de mes télescopes les objets les plus difficiles à être
« vus bien distinctement, tels, par exemple, que Saturne,
« ses satellites et son anneau, ou plutôt ses *anneaux;* car j'ai
« remis dernièrement à notre président un écrit relatif à
« cette planète, dans lequel j'ai fait voir clairement qu'elle

Je restai jusqu'au jour dans cet étonnant observatoire, constamment occupé à voyager dans le ciel, avec un guide dont la complaisance sans bornes ne se lassa jamais de mon ignorance et de l'importunité de mes questions. Je passai là environ sept heures occupé sans relâche à observer les astres. Il étoit impossible de trouver le tems long, en l'employant d'une manière aussi profitable et aussi curieuse pour moi : cette belle nuit ne me parut qu'un songe, et ne sembla durer que quel-

---

« a deux anneaux distincts, séparés l'un de l'autre par un
« espace considérable, tellement qu'avec mon télescope de
« quarante pieds j'ai vu très-distinctement le ciel au travers de
« cet espace, dont l'étendue est de 1741 de nos milles. Le dia-
« mètre de l'anneau extérieur, mesuré avec le même instru-
« ment, m'a paru de plus de 222 de nos milles. J'ai aussi
« montré dans le même écrit que le cinquième satellite de
« Saturne tourne sur son axe en 79 jours 7 heures et 47 mi-
« nutes, tems égal à celui de sa révolution autour de cette
« planète. Ainsi ce mouvement ressembl, à cet égard, en-
« tièrement à celui de la lune, qui fait sa révolution sur son
« axe précisément dans le même tems qu'elle emploie à
« tourner autour de la terre. » *Journal de physique et d'histoire naturelle*, 1792, tome XL, page 75. Il ne faut pas oublier qu'à l'aide de ce même télescope M. Herschel a découvert deux nouveaux satellites autour de Saturne.

ques instans ; mais le souvenir en sera ineffaçable, et ma reconnoissance pour la bonté avec laquelle M. Herschel et son intéressante sœur daignèrent me recevoir, ne sortira jamais de mon cœur.

Je quittai *Slough*, c'est le nom de l'habitation de M. Herschel, à huit heures du matin pour me rendre à Kew, où M. Banks m'avoit donné rendez-vous, pour me faire voir dans tous ses détails ces superbes jardins, particulièrement celui de botanique.

Jardins de Kew.

Ce beau lieu est à sept milles de Londres. Je ne parlerai ni de la maison, ni des jardins d'ornement, ni des temples, ni des ponts, ni des tours qui le décorent ; je me bornerai à ce qui tient au jardin d'instruction. George III a eu soin d'y réunir les productions végétales les plus rares de toutes les parties du monde. Il a rendu par-là un service signalé à la botanique, tout comme il en a rendu un non moins important à l'astronomie, en encourageant d'une manière honorable les travaux d'Herschel; et en le mettant à portée de construire les plus grands et les plus parfaits télescopes que les hommes aient encore exécutés.

Les jardins de Kew sont si bien disposés, si bien entretenus, l'ordre et le goût qui y règnent sont si admirables, et l'art a si fort cherché à se rapprocher de ce qu'il y a de beau et de plus piquant dans la nature, que je mets ce jardin au-dessus de tout ce que j'ai vu en ce genre.

Le tems étoit superbe, et la saison avoit été si favorable que les végétaux les plus rares y étaloient un luxe et une variété de feuillages, de fleurs, de fruits et de parfums, qui formoient un ensemble ravissant.

Ce qu'il y a d'admirable dans ce jardin de plantes étrangères et d'arbres exotiques, c'est qu'une propreté recherchée, c'est qu'un goût pur et un ordre savant y font aimer l'instruction. Le mélange des arbres et des arbustes de l'une et l'autre hémisphère est si bien entendu, et d'un accord si parfait, que l'ame semble se reposer par-tout avec la même satisfaction; ses sensations sont douces, variées; tout l'enchante et rien ne la fatigue.

Les serres sont disposées avec beaucoup d'intelligence; les unes n'ont qu'une chaleur modérée pour les plantes qui se plaisent dans une température douce; d'autres reçoivent une chaleur forte, mais sèche, convenable à celles du climat d'Afrique; d'autres serres, destinées aux végétaux qui croissent dans des parties de l'Amérique au milieu d'une atmosphère chargée de vapeurs, reçoivent une chaleur humide. C'est avec toutes ces précautions et ces rapprochemens de la nature aidés de soins continus, que les plantes les plus précieuses et les plus difficiles à conserver croissent ici, presqu'aussi bien que dans les lieux de leur naissance.

Je vis avec intérêt dans une des serres une plante curieuse qui fleurissoit depuis peu, l'*hedisarum girans*, que le docteur Patrick Russel avoit apportée, en 1775, des Grandes-Indes.

Cette plante élancée et d'un port élégant a été douée par la nature d'un mouvement de sensibilité si remarquable que, placée sous des chassis à verre inaccessibles à l'air, l'on voit au milieu du jour, et lorsque le soleil est dans toute sa force, ses folioles lattérales, faites en fer de lance, éprouver un mouvement spontané, graduel et alternatif, d'ascention et de descention, tel qu'on diroit que c'est l'art qui semble les faire mouvoir (1).

Une autre espèce d'*hedisarum*, venue de la Cochinchine, et apportée par sir Joseph Banks, étoit également en fleur dans ce moment; ses feuilles ont une forme si extraordinaire, et une teinte de couleur si bisarre, qu'on a donné à cette plante le nom d'*hedisarum chauve-souris;* mais le contour des feuilles, leur légéreté et leur couleur, les rapproche beaucoup plus de l'aîle d'un papillon (2).

---

(1) *Hedisarum foliis ternatis ovali-lanceolatis, obtusis lateralibus iminutis.* Aiton, Hortus Kewensis. ***Hedisarum girans.*** Linn. Supp. 332.

(2) *Hedisarum foliis simplicibus ternatisque : foliis intermediis bilobis : lobis lanceolatis divaricatis, leguminibus plicatis.* Aiton, Hortus Kewensis. ***Hedisarum vespertilionis.***

Au milieu d'une multitude de plantes rares et singulières, une d'elles fixa mon attention : c'étoit la *dionea muscipula*. Je l'avois déja vue une fois au jardin des plantes de Paris ; Franklin l'avoit fait venir en nature des marais de la Caroline méridionale pour l'offrir à Buffon : elle arriva à bon port ; mais elle est si délicate qu'elle ne subsista guère que six mois. Elle étoit au jardin de Kew dans le meilleur état de végétation possible (1).

Cette plante extraordinaire a des feuilles épaisses comme certaines plantes grasses ; elles sont disposées en espèces de charnières, garnies de piquans, et enduites par la nature d'une substance mieleuse : les mouches, attirées par cette liqueur douce, viennent pour la succer ; mais la plante est susceptible d'une si grande sen-

---

Linn. Supp. 331. *Bat-wing'd hedisarum nat. of Cochinchina*. Introd. 1780. *By sir Joseph Banks : fl. july and august.*

(1) *Dionea muscipula cal. 5 phyllus. Petala 5 cap. s unilocularis , gibba , polysperma.* Aiton, Hortus Kewensis. *Dionea* Linn. Mant. 238. *Venuig Fly-trap. nativ. of Carolina, fl. july and august.*

sibilité, que le moindre mouvement l'irrite; la feuille alors se reploie, se referme sur elle-même, saisit l'insecte par ses piquans, le perce et le met à mort. Ainsi, la nature semble être inépuisable dans ses moyens de détruire comme dans ses moyens de créer.

Les *magnolia grandi flora*, plantés en pleine terre et formant des arbres de haute grandeur, étoient couverts de leurs belles fleurs, qui parfumoient l'air; leur feuillage d'un vert brillant en dessus, et de couleur fauve et changeante en dessous produisoit le plus grand effet, et se trouvoit en opposition avec des arbres à feuilles argentées, et à feuilles tirant sur le rouge.

Des arbres toujours verts, des arbres résineux de toutes les espèces, chargés de leurs fruits écailleux, et de formes variées, se marioient avec des arbres à feuilles d'un vert tendre, avec des arbres en parassol, avec d'autres à feuilles cotoneuses, à feuilles découpées, à feuilles palmées; et il résultoit de ces divers mélanges, combinés avec art et placés avec goût, une variété de formes, de tons et de couleurs, qui produisoit des contrastes piquans, sans jamais donner lieu à des contresens.

Les polypodes, les fougères, les diverses plantes qui aiment l'ombrage et la fraicheur, ont des places qui leur sont affectées. Les bruyères, les chevrefeuilles, les genets de diverses espèces, les lierres, les mirtils sont dans leur voisinage.

Mais rien ne m'a autant étonné que l'art admirable avec lequel on est parvenu à faire croître les mousses, les capillaires les plus délicats et jusqu'à certains *lichens*, afin de réunir dans un même lieu l'étalage le plus complet et le mieux assorti des principales richesses végétales de la nature.

On a formé, pour remplir ce but, des amas de laves poreuses, dont le chevalier Banks apporta d'abondantes provisions à son retour d'Islande, où il étoit allé pour visiter le volcan de l'Hecla. Le lest de son vaisseau ne fut chargé que de ces laves. Ce qui a donné lieu à l'application heureuse qu'on en a faite. En effet, comme ces laves sont remplies de cavités,

vités, de fissures, de rugosités, et qu'elles sont spongieuses, susceptibles de s'imbiber d'eau et de la retenir long-tems, on a imaginé d'en former des bordures épaisses, plus ou moins élevées autour des plattes-bandes d'un terrain ombragé consacré à ce jardin des mousses, unique en son genre.

Cette nombreuse famille des *criptogames*, si variée par les formes, par les couleurs, par le mystère de leur étonnante fructification, croît et prospère dans les cavités de ces petits rochers artificiels d'une manière qui paroît tenir du prodige, et qui honore le goût et l'intelligence de celui qui a eu cette heureuse idée.

La chose ayant parfaitement réussi, on a voulu donner un plus grand développement à cette pratique ; et pour y parvenir on a eu recours à des laves factices, lorsque celles qu'on avoit apportées d'Islande se sont trouvé épuisées, et l'on a vitrifié, au feu violent du charbon de terre, des blocs d'argille, qui ont rempli à peu près le même but.

Il faut convenir que le climat de l'Angleterre, très-favorable au développement de ces plantes, se prête au succès de cette charmante invention. Je crois cependant qu'on pourroit faire avec succès de semblables tentatives ailleurs, et enrichir les grands jardins de botanique de cette manière de réunir des objets qu'on ne peut étudier, en général, que dans des herbiers, ou dans des voyages que l'on n'est pas toujours dans le cas d'entreprendre.

M. William Aiton, directeur de ce magnifique jardin, et qui a contribué à le porter à cet état de perfection, s'occupe de la description des plantes nombreuses et rares qu'il renferme, et qu'il a cultivées avec tant d'application, de zèle et de connoissance. Cet ouvrage, attendu avec impatience, sera reçu avec intérêt par les botanistes et par ceux qui savent apprécier les talens de M. Aiton.

Ce savant modeste se prêta de la manière la plus affable, ainsi que M. Banks, à tout ce qui pouvoit intéresser ma curiosité, et je leur sais d'autant plus gré de leur extrême complaisance, que mon ignorance me mit dans le cas de leur faire plus d'une fois des questions importunes ; je m'empresse donc de leur renouveller ici mes excuses et ma reconnoissance (1).

Muséum britannique.

C'est dans le vaste hôtel de l'ancien duc de Montagut, *Great-Russel-Street*, qu'est placée cette immense collection d'objets scientifiques et curieux.

Ce muséum est composé de livres manuscrits, de livres imprimés, d'antiquités égyptiennes, étrusques, grecques, romaines, d'idoles de l'Inde, de la Chine, du Japon ; de vêtemens, d'armes et d'ustensiles des insulaires de la mer du Sud et d'autres peuples sauvages ; de quadrupèdes, d'amphibies, d'oiseaux, d'insectes,

---

(1) M. Aiton a publié, en 1789, un bel ouvrage, renfermant la description des plantes de ce jardin, sous le titre d'*Hortus Kewensis, or a Catalogue of the plants cultivated in the royal botanic-garden at Kew. By William Aiton.* 3 vol. in-8°. *fig.* London 1789. Peu de tems après la publication de ce livre, la mort a enlevé à la botanique et à ses amis ce savant estimable. Son fils lui a succédé dans la direction du jardin de Kew.

de poissons, de coquilles et autres productions marines; de végétaux, de minéraux, de pétrifications et de fossiles de toute espèce.

Si cette immense réunion d'objets, formée en partie par le célèbre Hans Sloane, portoit le titre modeste de *collection de Sloane*, et qu'on eut écarté tout ce qui lui est étranger, il est hors de doute qu'on ne fut très-empressé de visiter la collection de ce savant infatigable, et qu'on ne vit avec autant d'étonnement que de satisfaction, ce qu'a pu faire la passion des belles connoissances, aidée d'une grande fortune et d'une noble générosité.

Mais je n'aime guère que la collection d'un simple particulier, à laquelle on a réuni depuis cette époque, une foule d'objets disparates, faits pour détourner l'attention plutôt que pour la commander, porte le titre de *Muséum britannique*.

Une nation recommandable par le haut degré de perfection de son commerce et de ses manufactures, et par l'importance de sa marine, résultats d'une multitude de combinaisons difficiles et de connoissances profondes, doit avoir des monumens dignes d'elle, et plus analogues à la grandeur et la fierté de son caractère.

On a reproché aux Anglois de ne pas assez encourager les sciences, et sur-tout de ne pas les environner de la considération qu'elles méritent. Je n'ose, je l'avoue, prononcer sur cette inculpation ; mais, si elle étoit fondée, le gouvernement seroit bien peu attentif à une chose qui l'intéresse de si près ; car ceux qui dirigent sa marche sont mille fois trop éclairés pour ignorer que l'Angleterre a tiré plus de véritable gloire et d'illustration des génies rares qu'elle a produits, que de ses conquêtes dans les deux Indes, que de ses flottes et de ses combats et de ses éternelles discussions parlementaires.

Tout cet échafaudage politique, malgré son but d'utilité, aura mille fois disparu que le nom de l'immortel Newton (1),

---

(1) La gloire de la nation angloise, génie immortel qui doit avoir la prééminence sur les autres, par la découverte des principes des mouvemens célestes, des loix de la pesanteur universelle. Son livre *des Principes mathémathiques de la philosophie naturelle*, est le plus étonnant et le plus grand ouvrage que l'esprit humain ait encore produit.

celui de Neper (1), de Halley (2), de Bradley (3), et autres savans illustres, seront en vénération parmi les peuples chez qui la guerre et la fureur homicide des conquêtes n'auront pas éteint le flambeau des lumières et des connoissances qui mènent à la vérité, but unique de l'homme dans la course rapide de sa vie.

Il y a de très-belles choses en histoire naturelle dans le muséum britannique; mais, à l'exception de quelques poissons que l'on a commencé à classer dans une petite pièce, rien n'est en ordre, tout est hors de place; cet assemblage de cho-

---

(1) Neper, baron écossois, inventeur des logarythmes, artifice admirable, « qui, dit avec raison Laplace, en ré-
« duisant à quelques heures le travail de plusieurs mois, dou-
« ble, si l'on peut ainsi dire, la vie des astronomes, et leur
« épargne les erreurs et les dégoûts inséparables de longs cal-
« culs ; invention d'autant plus satisfaisante pour l'esprit hu-
« main, qu'il l'a tiré en entier de son propre fond. Dans les
« arts, l'homme emploie les matériaux et les forces de la na-
« ture pour accroître sa puissance ; mais ici tout est son ou-
« vrage. »

(2) Halley, dont le travail admirable sur les comètes lui a fait découvrir et prédire le retour de celle de 1769.

(3) Savant à jamais célèbre par la découverte de l'abhération des fixes et de la nutation de l'axe de la terre.

ses est plutôt un immense magasin dans lequel les objets paroissent avoir été jetés au hasard, qu'une collection savante destinée à instruire et à honorer une grande nation.

Il est à croire que tant qu'un désordre aussi repoussant aura lieu, jamais l'artiste ne sera excité à aller y puiser les connoissances analogues aux matières qu'il met en œuvre, et aux sources qui les produisent.

Jamais le peintre ne cherchera à voir et à étudier les animaux d'après nature, et à admirer les tons de couleur et les nuances infinies que présentent le plumage des oiseaux, la brillante parure des papillons, ou l'éclat oriental de coquilles.

Jamais celui qui consacre ses veilles à la guérison ou au soulagement de ses semblables ne voudra aller acquérir dans ce cahos, les connoissances relatives à l'art de distinguer avec précision les productions bienfaisantes que la nature semble offrir à l'homme dans les divers climats du monde pour calmer ou faire disparoître les maux qui marchent à sa suite.

Le philosophe qui aime à voir la nature en grand, et celui qui se plaît à étudier les détails de cette chaîne immense qui semble lier tous les êtres, et dont le dernier anneau paroît se confondre avec le premier, ne trouvera rien qui puisse l'intéresser au milieu d'un tel désordre.

Enfin, la jeunesse, si curieuse et si avide de nouveauté, ne sera point émue, encore moins excitée à l'étude par cet appât séduisant, si propre à développer ses goûts, lorsqu'une collection les flatte et les captive, par son bel arrangement et par la propreté qui doit y régner.

Mais ce qui n'existe pas dans ce moment pourra s'effectuer un jour : je le désire bien sincèrement pour le progrès des sciences naturelles ; car une nation dont les relations politiques et commerciales s'étendent dans l'un et l'autre hémisphère, et dont les vaisseaux parcourent tant de mers, peut former facilement, lorsqu'elle le désirera, l'assemblage le plus brillant et le plus riche des productions de la nature. Alors le muséum national d'histoire naturelle de Paris, qui l'emporte à si juste titre sur toutes les collections connues en ce genre, ne sera pas l'unique cabinet digne d'étonnement et d'admiration, et cette sorte de rivalité, bien plus honorable que celle qui nait des haines ou des préventions nationales, tourneroit du moins une fois à l'agrandissement des connoissances humaines, et par-là même au bonheur de tous.

CHAPITRE III.

Arts et Manufactures.

Instrumens de physique et de mathématique.

Les ingénieurs en instrumens destinés aux sciences jouissent en Angleterre d'une considération méritée ; ils sont, en général, très-instruits, et ne négligent ni tems, ni dépenses, pour porter à un haut point de perfection les ouvrages qui sortent de leurs mains. Une éducation plus soignée que par-tout ailleurs, les besoins de la marine, beaucoup de personnes en état d'apprécier et sur-tout de bien payer des instrumens bien faits, sont des causes qui ont concouru à former des hommes d'une grande réputation, et ceux-ci ont servi de maîtres à d'autres.

Je fus très-empressé d'aller, sous les auspices de MM. Weturht et Cavallo, rendre visite à plusieurs d'entre eux.

Je trouvai le savant et modeste Ramsden occupé à faire exécuter un instrument simple en apparence, mais qui exigeoit autant de soins que de combinaisons pour le rendre parfait.

Il s'agissoit de mesurer sur le terrain une base de quatre mille deux cent quatre-vingt-six toises, et de parer aux défauts des mesures ordinaires, soit en bois, soit en métal, sujetes à s'alonger à la chaleur, à se racourcir au froid, et à plusieurs autres inconvéniens, qui ne permettent pas de compter sur l'exactitude parfaite de pareilles mesures, quelques précautions qu'on prenne d'ailleurs.

On proposa des perches de verre plein : c'étoit ce travail que faisoit alors Ramsden. Les tubes de verre furent exécutés avec tout le soin possible, dans la manufacture de verre de Parcker, autant que je puis m'en rappeler; ils étoient tous du même calibre, et droits comme les règles les plus parfaites.

Ils étoient forts longs, et fixés sur des supports à pieds, avec un niveau à eau sur chaque perche; on pouvoit les élever ou les abaisser horisontalement à volonté, et il y avoit un grand nombre de ces perches qu'on devoit ajuster bout à bout.

Mais pour que le point de contact se fît avec une précision exacte, on avoit eu soin de couper et d'user à l'éméril les deux extrêmités de chaque perche, de manière qu'en les plaçant bout à bout l'on déterminoit le contact à l'aide de vis de rappel qui rapprochoient graduellement les perches, et l'on obtenoit par-là de grandes bases mesurées avec une précision dont il n'y avoit point encore eu d'exemple jusqu'à ce jour (1).

---

(1) Voyez à ce sujet *Astronomie de Lalande*, tome III, page 15 de la troisième édition, 1792; voyez aussi *Transactions philosophiques*, 1785, page 385, par M. le général Roy et M. d'Alby.

J'eus beaucoup de plaisir à m'entretenir avec Ramsden ; j'allai le voir plusieurs fois, et j'achetai quelques instrumens chez lui : il a toute la modestie et les mœurs simples d'un homme à grand talent.

Il y a aussi à Londres d'autres habiles ingénieurs pour les grands instrumens d'astronomie, de mathématique et de physique ; tels que MM. Bird, Dollond, Adams, Nairne et Blund, Hurter, etc.

On compte aussi plusieurs horlogers qui excellent dans leur art.

MANUFACTURES.

Wedgwood.

LES potteries noires, connues sous le nom de *basaltes*, qui ont la couleur, la dureté et l'opacité de la pierre volcanique qui porte ce nom, l'application que M. Wedgwood en a fait à des bustes, à des bas-reliefs, à des vases des plus belles formes antiques, honore le goût et l'habileté de ce célèbre manufacturier.

Il a également imité au parfait, avec d'autres pâtes, les vases étrusques, dont on possède une si riche collection en Angleterre, grâce aux soins du chevalier Hamilton qui les a recueillis pendant son ambassade à Naples, et grâce au bon esprit du parlement qui en a fait l'acquisition, afin de faciliter aux artistes anglois l'étude des plus excellens modèles.

Wedgwood a varié à l'infini l'art de préparer et de combiner les terres, pour en faire les plus beaux ouvrages; il savoit très-bien que les porcelaines ont été portées au plus haut degré de perfection en France, et que rien ne peut surpasser ce qui sort de Sêve, et de quelques autres manufactures enfantées par celle-ci; il a donc pris une route différente, et ne voulant pas être copiste, il a, pour ainsi dire, créé un genre particulier qui lui est propre, et qui seroit absolument original si les ouvrages en terres brunes et en terres rouges, sans demi-transparence et d'une grande dureté, qui nous viennent de la Chine, ne lui avoient pas servi de type; mais il n'en a pas moins le mérite d'avoir renchéri sur les Chinois, en trouvant de nouvelles compositions, et sur-tout en s'attachant aux plus belles formes.

Or, comme ses poteries sont recherchées et répandues dans toute l'Europe, et que les exemples font plus que la théorie et que les meilleurs livres, il est évident que Wedgwood a contribué à une sorte de révolution dans l'art, en multipliant les formes heureuses, et en accoutumant l'œil à en saisir les belles proportions.

Cet habile artiste, s'étant trouvé dans le cas d'étudier journellement l'action et les diverses modifications du feu, s'est rendu, pour ainsi dire, maître de captiver cet élément, et de le diriger à volonté. Ses recherches l'ont conduit à inventer un instrument de graduation qui fait honneur à ses connoissances, et qui porte son nom. Le *pyromètre de Wedgwood* figure dans tous les cabinets de chimie et de physique (1).

---

(1) Le célèbre Spallanzani en a fait une application très-heureuse pour déterminer le degré de feu nécessaire pour mettre en fusion les laves dans les volcans, et il a reconnu

Mais une chose qui a considérablement accru la fortune de Wedgwood, et qui a procuré une branche immense de commerce à l'Angleterre, c'est sa potterie commune connue en France sous le nom de *fayance angloise*, et à Londres, sous celui de *fayance de la reine*.

Son excellente fabrication, sa solidité, les avantages qu'elle a de soutenir l'action du feu, sa belle couverte inattaquable aux acides, l'agrément et la commodité des formes et la modicité du prix, ont donné lieu à un commerce si actif, et, pour ainsi dire, si universel, qu'en voyageant de Paris à Pétersbourg, d'Amsterdam au fond de la Suède, de Dunkerque à l'extrémité du midi de la France, on est servi dans toutes les auberges sur cette fayance angloise; l'Espagne, le Portugal, l'Italie, en sont approvisionnés; des vais-

---

qu'un feu un peu moindre que celui des verreries ordinaires suffit pour opérer cette fusion. Voyez à ce sujet le tome I du *Voyage dans les Deux-Siciles*, par Spallanzani, traduction françoise de Toscan et de Duval, page 14 de l'introduction, et page 63 et suiv. du texte.

seaux en font des chargemens pour les Indes orientales, pour les îles et le continent de l'Amérique.

Ce goût universel, cette habitude soutenue de rechercher cette fayance, démontrent bien qu'elle convient parfaitement, par sa solidité, ses formes et son prix, à tous ceux qui en font usage ; et sous ce point de vue Wedgwood a fait une fort belle découverte, et a bien mérité de son pays, puisqu'il a donné lieu à une grande branche d'industrie et de commerce (1).

---

(1) L'on a en France toutes les matières propres à imiter au parfait la fayance angloise, telles que les *argilles blanches*, les *silex*, le *minium*, etc. Une manufacture établie depuis quelques années à Montereau fait des ouvrages qui, à la vérité, ne valent pas ceux d'Angleterre, mais avec quelques secours et des conseils, sur-tout celui d'employer le charbon de terre, elle feroit bientôt un pas de plus.

Des citoyens très-estimables de Genève, qui ont travaillé avec plus de connoissances et de plus grands moyens, sont parvenus au but à force de tentatives. Ils ont fait plusieurs voyages à Paris pour solliciter le transport de leur établissement en France, dans le département de l'Isère, pour être plus à portée des terres qu'ils emploient ; à peine ont-ils été écoutés. Je ne sais si depuis lors on a fait droit à leur

Manufacture de verre fin de Parcker.

Ceux qui aiment les arts ne doivent pas négliger de visiter les magasins et la manufacture de verre de Parcker.

---

demande, ou si, las de solliciter, ils ont renoncé à un projet aussi utile pour la France; mais je sais très-bien que toutes les fois que les arts seront étrangers à ceux qui administrent les finances d'une grande nation, on la prive de ses ressources, et on la force à recourir à l'industrie de ses voisins.

C'est ainsi qu'en dernier lieu on a cru bien faire en prohibant l'entrée du produit des fabriques angloises, mais tout ce qui sera fait avec plus de soin que chez nous, et à meilleur marché, n'en entrera pas moins et sera seulement plus cher; les Anglois qui aimeroient bien aussi à se venger, ne seront pas si mal avisés que de défendre l'entrée de nos vins, dont ils ne sauroient se passer; ils y ont imposé de tout tems de gros droits d'entrée: les consommateurs riches les paient, et l'état en profite.

J'ai ouï-dire à un homme très-instruit dans cette matière qu'il valoit mille fois mieux permettre le commerce des marchandises angloises, et les assujetir à des taxes, prendre ensuite le quart de ce produit pour le distribuer sagement à des manufactures. Bientôt nous aurions d'aussi bons ouvrages qu'en Angleterre. C'est ainsi qu'on est parvenu à imiter les beaux verres fins; c'est ainsi, grâce à l'intelligence et aux soins du ministre Bénézech, que nous avons à Versailles une

C'est-là qu'ils verront jusqu'à quel point cette matière, pure comme l'eau d'une belle source, plus douce à l'œil que le cristal, peut, sous la main d'artistes habiles, être façonnée, en coupes, en vases, en aiguières, en flacons de toutes les formes.

Ils seront surpris de l'adresse et de la vîtesse avec lesquelles on taille, on grave, on polit, on brillante, les objets qui servent au luxe et à la parure; les ustensiles variés qui couvrent et décorent nos tables, les beaux lustres qui les éclairent et qui reflettent en mille sens les couleurs et l'éclat du prisme.

Parcker, à l'exemple de ceux qui sont à la tête des grandes manufactures en Angleterre, a des connoissances et de l'instruction dans plus d'un genre; il a fait

---

manufacture d'armes à feu d'un plus beau fini et d'une perfection plus recherchée que tout ce qu'on a fait à Londres, et à un prix beaucoup moindre. Olivier, qui a élevé une fort belle fabrique rue de la Raquette faubourg Saint-Antoine, a très-bien imité les plus beaux ouvrages de Wedgwood: il est malheureux que l'état des finances n'ait pas permis de donner des encouragemens bien mérités à cet artiste estimable.

construire une lentille ardente d'un grand volume et d'un effet remarquable : on la considère comme ce qu'il y a de mieux fait en ce genre.

J'avois pris jour avec M. Whitehurst, son ami, pour assister à quelques expériences ; mais le soleil resta caché, ce qui lui arrive souvent à Londres. Je ne pus donc pas juger par moi-même des effets de ce grand verre ardent (1).

Grande brasserie.

C'est par les faits mieux que par toute autre chose qu'on peut se former une idée exacte de ce que l'industrie est capable de

---

(1) Les verres anglois ont été imités en France ; les premiers essais furent faits avec succès dans le parc de Saint-Cloud, à l'instigation et sous les auspices de Marie-Antoinette, qui aimoit et encourageoit les arts. Cette manufacture fut transportée au Creuzot, près Montcenis en Bourgogne, où elle porta le nom de *manufacture de la reine*, qui avoit concouru à la former : elle est établie dans le plus grand genre. On y fait de fort beaux ouvrages, et elle a déja donné naissance à d'autres manufactures semblables à Paris et ailleurs.

faire chez un peuple actif, animé par le génie du commerce.

Une grande brasserie que j'ai visitée de l'autre côté de *Black-friars-Bridge*, a excité mon étonnement autant que mon admiration.

Les cours et les bâtimens, qui sont d'une vaste étendue, ont pour but unique l'utilité; tout est solide, tout est fait à propos, mais tout est absolument étranger au luxe.

Soixante-dix chevaux de forte taille sont consacrés au service de la brasserie; cent ouvriers sans cesse en activité préparent dans les atteliers les grains, les houblons, ou sont employés aux étuves, aux chaudières, aux cuves; d'autres soutirent la bierre, d'autres remplissent les foudres dont je parlerai bientôt.

La bierre est brassée dans de vastes bassins élevés à la hauteur du premier étage; des pompes disposées avec beaucoup d'art facilitent le service de l'eau.

Lorsque la bierre est faite, elle descend par des conduits, et est distribuée, à l'aide de tuyaux, dans une multitude de tonneaux placés dans un immense attelier. La bierre achève de se perfectionner dans ces tonneaux, où elle reste peu de tems; elle est tirée ensuite par des robinets, et transvasée dans un grand réservoir, où des pompes la reprennent et l'élèvent dans des foudres d'une grandeur étonnante, posées verticalement et sur le haut desquelles on ne peut arriver que par des escaliers; une galerie circule autour de l'emplacement où sont ces foudres.

Quatre caves, situées au rez-de-chaussée et de diverses grandeurs, sont destinées à les recevoir.

On voit dans la première, qui est la plus petite, six foudres, qui contiennent chacune trois cents barriques; la barrique est de deux cents quarante bouteilles: la seconde a vingt-huit foudres de quatre cents barriques: la troisième quatorze foudres de neuf cents barriques, et la quatrième quatre foudres de quinze cents.

En tout de quoi contenir trente-un mille six cents barriques.

Le débit ordinaire est, année commune, de cent quarante mille barriques environ ; il étoit bien plus considérable pendant la dernière guerre : le propriétaire de cette brasserie ayant la fourniture de la marine. L'on peut juger de ce débit à cette époque par les droits perçus sur la bierre qu'on y faisoit : on m'assura que cet impôt s'élevoit à dix mille livres sterling par mois.

Il n'y avoit pas long-tems que cette brasserie avoit été vendue à la mort de celui à qui elle appartenoit ; elle fut mise à l'enchère et adjugée au prix de trois millions deux cent quatre-vingt-huit mille livres tournois.

Ce qu'il y a de remarquable, c'est que vingt-deux concurans se la disputoient ; et il falloit non-seulement payer cette somme, mais avoir encore assez d'avances pour faire marcher un aussi vaste établissement.

Il est inutile d'observer que presque toute la bierre qu'on prépare dans cette belle manufacture est de celle qu'on appelle *porter*, qui est forte, susceptible de supporter les grands voyages par mer, et d'être conservée plusieurs années en bouteille; il est nécessaire même, pour l'avoir de bonne qualité, qu'elle ait resté plusieurs mois dans les foudres.

Ces foudres, faites avec des bois du plus beau choix, sont construites avec une solidité, une justesse et une précision admirables, et même avec une sorte d'élégance. Il y en a qui ont jusqu'à dix-huit cerceaux de fer. On m'en a fait voir plusieurs qui ont couté dix mille livres tournois pièce.

J'ai déja dit qu'elles étoient toutes placées debout autour des murs; mais ayant demandé sur quoi elles portoient, on me fit voir qu'elles étoient assises sur des voûtes de brique d'une grande solidité, fortifiées par plusieurs gros pilliers de bois debout. Le fond se trouve garanti par-là de l'humidité de la terre, et on a la facilité de voir si la bierre ne fuit pas.

Le dessus des foudres est fermé avec beaucoup de soin par des planches épaisses parfaitement jointes, et il est recouvert encore de six pouces de sable fin.

A peu de distance de cette manufacture, il en existe une de vinaigre de bierre montée dans le même genre; mais ici les foudres sont en plein air et remplissent une immense cour; leur grandeur et leur capacité sont telles, qu'en entrant dans cette vaste enceinte pleine de ces cuves gigantesques, rangées sur plusieurs lignes, on croit voir, par une illusion qui nait du défaut de comparaison exacte, une suite de vaisseaux de ligne placés dans un port les uns à côté des autres.

Le vinaigre fait avec de l'excellente bierre forte est meilleur qu'on ne pourroit croire : on n'en use pas d'autre dans toute l'Angleterre; l'entrée du vinaigre fait avec du vin est sévèrement prohibée.

Manufacture de marroquin, de parchemin, de chamoiserie.

J'AIME à voir les manufactures de tous les genres; elles pourvoient à nos besoins, à nos commodités, à notre luxe : ces produits de l'industrie sont dus à la réunion des hommes; ils ont coopéré plus qu'on ne le croit au développement de leurs facultés, et avant de parvenir au point de perfection où ils ont été portés chez certains peuples, les arts ont passé par mille essais, par mille tâtonnemens divers qui annoncent que leur marche est la même que celle de l'esprit humain, qui ne chemine à son tour qu'à petits pas et ne parcourt que lentement la route des découvertes.

J'aime à voir aussi la manière dont divers peuples traitent le même art; il y a toujours quelques procédés particuliers aux uns qui ne se trouvent pas chez les autres.

Nous connoissons la cause de l'excellente qualité des cuirs préparés par les Anglois; elle est due principalement aux avances qu'ils sont en état de faire pour laisser séjourner plus long-tems les peaux dans les fosses, et à quelques améliorations dans la main-d'œuvre.

L'on prépare à Annonai et à Grenoble des peaux pour les gands blancs qui surpassent celles qu'on fait en Angleterre; mais en Angleterre l'on a l'art, depuis quelque tems, d'établir des parchemins, des vélins et sur-tout des marroquins supérieurs aux nôtres.

On peut même dire que les fabriques de marroquin ne font que de naître en France, quoiqu'elles y aient eu autrefois de la réputation, s'il faut en croire un auteur célèbre (1); mais les guerres civiles, et sur-tout celles de religion, firent fuir nos plus belles manufactures, qui furent appelées en Allemagne et en Angleterre par la tolérance, par la liberté des cultes et par la politique.

Je m'entretenois sur cet objet avec un Anglois très-instruit, qui me proposa de me conduire dans une manufacture de ce genre, située dans une des extrémités de la ville de Londres et dirigée par des Lorrains; je devois y voir une presse de la plus grande force, dont les effets contribuent à donner de la qualité aux peaux destinées à être préparées en marroquin.

Je me rendis dans ce bel établissement,

---

(1) Rabelais fait mention des beaux marroquins de Montélimar en Dauphiné.

où tout est fait avec une intelligence et une méthode qui m'intéressèrent beaucoup; mais dans les choses qu'on voulut bien me permettre de voir, je n'observai rien qui ne fut mis en pratique ailleurs; je crois, il est vrai, qu'on m'a caché plusieurs tours de main, car on n'a pas toujours répondu à mes demandes : ce qu'au surplus je ne saurois désapprouver. Mais la grande presse, qu'on ne montre pas à tout le monde, fut mise en œuvre devant moi, et on m'en fit connoître tous les détails.

Elle est en fer et pèse vingt-deux mille livres; elle ne diffère guère des presses ordinaires, si ce n'est que tout y est plus en grand et d'un fini plus parfait. Quatre hommes la font mouvoir et produisent une pression très-puissante; mais lorsqu'on a besoin d'employer les derniers degrés de force, on y adapte un équipage de deux chevaux.

Des peaux de différentes espèces qu'on me fit voir et qu'on regarderoit comme ayant reçu le dernier apprêt dans les manufactures ordinaires, c'est-à-dire, qui étoient bien pressées et ne laissoient appercevoir aucun vestige des matières grasses qui avoient servi à le préparer, furent mouillées et mises en presse.

L'eau qui en découla fut recueillie, et dans les derniers efforts que fit la presse, une huile épaisse surnagea. C'est cette matière grasse, me dit le maître, qui rancit avec le tems et tourne en acide; elle altère alors non-seulement les couleurs qu'on applique sur ces peaux, et les fait passer au noir, mais elle attaque leurs grains et les réseaux qui leur donnent de la consistance; ce qui les rend de peu de durée. Cette observation me paroît juste, et mérite d'être prise en considération par les gens de l'art.

Comme cette manufacture est considérable, et qu'on ne laisse pas d'obtenir beaucoup d'huile de cette manière, qui sans cela seroit perdue, cette matière huileuse est employée à la fabrication des suifs.

CHAPITRE IV.

Monument de l'incendie. Quakers. Quelques cabinets d'histoire naturelle. Chevalier Englefield. Préparatifs pour le voyage d'Ecosse et de l'île de Staffa.

L'on faisoit des réparations à la rampe de la colonne du monument, ce qui me donna la facilité d'y monter et de contempler, de cette hauteur, la ville de Londres et ses environs.

Cette colonne, située à peu de distance du pont de Londres, a deux cent deux pieds d'élévation ; elle est d'ordre dorique et a quinze pieds de diamètre : la cité l'érigea en mémoire du fameux incendie de 1666, et on la considère comme un des chefs-d'œuvre du chevalier Christophe Wren.

Je ne parle ici de ce monument, décrit par un grand nombre de voyageurs, que relativement à une circonstance particulière que le hasard m'a mis à portée de remarquer.

Je montois les trois cent quarante-huit marches qui conduisent au balcon supérieur, lorsque je m'apperçus que la rampe intérieure qui tourne autour de l'escalier étoit rongée et hors de service; plus je montois, plus la dégradation étoit avancée ; enfin, étant parvenu sur la platte-forme, je vis avec étonnement que la balustrade qui l'entouroit, quoique faite en fer d'un fort calibre, étoit presqu'entièrement détruite, sur-tout dans la direction de certains courans d'air, au point qu'il eût été dangereux de s'en approcher de trop près.

Je présumois bien que le voisinage de la mer devoit nécessairement attirer des vapeurs acides, nuisibles aux métaux, particulièrement au fer ; je m'étois même apperçu que les nombreuses balustrades qui bordent la plupart des maisons de Londres, exigent des peintures fréquentes pour être conservées ; mais je n'aurois pas cru que les dégradations eussent pu être portées à ce point dans un espace de tems aussi peu considérable, en supposant même que la rampe du monument n'ait jamais été réparée depuis son origine, c'est-à-dire, depuis 1666.

J'ai vu, dans plusieurs villes du nord et du midi de la France plus voisines encore de la mer, des flèches de clochers, des balustrades de balcons, des anneaux de fer servant à amarrer les barques, qui ont plus de deux cents ans d'ancienneté et qui n'ont pas éprouvé le quart du dommage que j'ai remarqué sur les ferrures du monument de Londres.

Il s'ensuit de-là que l'atmosphère de cette ville est impregnée d'émanations corrosives plus abondantes et plus actives qu'ailleurs, et cela doit être dans un rassemblement aussi considérable d'habitans, qui ne font usage pour leurs feux journaliers

et

et toute l'année que de charbon de terre, et dans une ville remplie de manufactures et d'usines de toute espèce, qui dévorent des courans d'air et des masses énormes des combustibles.

Je suis bien éloigné, malgré cela, de penser que la ville de Londres soit plus mal saine que d'autres villes parce qu'on n'y brûle que du charbon; car non-seulement l'expérience et une longue suite d'observations prouvent le contraire, mais il est à présumer encore que cette immense quantité de feux contribue à la salubrité, d'abord par la chaleur forte, égale et soutenue que produit le charbon de terre, dans une atmosphère naturellement imprégnée d'eau : en second lieu, parce que tant de foyers, tant de manufactures et d'usines à feu de toute espèce produisent des courans et des déplacemens d'air de toute part, qui éloignent les vapeurs nuisibles et pestilentielles qui ont lieu toutes les fois que la masse respirable est trop long-tems en stagnation.

Quant aux émanations même du charbon pendant qu'il est en combustion, el-

Tome I. I

les sont de deux sortes : les premières, bitumineuses et même un peu balsamiques, sont plutôt favorables que nuisibles à la poitrine ; les secondes, qui se dégagent lorsque le combustible est fortement embrasé, sont acides, par conséquent anti-putrides. Mais la bonne construction des cheminées et l'action impulsive du feu élèvent la colonne de vapeurs au-dessus des habitations ; alors le moindre vent (et il en fait presque toujours à une certaine hauteur) éloigne et dissipe ces émanations, dont l'action ne porte guère que sur les ferrures, particulièrement sur celles qui sont les plus élevées ou sur le feuillage des arbres trop voisins.

D'ailleurs, les avantages incalculables que présente le charbon de terre, ce combustible utile qui tient, pour ainsi dire, à l'existence de l'Angleterre, ont amplement de quoi dédommager de quelques légers inconvéniens attachés à son usage ; et nos élégans de Paris dussent-ils, à l'exemple de ceux de Londres, changer deux fois de linge dans la journée, je voudrois, pour le bonheur des individus et pour la prospérité générale de ma patrie, que la France fut aussi avancée que l'Angleterre sur l'usage universel du charbon de terre.

Que ceux qui n'ont que des notions vagues sur cette matière, ne disent pas que nous n'avons ni autant, ni d'aussi bons charbons qu'à Edinburgh, qu'à Glascow, qu'à Newcastle; je ne voudrois, pour les dissuader à ce sujet, que l'opinion de quelques Anglois très-instruits qui ont voyagé avec fruit en France; je parle d'Anglois philantropes, tels qu'Arthur Young, Symonds, le chevalier Hamilton, le lord Greville et autres; car quant au gouvernement britannique, sa politique exige trop que nous restions long-tems dans l'ignorance sur un point aussi important, qui touche de si près à nos manufactures et à l'intérêt de notre commerce. Je reviendrai sur cet objet utile, que je n'abandonne qu'à regret, lorsque je visiterai les mines de Newcastle.

Des Quakers.

J'aime les quakers, et j'ai beaucoup de plaisir à les voir, dans le particulier, dans la société et dans leurs assemblées religieuses ; ils m'inspirent une vénération involontaire.

Couverts de tout ce qu'il y a de plus simple, de plus uni, de plus modeste, mais en même tems de plus propre, de plus fini, de plus parfait ; il m'a semblé que leur ame participoit de la blancheur de leur beau linge, et qu'elle devoit être aussi pure, aussi soignée que leurs vêtemens.

Buffon avoit bien raison de dire que l'homme s'identifie, pour ainsi dire, avec ses habits, et qu'il est beaucoup plus important qu'on ne le croit d'accoutumer la jeunesse à s'observer sur ce qu'on appelle la tenue et le maintien honnête et décent. Il y a un sens très-profond dans ce qu'a écrit à ce sujet cet homme illustre. Il a dit encore : « Nous prenons l'idée d'un hom-
« me, et nous la prenons sur sa physio-

« nomie; il n'y a pas jusqu'aux habits et
« à la coiffure qui n'influent sur notre ju-
« gement. Un homme sensé doit regarder
« ses vêtemens comme faisant partie de
« lui-même, puisqu'ils en font, en effet,
« partie aux yeux des autres, et qu'ils en-
« trent pour quelque chose dans l'idée totale
« qu'on se forme de celui qui les porte (1). »
(*Histoire naturelle de l'homme*, page 520,
in-4°,)

Les lieux où les quakers se réunissent
pour leur culte, ou plutôt pour se recueil-

---

(1) Un homme qui n'étoit pas sans talent, mais qui a voulu à tout prix jouer de trop bonne heure un rôle, Hérault-de-Séchelles, fit un voyage à Montbart, en 1785, pour voir M. de Buffon, qui le retint plusieurs jours auprès de lui, et voulut bien lui donner des marques d'affabilité et même de confiance.

En reconnoissance de tant de témoignages de bonté, Hérault, à son retour à Paris, n'eût rien de si pressé que d'annoncer qu'il avoit fait un journal plein d'anecdotes et de détails piquans sur le grand homme qu'il venoit de visiter, et il lut, dans plus d'un cercle, avec un ton de mystère, ce journal fait sous le toit de l'hospitalité. Cet écrit, surchargé des plus minutieux détails, est un mélange disparate d'éloges pompeux, de critique, d'épisodes satyriques, souvent scandaleuses, presque toujours fausses. Cette espèce d'espionnage domestique, qui sent si fort l'ingratitude et le mau-

lir, descendre en eux-mêmes, et attendre dans leur cœur les inspirations de la vertu, sont faits pour exciter le respect.

Ces espèces de temples, à l'exemple de ceux des peuples de l'antiquité, ne reçoivent la lumière que par le haut des voûtes ; les murs sont d'une blancheur éblouissante ; les boiseries, sans sculptures, brillent de l'éclat modeste de leurs propres couleurs et de l'extrême propreté qu'on y entretient ; les sièges sont de sim-

---

vais ton, eût fait, dans d'autres tems, chasser cet homme de toute société qui sait se respecter.

Hérault semble vouloir jeter du ridicule sur Buffon au sujet de sa chevelure, blanchie par soixante ans de travaux, dont il avoit beaucoup de soin ; il a affecté de dire qu'*il la faisoit friser deux ou trois fois par jour à cinq rangs de boucles flottantes.*

Voici à ce sujet un fait plus véritable, dont j'ai été témoin. Madame de Nanteuil, femme pleine d'esprit et de grâce, vint voir un jour à Paris M. de Buffon à huit heures du matin pour quelqu'affaire : il étoit à sa toilette ; elle lui fit des excuses de ce qu'elle paroissoit en négligé devant l'historien de la nature. « Eh quoi, lui répondit Buffon, n'êtes-
« vous pas assez parée par les grâces et par la jeunesse ; c'est
« à mon âge qu'il faut se coiffer et s'habiller proprement,
« pour cacher un peu ce que la vieillesse a de repoussant. »

ples banquettes, placées sur des lignes parallèles. Vainement l'on chercheroit ici des tableaux, des statues, des autels, des prêtres et des acolytes ; tous ces accessoires sont considérés, par les quakers, comme des hors-d'œuvres imaginés par les hommes, et étrangers à l'Etre suprême ; ils préfèrent de lui offrir des cœurs purs, des actes de vertu et de bienfaisance ; ils sont persuadés que rien ne sauroit lui être plus agréable que cette douce philantropie qui les porte à regarder les hommes comme des frères, comme de véritables amis, avec lesquels ils traversent en commun la route courte, mais difficile, de la vie, dans laquelle ils ont besoin réciproquement de s'assister.

Ils ont, d'après cela, en horreur ces hommes sanguinaires et cruels qui, par ambition ou par vengeance, provoquent la guerre, c'est-à-dire, forcent ou excitent des hommes qui dans le fond n'ont pas à se plaindre les uns des autres, à s'égorger et à s'assassiner de sang-froid.

Lorsque les quakers sont réunis dans leurs églises, les hommes occupent une place séparée de celle des femmes, et ont la tête couverte d'un chapeau noir, à aîles à demi-rabattues, sans gance et sans bouton ; ils ont les yeux humblement baissés vers la terre, souvent même fermés, pour n'être distraits par rien dans leurs méditations contemplatives.

Les femmes ont également la tête couverte de chapeaux d'un autre genre, en soie, en velours ou en paille ; mais fort unis. Elles cachent, en général, leur visage, du moins dans ce lieu de recueillement ; leurs cheveux sont aussi sans poudre, mais lavés et soignés avec une telle propreté que c'est un de leur plus beaux ornemens. Elles sont mises avec la plus grande décence, cependant leurs vêtemens sont toujours faits, en général, avec les étoffes les plus fines et les plus recherchées, mais dans le genre le plus modeste.

Au fond de l'église est une espèce d'estrade un peu élevée, entourée d'une balustrade en bois ; ce n'est pas une chaire à prêcher, c'est plutôt une grande et longue tribune aux harangues : c'est-là que ceux ou celles qui sont animés par une inspiration céleste vont se placer pour faire part à haute voix à tous leurs frères des élans de leur ame et des pensées touchantes que l'Eternel leur envoie.

Je les ai plusieurs fois contemplé dans cet état prophétique, avec l'intime conviction qu'ils n'étoient pas plus inspirés par le souffle de l'esprit saint, que la sybille, dans le tems des oracles, l'étoit par celui d'Apollon, ou que les somnambulistes, en dernier lieu, par les prestiges et les signes de Mesmer.

Mais en faisant la différence des quakers, qui certainement sont de bonne foi, d'avec les autres qui ne respiroient qu'imposture, j'aimois à suivre les impressions qu'opéroit sur eux l'action de la pensée trop long-tems soutenue sur des abstractions métaphysiques : j'en voyois quelques-uns qui, à force de se fatiguer la tête, finissoient par s'étourdir, et se croyant inspirés, rompoient le silence profond qui règne dans ces assemblées, et montoient à la tribune.

C'est alors que je me plaisois à les contempler de près, à l'aide d'une lorgnette; ils ont les yeux à demi-fermés ou dirigés vers la terre, et prononcent lentement et à de longs intervalles quelques mots d'un ton mélancolique et sombre, appuyent les mains avec force contre la balustrade de la tribune, et semblent faire des efforts pour atteindre et comme pour saisir des pensées.

Ils se balancent ensuite en avant, en arrière, quelquefois de côté; d'abord d'un mouvement lent et uniforme, en proférant quelques mots plus rapprochés, l'action redouble ensuite, et bientôt la contention du corps et de l'esprit attirent le sang vers la tête; les joues se colorent, les pensées naissent en foule, les expressions les suivent, l'ame et le cœur s'embrasent, une sorte de tremblement (1) se manifeste, et l'orateur est inspiré.

Les femmes, dans ces circonstances, suivent à peu près la même marche que les hommes; elles ne sont ni plus ni moins

---

(1) C'est ce qui leur a fait donner le nom de *Trembleurs*.

parleuses. Beaucoup de ces discours sont au-dessous du médiocre, quelques-uns sont supportables, l'on dit même qu'il y en a de très-éloquens ; mais tous sont pris en très-bonne part : le sujet roulant sur les devoirs de l'homme, sur le pardon des offenses, et sur la plus parfaite morale. J'entendis un jour une femme improviser une fort belle prière à Dieu ; il est possible qu'elle la sut auparavant par cœur, ou que son ame sensible lui eut inspiré ce beau mouvement d'amour et de reconnoissance. Les femmes nous donneront toujours des leçons en ce genre.

Il y a des séances où personne ne parle, et cela doit être parmi des hommes estimables, heureux par leur conscience, et plus accoutumés à mettre la morale en action qu'à la préconiser par des paroles ; et comme il n'y a point ici de discours de commande, ni de pasteur qui gouverne à volonté le troupeau, on a pour règle unique dans cette circonstance, de ne jamais parler que d'après l'impulsion et l'élan de son cœur : or, comme tout cela tient à une ame ardente, à une imagination forte, soumise à l'action des causes physiques, qui doivent varier en raison des saisons, de l'état de l'air ou de celui de la santé, il en résulte que le thermomètre de la tête, non moins sensible que celui de l'art, doit se trouver quelquefois dans un état d'immobilité et de stagnation.

Mais ce qui semble distinguer ce culte simple de beaucoup d'autres, c'est que l'expérience a appris qu'il conduit l'homme à la pratique de ses devoirs, sans le fatiguer par de vaines superstitions, qu'il fait aimer la vertu en la présentant sous des formes douces, et que des hommes de cette trempe sont précieux pour un gouvernement par les bons exemples qu'ils donnent; heureux par leurs bonnes actions, riches, en général, par leur application au travail, ils sont la preuve la plus forte que la moralité des individus, en faisant le bonheur particulier, donne naissance à la prospérité publique.

Quelques cabinets d'histoire naturelle.

Le cabinet d'insectes de M. Drury a été formé avec beaucoup de dépenses, et il a fallu bien du tems et des occasions heureuses pour réunir tant d'objets rares en ce genre, tirés des Indes orientales, de la Chine, du Japon, de la mer du Sud, etc.; tout est disposé, dans cette collection, avec beaucoup de soins et une grande propreté.

Smeathman, qui avoit voyagé en Afrique et apporté plusieurs insectes curieux à M. Drury qu'il connoissoit particulièrement, me procura l'entrée de ce cabinet: cette recommandation me fut d'autant plus utile, que M. Drury eut la complaisance de me faire voir sa collection dans le plus grand détail, et avec beaucoup d'affabilité.

Je connoissois et je possédois son bel ouvrage qui a pour titre *Histoire naturelle des insectes rangés suivant leurs différens genres, en anglois et en françois;* 3 vol. in-4°. *fig.* coloriées, 1770 et suiv.

Je vis donc avec beaucoup d'intérêt les insectes en nature figurés dans ce livre.

Je passai aussi quelques heures fort agréablement dans le cabinet de M. Thomas Sheldon, frère de l'anatomiste, qui a des coquilles de la mer du Sud, et d'autres productions marines intéressantes.

Je regrettai infiniment de n'avoir pas vu la riche collection de minéraux de mylord Greville, parent du chevalier Hamilton, ambassadeur à Naples; mais ils étoient parti depuis peu l'un et l'autre pour l'Ecosse, dans l'intention d'aller visiter l'île de Staffa.

Je fus privé aussi de voir la savante collection de mylord Bute, ainsi que celle du docteur Pearson, mais ils n'étoient pas à Londres dans ce moment.

Le chevalier Englefield me dédommagea de ces privations par les politesses et les bontés dont il me combla pendant mon séjour dans cette ville. C'est un homme de bonne société, plein d'affabilité et de mérite ; il s'occupe avec succès d'astronomie et de physique, et accueille fort bien les étrangers. Je désire bien sincèrement

Intérieur de la Maison de Mac-nab Montagnard Écossois à Dalmaly, possesseur de plusieurs Fragments des Poésies D'ossian.

d'avoir le plaisir de le voir quelque jour en France, afin de lui rendre de cœur et d'ame les politesses que j'en ai reçues, ainsi que de sa respectable mère.

Si tous les Anglois étoient doués de cette urbanité, on auroit tort de leur reprocher l'espèce d'oubli et de froideur dont on les accuse envers ceux qui les ont le mieux reçu en France ; mais ce reproche est exagéré, et j'ai plus d'une preuve qu'il souffre beaucoup d'exceptions.

Comme je voulois profiter du reste de la belle saison pour faire le voyage d'Ecosse et des Hébrides, je m'occupai pendant quelques jours des dispositions nécessaires pour mon départ.

Plusieurs savans voulurent bien me donner des lettres de recommandation pour Glasgow, pour Edinburgh et pour le duc d'Argille, qui étoit dans une de ses terres au nord de l'Ecosse, sur la route que je devois prendre pour m'embarquer.

CHAPITRE V.

Départ pour l'Ecosse. Itinéraire. Observations d'histoire naturelle.

Nous partîmes, à six heures du soir, le comte Paul Andreani de Milan, William Thornton, M. de Mecies et moi, avec trois voitures de poste, dont deux pour nous et une pour les domestiques.

J'avois connu le comte Andreani à Paris; il aimoit les sciences, et il avoit fait à Milan une fort belle expérience aërostatique à ses dépens; il s'éleva dans le grand ballon qu'il avoit fait construire, à la manière de Montgolfier.

William Thornton est un Américain fort

fort estimable et de beaucoup d'esprit, qui, après avoir fait de bonnes études à Edinburgh, sous le docteur Cullen, étoit venu se perfectionner à Paris, où il avoit pris le goût de l'histoire naturelle. Le voyage ne pouvoit être que très-agréable avec des hommes d'aussi bonne société.

M. de Mecies de Londres nous avoit été présenté, peu de jours avant notre départ, par M. Thomson, très-bon naturaliste, comme un jeune homme studieux, très-appliqué à la minéralogie; nous l'agrégeâmes avec plaisir à notre société. L'on aime à fraterniser avec des personnes qui ont nos goûts, et qui ne craignent pas de partager les fatigues et les dangers d'une tournée que nous nous proposions de pousser jusqu'à l'île de Staffa, si la saison nous permettoit de nous exposer sur cette mer battue de tempêtes, semée d'îles et de courans dangereux.

Itinéraire.

De *Londres* à *Barnet*, 12 milles. — Route superbe, couverte de voitures, de chevaux, de gens de pied, qui venoient des maisons de campagne et des villages voisins, où l'on va se recréer le dimanche, et qui retournoient à Londres pendant la nuit, en profitant d'un beau clair de lune.

Nous trouvâmes l'air si serein et la nuit si belle, que nous prîmes le parti d'en profiter.

Hatfield, 9 milles.

Stevenedge, 12 milles. — Nous y arrivâmes à quatre heures du matin; nous nous y reposâmes jusqu'à neuf. Auberge excellente, mais très-chère.

Dugden, 16 milles.

Stilton, 14 milles.

Rien n'est au-dessus de la beauté et de la commodité du chemin pendant ces 63 milles : c'est l'avenue d'un magnifique jardin.

A Stilton l'on commence à voir sur les

bordures de la route des tas de pierres destinés à son entretien.

Ces pierres, d'une couleur grisâtre, sont calcaires ; elles renferment beaucoup de coquilles marines pétrifiées, parmi lesquelles j'ai reconnu une espèce de *concha exotica*, et d'autres plus communes. L'on voit dans cette même pierre et à côté des coquilles du bois bien caractérisé, mais difficile à conserver, parce qu'étant pyriteux, il se décompose facilement à l'air. Il est de couleur noire : on y distingue des parties bitumineuses plus solides.

En sortant du village de Stilton, j'ai vu, à la porte de la dernière maison à droite en allant à Stamford, une espèce de siège en pierre brute, formé par un bloc de véritable basalte noir volcanique, avec quelques petits cristaux de *schorl* noir et des points de chrysolite des volcans. Je demandai à quelques personnes, si elles savoient d'où venoit cette pierre ? mais je ne pus obtenir d'autres renseignemens, si non qu'on l'a toujours vu à cette place, et qu'on ignoroit d'où elle a été apportée ; mais comme elle pèse au moins deux cents livres, et qu'il est probable qu'elle ne sera pas déplacée de long-tems, j'invite les naturalistes anglois, s'il y en a dans les environs de Stilton, de s'informer du lieu où cette pierre volcanique a été trouvée, et d'examiner si elle vient des montagnes voisines.

De *Stilton* à *Stamford*, 14 milles. — Il y a deux églises anciennes à Stamford qui méritent d'être examinées ; leur construction solide, et en même tems hardie, est élégante. C'est un gothique simple qui n'est pas sans mérite ; l'exécution d'ailleurs ne laisse rien à désirer.

Wintham-Common, 11 milles.

Grantham, 10 milles. — Auberge superbe et d'une propreté très-recherchée.

Newark, *South-Muscomb*, *Tuxford*, 14 milles. — Route moins belle, au milieu de prairies communales, un peu marécageuses ; on voit néanmoins sous le gazon, dans quelques parties, des lits de pierre calcaire noire qui se délite par feuillets, depuis six lignes jusqu'à quatre pouces d'épaisseur : cette pierre, lorsqu'on la frotte avec du fer, répand une odeur de corne brûlée. On y trouve quelques térébratules et de petites cammes.

Barnby-Moor, 10 milles.

Duncaster, 14 milles. — Jolie petite ville : on venoit depuis peu d'y faire élever un ballon à air dilaté, à la manière de Montgolfier ; j'en lus l'affiche à la porte de la maison de la poste aux chevaux.

Ferry-Bridge, 15 milles. — Continuation de pâturages communaux depuis Barnby-Moor jusqu'à Ferry-Bridge, où l'on voit de nombreux troupeaux de moutons, de bœufs et beaucoup de chevaux : le sol, sous les prairies, est formé de petits graviers, qui recouvrent quelquefois de petites couches calcaires. En approchant de Ferry-Bridge, le pays devient montueux et l'on voit des bancs considérables de pierre calcaire grise. Bonne auberge à la poste chez J. Denton.

Brotherton, Fairburn, Micklefield, Aberford, Bramham, Weatherby, Walshford-Bridge, Allertonpark, Borough-Bridge, Ditchforth, Topcliff, Surshbystoop, Sandhulton, Southoltrington,

Northallerton. — Même ordre de choses avec peu de différence. Route praticable, mais moins belle ; paysage un peu sauvage ; quelques parties plus peuplées et mieux cultivées.

Le terrain est coupé à Northallerton par des collines, la plupart formées ou recouvertes par de gros cailloux roulés ; on voit cependant d'intervalle à intervalle et dans les ravines, paroître quelques couches d'une pierre calcaire d'un blanc grisâtre, d'assez médiocre qualité ; mais on l'emploie avec avantage pour la culture, en la convertissant en chaux dont on fume les terres.

Quant aux blocs de pierres roulées qui recouvrent la plupart de ces collines calcaires, ils annoncent un nouvel ordre de choses : on y distingue des granits, des pétrosilex verdâtres, et beaucoup de trapps noirs, qu'il seroit difficile de ne pas confondre avec des laves compactes volcaniques si l'on n'a pas les yeux très-exercés sur ces sortes de pierres.

Lousamehill, Littlesmeton, Dalton, Croft, Darlington. — On trouve en sortant de la petite ville de Darlington, et sur la lisière du chemin, des amas considérables de trapps noirs, qu'on apporte de quelques lieux voisins pour ferrer la route.

Cottonmund-Hill, Aycliff, Woodham, Ferry-Hill, Sunderland-Bridge, Durham. — Petite ville avec évêché, dans un site délicieux; superbe église cathédrale gothique.

Durrowmour. — L'on commence à reconnoître ici des vestiges de mine de charbon qui se manifestent dans une mauvaise roche calcaire en partie argilleuse.

Paulsworth, Chesterlestreet, Pelaw, Birtley, Gateshead. — Mines de charbon en exploitation à Gateshead.

Newcastle. — L'on compte de Ferry-Bridge à Newcastle 96 milles: nous fîmes ce long trajet dans une journée, étant parti de Ferry-Bridge, où nous avions passé la nuit, à cinq heures précises du matin, et étant arrivés à neuf heures du soir à Newcastle.

Nous étions en route le 30 août, et à 70 milles de Londres, lorsque nous sentîmes, à quatre heures du matin, le tems froid et piquant, quoique l'air fut pur et le tems calme et serein. J'examinai mon thermomètre, qui étoit à un demi-degré au-dessous de la congellation; et je vis de la glace qui avoit plus d'une demi-ligne d'épaisseur. Le lendemain à la même heure, le mercure s'éleva à dix degrés au-dessus; il s'y soutint presque toute la journée.

Le sur-lendemain, il fut à quinze degrés au-dessus de zéro au thermomètre de Réaumur; le froid disparut ensuite. Voilà une forte inégalité de climat, dans cette saison, en Angleterre, où l'hiver est un peu plus long et plus brumeux qu'à Paris; mais où il est moins froid, à cause du voisinage de la mer.

CHAPITRE VI.

Newcastle ; ses manufactures ; ses mines de charbon.

Newcastle est situé sur la belle rivière de Tyne, couverte de vaisseaux et bordée de droite et de gauche de manufactures de toute espèce, jusqu'à son embouchure à la mer, à dix milles de la ville.

J'y séjournai tout le tems nécessaire pour y étudier ses nombreuses mines de charbon et les produits multipliés de la plus active industrie.

M. David Crawford, ami de William Thornton un de mes compagnons de voyage, nous procura l'accès des mines et de plusieurs manufactures; il y mit d'autant plus de zèle et de complaisance qu'il aimoit lui-même l'histoire naturelle et les arts, et qu'en cette qualité il fut très-communicatif, et mit le plus grand empressement à nous faire voir ce qu'il y avoit de curieux. Il étoit propriétaire d'une manufacture uniquement destinée à extraire l'or et l'argent des cendres des attelies des monnoies, de celles des orfèvres et des tireurs d'or, ainsi que des débris des creuzets et des coupelles : il achète ces matières brutes en Hollande, en Angleterre, et particulièrement en France.

Mais ce qu'il y a de remarquable, c'est que les cendres qu'on tire de France en grande quantité, sont celles qui ont déja passé par les mains des raffineurs, qui n'emploient que le lavage et d'autres procédés imparfaits qui ne leur permettent de recueillir qu'une partie des métaux précieux qui sont dans ces cendres; tandis qu'à Newcastle l'abondance et le bas prix du charbon permettent de traiter ces matières par la fusion dans des fourneaux à reverbère, très-ingénieusement construits pour cet objet.

Je vis avec intérêt cet établissement de M. David Crawfort, où il a réuni d'autres fourneaux destinés à la revivification des chaux de plomb et de cuivre, qu'il se procure de diverses parties de l'Europe, en achetant de vieux conduits de plomb qui ont resté long-tems dans la terre, des cuivres rongés par la rouille, et des canons usés qu'il a à bon compte.

Nous vîmes plusieurs manufactures de verres à vîtres, de verres à gobelets et à caraffes, de verres à bouteilles ; toutes ces fabriques, établies dans des bâtimens qui n'ont presqu'aucune apparence, sont montées et dirigées avec une simplicité et une économie dignes de remarque.

Cette modeste simplicité a un grand mérite, celui d'animer des hommes actifs et industrieux, qui seroient sans cela éloignés de former des établissemens, et se trouveroient rebutés par les dépenses premières qu'exigent de vastes constructions.

C'est presque toujours le faste et la grandeur des bâtimens qui font échouer en

France les manufactures, et qui empêchent celles qui nous manquent de s'établir : on craint trop de se jeter dans des dépenses ruineuses en objets de construction.

Il faut en convenir, les Anglois et les Hollandois sont plus sages, et nous donnent en ce genre des leçons que nous devrions bien imiter. L'architecture est une peste pour ces sortes d'établissemens.

Cette belle rivière de Tyne offre, sur l'un et l'autre de ses bords, une foule de manufactures, qui rendent son aspect très-piquant. Ici ce sont des briquetteries, des poteries, des fayanceries, des verreries, des fabriques de céruse, de minium, de vitriol ; là, des manufactures de tôle, de fer-blanc, de toutes sortes d'outils, des filatures de laiton, des lamineries, etc.

Ces établissemens divers et multipliés, en opposition les uns aux autres, répandent de toute part tant d'activité, tant de mouvement, et, pour ainsi dire, tant de vie, que l'œil en est agréablement étonné, et que l'ame éprouve une vive satisfaction en contemplant ce magnifique tableau, où l'on voit tant d'hommes utiles trouver l'aisance et le bonheur dans le travail, contribuer en même tems à celui des autres, et faire prospérer en dernier résultat le gouvernement qui veille à la sûreté de tous.

Que l'on compare ensuite cette honorable industrie avec la paresse ignoble et la dégoûtante misère de cette foule d'hommes qui, se disant catholiques romains, assiègent les portes des églises et des maisons de moines dans les pays régis par de mauvaises loix, et l'on verra si les gouvernemens n'influent pas sur le bonheur des hommes.

Les mines de charbon sont si abondantes et si multipliées dans les environs de Newcastle, qu'on peut les regarder non-seulement comme un des grands magasins de l'Angleterre, mais encore comme fournissant au commerce extérieur un objet de vente et de profit considérable.

Il part journellement d'ici, et, pour ainsi dire, à toute heure, des vaisseaux chargés de charbon, soit pour Londres, soit pour divers ports de l'Europe; et il en résulte, outre le commerce, un avantage incalculable pour la marine ; c'est-là que se forme la grande pépinière des matelots, et qu'en tems de guerre plus de mille vaisseaux charbonniers arment en course et font un mal considérable au commerce ennemi.

C'est dans cette école pratique de la marine qu'on trouve des hommes aguerris à tous les dangers ; le célèbre Cook avoit d'abord servi en qualité de matelot sur un vaisseau charbonnier de Newcastle : son intelligence et un génie actif l'eurent bientôt élevé au grade de capitaine ; il loua alors pour son compte un navire, et sut si bien, dans les occasions périlleuses, maîtriser, pour ainsi dire, les élémens, qu'il acquit, quoique jeune encore, une grande réputation parmi les marins : elle lui mérita dans la suite la juste confiance du gouvernement anglois ; et cet étonnant navigateur fit trois fois le tour du monde, et enrichit la géographie, l'histoire naturelle et la navigation des plus grandes découvertes. L'on conserve avec vénération, dans les environs de Newcastle, la maison modeste où il est né.

Les mines de charbon des environs de Newcastle sont dans une position si heureuse que le sol qui les couvre est formé par de beaux pâturages couverts de chevaux, et par des terres de labour d'un grand produit. Au-dessous de ce sol fertile, on trouve un grès d'une qualité parfaite pour les meules à aiguiser : cette seconde richesse de la terre, fournit encore à l'industrie des habitans de Newcastle un objet de travail et de commerce d'une grande étendue. Ces meules sont d'une si bonne qualité qu'elles sont transportées dans tous les ports de l'Europe. La première mine que je visitai appartient à un simple particulier ; elle est éloignée de deux mille de la ville.

Son exploitation occupe cent hommes, dont trente pour le service extérieur, soixante-dix pour les puits et les galeries souterraines ; vingt chevaux habitent ces fosses profondes et y traînent le charbon, quatre font les ouvrages à l'extérieur pour la machine qui l'élève des puits ; quelques autres sont employés à des travaux accessoires.

Voici l'ordre des matières qu'on trouve avant d'arriver au charbon.

Terre végétale de bonne qualité.	2 pieds.
Couches de pierres roulées calcaires, parmi lesquelles on trouve quelques grès roulés.	15
Argille grise plus ou moins pure	16
Grès quartzeux dur avec quelques petites lames de mica	25
Argille noire très-dure, un peu bitumineuse, mêlée de quelques points de mica	26
Argille noire plus bitumineuse qui brûle en partie : lorsqu'on observe avec attention les feuillets de cette argille qui se délitent naturellement, l'on y voit des empreintes de fougère, mais elles sont à peine sensibles	18
TOTAL.	102 pieds.

On trouve à cette profondeur de cent deux pieds, le charbon; la couche en a cinq d'épaisseur dans quelques endroits, elle varie dans d'autres; mais elle est, en général, d'une bonne exploitation, et l'on en tire beaucoup en gros morceaux, ce qui est un avantage; car celui-ci est toujours d'un transport plus facile, et propre d'ailleurs aux cheminées : ce qui l'élève à un prix plus haut.

Lorsque l'on perce la couche d'argille noire et bitumineuse, on trouve le charbon qui y est adhérent; mais ceci n'est pas général, car il y a d'autres mines dans le voisinage de celle-ci où le toit est un grès qui dans ses points de contact avec le charbon, est mélangé jusqu'à l'épaisseur de deux ou trois pouces, de charbon en éclats implantés dans le grès même : ces brins de charbon ont une apparence ligneuse, lorsqu'on les examine avec attention.

On voit, dans la mine dont je parle, une grande et belle machine à feu, destinée à l'épuisement des eaux; elle fait agir en même tems un ventillateur pour purifier l'air.

Tome I.   L

La machine à molette est commode et le service s'en fait avec aisance, à l'aide de deux forts chevaux. Les sceaux à monter le charbon, au lieu d'être en bois, sont en osier, mais solidement construits ayant une anse en fer; ils contiennent au moins douze cents livres de charbon chacun; et comme l'un monte à mesure que l'autre descend, il arrive un de ces paniers, au jour, de quatre en quatre minutes. Un seul homme le reçoit, le place sur-le-champ et pendant qu'il est encore suspendu, sur un traineau attelé d'un cheval, le décroche, en remet un vide à la place, et conduit le traineau sur un emplacement voisin un peu élevé, où l'on renverse le panier sur un toit à clairvoie au-dessus d'une espèce de angar; la poussière passe par les vides et tombe dessous, et les morceaux roulans sur le plan incliné, qui avance vers la terre, se déposent en tas au dehors du angar; là, des chariots, dont je vais parler, le reprennent pour le porter au bord de la mer sur le lieu de l'embarquement.

Le transport par terre d'une quantité

de charbon aussi immense exigeroit des équipages et des chevaux sans nombre, ce qui couteroit fort cher; mais l'industrie y a suppléé. L'on est donc parvenu à s'en passer : voici de quelle manière.

On a construit, pour cet objet, des chemins sur lesquels l'on a ménagé, avec beaucoup d'art, à l'aide du niveau, une pente presqu'insensible, qui se prolonge jusqu'au terme où le charbon doit arriver pour être embarqué; cet espace à parcourir excède souvent plusieurs milles.

Cette première opération, qui exige des soins, étant terminée, on trace, dans toute la longueur du chemin, deux lignes parallèles, qui doivent avoir la distance exacte de la voie des chariots à quatre roues destinés au transport du charbon.

Alors on ajuste bout à bout sur ces deux lignes parallèles de fortes solives de bois dur, qu'on fixe solidement sur la terre à l'aide de plusieurs chevilles.

On a eu soin de ménager sur la surface extérieure de ces solives une espèce de moulure saillante de forme arrondie taillée dans la pièce. Le calibre de ce boudin doit être conforme à la grandeur des bandes creuses des roues des chariots, qui sont en fer fondu et coupées en gorge comme une poulie de métal.

Ces roues sont coulées d'un seul jet dans un moule où la bande sort évidée : cette grande canelure a plusieurs pouces de profondeur et une largeur proportionnée ; c'est par-là que la roue s'emboîte sur la solive saillante dont elle ne peut plus sortir ni devoyer ; et comme cette partie est bien graissée et que le frottement la polit, des chariots à quatre roues, portant huit milliers de charbon, se meuvent par les loix du plan incliné et de la pesanteur, et marchent comme par magie à la file les unes des autres jusqu'au bord de la mer ; arrivés là, une charpente solide et artistement faite prolonge la route encore de plusieurs toises en avant, au-dessus de l'eau, et à une hauteur qui permet aux navires de passer dessous, en baissant leurs mats. Un homme, en station sur cette platte-forme, ouvre une trappe ; une espèce de grande trémie en bois s'y présente, et se dirige sur le vaisseau dont les ponts sont ouverts. Le chariot arrive, s'arrête au-dessus de la trappe ; son fond conique s'ouvre et tout le charbon coule en un instant par la trémie, et vient tomber dans le bâtiment. Le chariot étant vidé passe sur une seconde route parallèle à la première ; les autres chariots suivent la même marche après s'être débarrassés de leur poids, et dans un court espace de tems le vaisseau se trouve chargé. Quelques chevaux suffisent pour remonter, par la seconde route, les chariots vides, qui reviennent bientôt avec du nouveau charbon ; cette manœuvre, aussi expéditive qu'économique, dédommage amplement des avances que coutent de semblables chemins.

Je ne donne ici qu'un apperçu rapide de ces chemins extraordinaires, qu'on a variés encore de plusieurs manières ; il me faudroit entrer dans des détails trop longs et que la nature de cet ouvrage ne comporte pas, si je voulois faire connoître tous les moyens heureux que l'industrie et l'art ont employés pour opérer des espèces de prodiges en ce genre ; car lorsque les circonstances locales l'ont permis, on est parvenu à combiner le poids des charges, ainsi que l'action du mouvement accéléré, de manière que des files de chariots descendant par les plans inclinés, à l'aide de l'impulsion que leur donne la charge, font remonter en même tems, par cet excès de force, les chariots vides sans chevaux, sur une route parallèle à la première, et dont la pente est pratiquée en sens contraire de l'autre.

Cette grande économie produite par des machines aussi ingénieuses, et qui suppléent aux bras et à l'emploi des chevaux, permet aux Anglois de vendre les charbons qu'ils transportent en si grande abondance dans tous les ports de l'Océan et de la Méditerranée, à un prix inférieur à celui de nos propres mines, toutes les fois que nous avons un trajet seulement de trois à quatre lieues à faire par terre. Marseille offre un exemple de ce que j'avance : cette ville, qui consomme pour ses grandes manufactures de savon des quantités immenses de combustibles, a des mines abondantes de charbon, à quatre à cinq lieues de distance. Ce charbon qui est de qualité inférieure, est employé malgré cela avec avantage dans les fourneaux des savonneries ; croiroit-on que celui d'Angleterre, qui est excellent et produit une chaleur ainsi qu'une durée double, rendu dans le port de Marseille, lorsqu'il est exempt de droits, coute encore moins que le premier. Ces exemples sont faits sans doute pour nous donner de grandes leçons.

L'industrie des habitans de Newcastle est si active, qu'accoutumée à tirer parti de tout, elle met à profit jusqu'aux pyrites qui nuisent à la qualité du charbon, et qu'on trouve en très-grande abondance dans quelques-unes des mines. On en fait le triage avec soin et l'on est dédommagé avec usure des peines que peut occasionner cette main-d'œuvre, par les avantages que présentent ces pyrites dont on extrait le vitriol. Les procédés qu'on emploie sont d'une simplicité et d'une économie qui honorent l'intelligence de ceux qui les ont mis en pratique les premiers.

L'on dispose d'abord pour cela un terrain, sur lequel on forme une grande aire, à laquelle on donne une pente douce, mais sensible ; la surface en est bien égalisée, bien battue ; on la recouvre ensuite de plusieurs pouces d'argille grasse, qu'on a soin d'étendre par-tout, et d'unir comme on feroit d'un enduit de mortier, pour retenir l'eau et l'empêcher de s'infiltrer dans la terre ; mais on ménage en même tems, au milieu de l'aire, une rigole propre à porter toutes les eaux dans un point de réunion et de là dans un réservoir.

La chose ainsi établie, on étend des pyrites sur toute la surface de l'aire ; on en forme des couches les unes au-dessus des autres, jusqu'à ce qu'il en résulte un massif de plusieurs pieds d'épaisseur. L'on doit avoir soin en plaçant les morceaux de pyrites les uns contre les autres de laisser des vides ou intervalles qui permettent à l'air d'y avoir accès.

Ces amas de pyrites, exposés aux vicissitudes de l'atmosphère et des saisons, ne tardent pas à s'échauffer, à se gonfler, à s'effleurir. On accélère l'opération en les remuant de tems à autre avec des ratteaux de fer à longues dents, afin de présenter par-là de nouvelles surfaces à l'air.

Lorsque l'été arrive et que le tems est chaud et sans pluie, il est nécessaire d'arroser souvent et à petite eau la masse de pyrites; ce qui remplit deux objets, le premier de laver le sel qui est déja formé, le second d'occasionner, par la chaleur humide, une sorte d'effervescence dans les pyrites, ce qui donne lieu à une décomposition beaucoup plus prompte. Les petites pluies font très-bien aussi dans ces circonstances. Enfin, les eaux chargées de vitriol trouvant un fond d'argille qui les empêche de se perdre dans la terre, coulent sur le sol incliné et vont se rendre dans un premier réservoir, où elles se clarifient; l'évaporation naturelle les rend plus fortes, et lorsqu'on juge qu'elles sont convenablement préparées, on les soutire à l'aide d'un robinet placé à une certaine hauteur du bassin, et elles se rendent dans un second réservoir attenant aux atteliers; elles passent de là dans des chaudières de plomb où l'on jette du vieux fer rouillé : on les fait bouillir et évaporer à grand feu, en employant les charbons de moindre qualité, et lorsque la liqueur est suffisamment rapprochée, on la fait cristalliser à froid dans des auges de bois. Deux ou trois hommes et quelques manœuvres peuvent conduire une grande manufacture en ce genre, et faire une quantité considérable de couperose.

La France achetoit autrefois pour beaucoup d'argent de ce vitriol de Mars; les atteliers de teintureries de Rouen, de Paris, de Lyon et de Marseille en consommoient étonnement; mais on en fait venir bien moins depuis qu'on a établi, près d'Alais en Languedoc, deux manufactures de ce sel, à l'instar à peu près de celles d'Angleterre, si ce n'est qu'on ne tire pas les pyrites du charbon de terre, mais d'un filon particulier très-épais qui traverse une roche calcaire grise; au reste, l'on pourroit multiplier ces sortes d'établissemens en France, car les pyrites y sont très-abondantes dans bien des lieux; mais il faudroit avoir soin de les placer dans le voisinage des bois ou des charbons de terre, et sur-tout près des rivières à cause des transports.

Au surplus, c'est un préjugé de croire que la couperose d'Angleterre vaut mieux que celle de France; il n'y a aucune différence de l'une à l'autre, lorsqu'elles sont faites avec le même soin. Il est à désirer que l'on revienne d'une multitude d'erreurs en ce genre, qui ne tiennent qu'à une sorte d'habitude et de routine, toujours funestes à l'intérêt et au commerce d'un pays.

L'on seroit fort embarrassé de la quantité de poussière de charbon qui résulte de plus de cent mines en exploitation dans les environs de Newcastle, et les galeries en seroient bientôt encombrées si l'on n'avoit pas trouvé le moyen d'en tirer un parti admirable par des préparations aussi ingénieuses que simples.

Ce charbon en poussière n'est pas propre, en cet état, à être employé dans les cheminées, parce qu'il fuit à travers les grilles et qu'il étouffe le feu; il est bon seulement pour l'usage des verreries, des fours à chaux et des forges destinées aux serruriers et aux maréchaux; la consommation pour ces objets est très-considérable, à la vérité, mais elle n'absorbe pas à beaucoup près la quantité qui sort des mines, malgré toutes les précautions que l'on prend pour détacher le charbon en gros morceaux ; il y a sur-tout des espèces de charbons susceptibles au moindre choc de se diviser en miettes : on a donc cherché les moyens de rendre ce charbon propre au service des cheminées.

A Liège, on pétrit cette sorte de charbon avec de l'argille, et l'on en forme des boules et des espèces de briques, qui, étant sèches, ont de la consistance et peuvent être employées dans les poëles, et même dans les cheminées. Cette méthode, qui est bonne en elle-même, ne peut avoir lieu que dans les pays où la main-d'œuvre est à bon marché, tels que le Brabant, où cette préparation n'est confiée qu'à des femmes, accoutumées dès la jeunesse à faire ce pénible et désagréable métier.

Mais cette pratique ne sauroit convenir à un pays riche, dont les mines sont si abondantes et si multipliées, et où tous les grands moyens d'exploitation et de transport sont mis en œuvre ; d'ailleurs, l'aisance et la propreté des particuliers ne s'accommoderoient pas en Angleterre d'un chauffage qui couvre à chaque instant les foyers de cendres terreuses et de poussière.

Il a donc fallu se retourner d'un autre côté, et chercher de nouveaux moyens plus convenables à tous et qui pussent se concilier avec la cherté de la main-d'œuvre en Angleterre.

La propriété qu'a la meilleure qualité de charbon de s'aglutinner et de ne faire qu'un seul corps à mesure que ce combustible brûle, aura naturellement fait naître l'idée de chercher la manière de réunir ainsi, à l'aide d'un grand feu, des masses considérables de poussière de charbon.

Il paroît que dès 1682 Becher, chimiste allemand, avoit donné l'éveil aux Anglois sur cette matière, et que non-seulement il offroit d'enlever au charbon de terre son odeur, en le convertissant en une sorte de charbon semblable à celui de bois, mais d'en tirer encore, par la même opération, une sorte de goudron qu'il regardoit comme supérieure à celle de Suède. Il nous apprend lui-même qu'il en avoit fait l'expérience la plus heureuse en Angleterre (1). Mais j'ai démontré ailleurs que quoique les procédés de Becher fussent ingénieux, ils présentoient des difficultés dans l'exécution et ne pouvoient guère avoir lieu en grand; il falloit d'ailleurs brûler beaucoup de charbon en pure perte.

On a depuis cette époque trouvé des moyens beaucoup plus simples et plus expéditifs: c'est de renfermer dans des espèces de fours, qu'on a soin de bien échauffer une première fois avec du charbon en

---

(1) Voyez le livre allemand de Becher, intitulé *Narrishe Weisheit, und weise Narrheit* (la folle Sagesse et la sage Folie), imprimé à Francfort en 1683, *in*-12. Voyez aussi l'ouvrage que j'ai publié en 1790, qui a pour titre *Essai sur le goudron du charbon de terre*, etc., précédé de recherches sur l'origine et les différentes espèces de charbon de terre. Paris, imprimerie royale, 1790, *in*-8°.

gros morceaux, des poussières de charbon, qui s'aglutinnent, se coagulent et s'embrasent, sans autre déperdition que celle de leur bitume; lorsque la masse est en incandescence et d'un beau rouge, on la tire par gros morceaux avec des crochets de fer, et à peine a-t-elle touché la terre qu'elle s'éteint, et reste en morceaux solides, spongieux, dont on se sert avec le plus grand avantage, non-seulement pour l'usage des cheminées, mais ce qui est bien plus important encore, pour fondre les mines de fer dans les hauts fourneaux; application heureuse qui a créé diverses branches nouvelles d'industrie et de commerce.

Le charbon ainsi préparé porte en Angleterre le nom de *coaks*, et remplace dans une multitude d'arts le charbon de bois; il a même de l'avantage sur lui dans plusieurs opérations, en ce qu'il produit une chaleur plus forte, plus égale et plus soutenue.

On a eu le bon esprit en France d'employer les mêmes procédés pour aglomerer le charbon en poussière, en lui donnant une préparation analogue à peu près à celle du charbon de bois, d'après les procédés anglois, auxquels on a apporté quelques changemens avantageux.

Ce charbon de terre ainsi préparé en France y a le nom de *charbon épuré*, de *charbon désouffré*; la ville de Paris en consomme de grandes quantités, qu'on prépare auprès de Moulins en Bourbonnois, à Saint-Etienne en Forest, etc., et qui sont transportées par la Loire, l'Allier, le canal de Briare et la Seine. Ce moyen admirable de conserver nos grandes et utiles forêts vaut mille fois mieux que cette foule de loix, de règlemens et d'employés qui tendent à les détruire.

La ville de Lyon a aussi un fort bel établissement en ce genre, situé vers la Pointe d'Enée (1). Les mines de cuivre de Saint-Bel font usage de charbon de terre épuré,

---

(1) Il n'est pas arrivé, depuis la révolution, un boisseau de charbon de terre épuré à Paris; les bois de nos plus belles forêts viennent s'y réduire en cendres : les établissemens de Moulins, de Lyon, de Rive de Giers ont disparu; et les hommes estimables qui ont créé la fonderie du Creuzot ont presque tous arrosé la terre de leur sang.

qu'on prépare à Saint-Chaumont et à Rive de Giers.

Enfin, une fonderie de fer qui le disputera bientôt à tout ce que l'Angleterre a de mieux en ce genre, s'est élevée, grâce au gouvernement et à une compagnie de riches et utiles financiers, au Creuzot, près Montcenis en Bourgogne, dans un lieu auparavant stérile et solitaire, couvert dans ce moment de nombreuses habitations. L'abondance du charbon de terre, l'art simple de le préparer pour le substituer au bois, les modèles fournis par le célèbre Wilkinson, ont produit, pour ainsi dire, des miracles, et donné naissance à un établissement véritablement digne d'une grande nation.

L'on peut voir, d'après cette esquisse rapide, combien sont inappréciables les avantages de toute espèce que présente aux hommes réunis en société, l'usage du charbon de terre.

J'insiste sur cette vérité, parce qu'un pays d'une aussi grande étendue, d'une population aussi nombreuse que la France, sera forcé, lorsqu'il aura achevé de consommer ses bois, d'avoir recours à ce moyen; heureusement sa position locale est telle que la terre y recèle dans son sein de nombreuses mines de charbon, dont la plupart ne sont pas ouvertes, ou celles qui le sont, ne marchent qu'avec de trop foibles moyens; les beaux fleuves et les rivières qui traversent la France, donnent de grandes facilités pour ouvrir des canaux : il seroit donc bientôt tems de s'occuper de l'efficacité de cette ressource, les individus y trouveroient leur aisance et leur bonheur, le gouvernement une source de prospérités dont il ne se doute pas encore.

J'étois un jour chez Benjamin Franklin, à Passy; des Américains d'un rare mérite, et qui avoient des connoissances profondes sur l'état politique et commercial de l'Angleterre, s'y trouvoient; je ne les nommerai pas, parce qu'ils ont joué depuis cette époque un grand rôle; mais je leur entendis dire avec plaisir qu'aucun publiciste ne connoissoit la véritable cause qui contribuoit à rendre les destinées de l'Angleterre si heureuses. « On ne s'est pas en- « core douté, dit l'un d'eux, que ce sont

« les mines de charbon qui font tant de
« miracles : nous savons que c'est presque
« une trahison nationale de dire cela en
« France, où il y a autant et d'aussi bons
« charbons qu'en Angleterre; mais les Fran-
« çois ont favorisé la liberté des Etats Unis;
« d'ailleurs, j'aime à voir les hommes de
« tous les pays heureux. J'ai beaucoup
« voyagé en Italie et en France, et en
« traversant ce dernier pays au milieu de
« l'hiver, mon ame a été douloureusement
« affectée de voir dans plusieurs provin-
« ces la plupart des habitans des campa-
« gnes, et même de certaines villes, souf-
« frir horriblement faute de feu, être
« obligés de rester au lit avec leurs famil-
« les, dans un stupide engourdissement
« qui les privoit du fruit de leur travail,
« et consommoit en peu de jours leurs
« petits approvisionnemens. Quelle diffé-
« rence en Angleterre, où les hivers sont
« beaucoup plus longs quoique moins ru-
« des que dans le nord de la France! les
« paysans, auprès d'un grand feu de char-
« bon qui éclaire et chauffe en même
« tems la maison, sont heureux et con-

« tens. Le père prépare et forge ses ins-
« trumens de culture pour les avoir tous
« en état dans la belle saison ; ses fils font
« des cloux ou d'autres ouvrages ; les fil-
« les filent de la laine ou du coton ; la
« mère s'occupe des soins du ménage, et
« comme le feu de charbon est en acti-
« vité tout le jour, et pendant une par-
« tie de la nuit, le travail se prolonge,
« l'aisance, et le bonheur l'accompa-
« gnent. Les fabriques de toute espèce
« dans les villes comme dans les campa-
« gnes ont toujours la même activité ; per-
« sonne ne souffrant du froid, l'on est
« exempt de la plupart des maladies d'hi-
« ver ; et cette saison morte, en général,
« pour les autres, ne diminue presqu'en
« rien le travail de ce peuple heureux.
« Il résulte nécessairement de cette multi-
« tude de bras sans cesse en activité, une
« masse de richesse qui profite autant à
« l'état qu'aux individus, qui doivent cette
« aisance au charbon de terre. »

Ces paroles, pleines de sens et de vérité, firent une telle impression sur moi,
qu'elles ne sont jamais sorties de ma mé-

moire, et qu'elles rappellent toute mon attention en visitant des mines de charbon dans l'heureuse Angleterre.

Il faut qu'elles aient affecté de même l'homme illustre chez qui ce langage se tenoit, et qui étoit mille fois mieux en état de les sentir et de les apprécier que moi.

Voici ce qu'il écrivit quelque tems après à un savant recommandable, qui m'honoroit de quelques bontés, à Ingenhousz.

« Le bois deviendra extrêmement rare
« en France, si l'usage du charbon de
« terre ne s'introduit point dans ce pays,
« comme il s'est introduit en Angleterre,
« où il a éprouvé d'abord de l'opposition ;
« car on trouve encore dans les registres
« du parlement du tems de la reine Eli-
« zabeth, une motion faite par un mem-
« bre du parlement, portant que *plusieurs*
« *teinturiers, brasseurs, forgerons et au-*
« *tres artisans de Londres, avoient pris*
« *l'usage du charbon de terre pour leurs*
« *feux au lieu de bois ;* ce qui remplis-

« soit l'air de vapeurs nuisibles et de
« fumée, au grand préjudice de la santé,
« particulièrement des personnes qui ve-
« noient de la campagne, et que par
« conséquent il proposoit qu'on fît une
« loi pour défendre à ces artisans l'usage
« d'un pareil combustible, au moins du-
« rant la session du parlement. Il semble
« par-là qu'alors on ne s'en servoit point
« dans les maisons particulières, parce
« qu'on le regardoit comme mal sain.
« Heureusement les habitans de Londres
« n'ont point été arrêtés par cette objec-
« tion, et maintenant ils croient que le
« charbon de terre contribue plutôt à ren-
« dre l'air salubre; et vraiment ils n'ont
« point éprouvé, depuis que l'usage en
« est général, les fièvres pestilentielles
« qui étoient auparavant assez fréquen-
« tes. Paris fait des dépenses énormes en
« consommation de bois qui vont toujours
« en augmentant, parce que ses habi-
« tans ont encore ce préjugé à vaincre. »
*Lettre de Benjamin Franklin, tome II,
page* 42, *des expériences sur divers ob-*

jets de physique, par M. Ingenhousz. Paris, chez Barrois.

Je pourrois citer sur le même sujet une seconde lettre plus étendue encore du fondateur de la liberté des Américains, dans laquelle il entre dans les plus grands détails sur les inconvéniens de toute espèce qu'éprouvent les peuples qui n'ont pas eu l'intelligence ou le bon esprit de suppléer par le charbon, et à son défaut par la tourbe, comme en Hollande, à la pénurie du bois. « Les routes, les ca-
« naux, dit-il, par lesquels les matiè-
« res combustibles peuvent être condui-
« tes de loin à vil prix dans de tels pays,
« sont d'une grande utilité, et ceux qui
« concourent à leur construction doivent
« être placés parmi les bienfaiteurs du
« genre humain. » *Idem, tome II, page* 419.

On voudra bien excuser les détails, peut-être trop longs et trop fatiguans pour plus d'un lecteur, dans lesquels je suis entré sur le charbon de terre et sur son emploi utile; mais j'espère qu'on aura égard au motif qui m'anime, en parlant d'une chose qui intéresse de si près la classe des pauvres habitans des villes et des campagnes. La plupart des gouvernemens sont sourds malheureusement sur leurs propres intérêts; il ne faut donc pas se lasser de leur dire cent fois la même chose lorsqu'on n'a en vue que le bonheur de l'humanité, et que l'on ne parle que d'après des exemples frappans qui sont sous nos yeux.

J'aurois désiré pouvoir rester au moins quinze jours à Newcastle, afin d'y examiner avec plus de détails encore cette quantité de manufactures variées qui vivifient cette ville; mais je ne pus consacrer que cinq jours à cet examen; car mon but principal étant le voyage de l'île de Staffa, il ne falloit pas laisser écouler la saison favorable. Nous fîmes donc nos dispositions pour reprendre la route d'Edinburgh, et nous quittâmes avec regret la ville de Newcastle, qui nous offroit un champ si riche d'observations. Nous allâmes prendre congé le soir de

M. David Crawford, qui nous avoit comblé de tant de politesse, et qui voulut bien m'offrir qnelques objets d'histoire naturelle du pays, qu'il avoit mis en réserve pour moi.

CHAPITRE VII.

Départ de Newcastle. Itinéraire. Laves basaltiques. Trapps. Porphyres. Belle roche de trapp à Doddmill, près de Tirleston. Trapps de diverses couleurs près de Channel-Kirk-Inn.

Comme il fallut mettre en ordre les notes que j'avois prises, et emballer les divers échantillons de pierres, de minéraux et de charbons de terre, que j'avois recueillis sur les lieux, nous ne pûmes partir de Newcastle qu'à deux heures après-midi ; il nous restoit assez de tems dans la journée pour aller coucher à *Wooler*, qui n'en est pas bien éloigné.

Les voyageurs qui aiment l'histoire naturelle se plaisent ordinairement à examiner les amas de pierres cassées qu'on amoncèle de droite et de gauche sur les bordures des routes pour en réparer les dommages : on a la plus grande facilité par là de prendre, sinon une connoissance parfaite, du moins un apperçu assez exact de l'état physique et géologique d'un pays ; et sous ce point de vue, le génie des ponts et chaussées, qui a si bien servi la chose publique, et a ouvert tant de communications, mérite aussi la gratitude et la reconnoissance des naturalistes.

L'on a pu observer, d'après l'itinéraire que j'ai tracé, que la pierre calcaire, soit en roche, soit en banc, soit en couche, s'est manifestée jusqu'aux approches de Newcastle ; mais il est à remarquer qu'à mesure que le calcaire disparoît, il est remplacé par de grands dépôts de gallets et de cailloux roulés, qui forment des collines entières et s'enfoncent à de grandes profondeurs dans la terre ; les gallets alternent quelquefois avec des couches de grès, de sable, d'argille et autres matières de transport qui recouvrent à Newcastle les mines de charbon : ce qui semble annoncer une révolution prompte, rapide, qui a occasionné de grands déplacemens, et a accumulé, par l'effet des courans, des matières souvent disparates. La ligne de séparation du calcaire au granitique, est toujours tracée par une sorte de zone intermédiaire, plus ou moins étendue, qui mérite toute l'attention des naturalistes.

C'est-là, pour l'ordinaire, où l'on trouve des mines de charbon, des mines de fer en aematites, des mines de fer ocreuses, quelquefois des mines de plomb; et quoique cette marche puisse éprouver des exceptions, quant aux mines, je ne me suis point encore apperçu, dans les nombreuses observations que j'ai faites à ce sujet, qu'elle variât pour le reste ; j'ai toujours trouvé les gallets, les cailloux roulés, les brêches, les poudingues, les sables et les grès quartzeux, souvent mêlés de paillettes de mica, dans cette bande intermédiaire qui semble séparer les montagnes calcaires d'avec les chaînes granitiques.

Depuis Newcastle jusqu'à Wooler, dans

toute la route, les amas de pierres qui servent à son entretien, ne sont composés que de lave basaltique noire brisée en éclats; j'ignore d'où viennent ces laves; mais elles peuvent avoir été transportées par la mer et par les canaux qui donnent de grandes facilités pour les amener ici. Je n'ai rien vu de volcanique en place.

En approchant de Wooler, on entre dans les porphyres et on en trouve de toute part des blocs considérables qui gissent çà et là dans les champs et qui ont été entraînés par une révolution. Le feldspath de ces porphyres, plus tendre que le reste de la pierre, est en partie détruit dans certains blocs, et comme corrodé et carrié dans d'autres; de manière qu'à une certaine distance la porosité de ces porphyres leur donne l'aspect de pierres brûlées; mais ils sont intacts et n'ont pas été touchés par le feu. Ceux-ci ont un grand rapport avec les porphyres de la montagne de l'Esterelle en Provence, sur la route de Fréjus à Antibes, qui sont également criblés de pores, par le seul effet de la décomposition du feld-spath.

L'on passe ensuite à *Cornhill*, à *Cros-the-tweed-and-denter-Scotland*, à *Coldstream*, à *Greenlawn*, à *Tibbys-Inn*, à *Tirleston*.

L'on trouve près de Cornhill la campagne jonchée de toute part de trapps roulés, ayant beaucoup de ressemblance avec le basalte; il est d'autant plus nécessaire d'y regarder de très-près à ce sujet, que ces trapps, qui sont absolument étrangers aux volcans, se trouvent confondus, par l'effet du hasard, avec de véritables laves noires compactes que la même révolution a réunies. Un semblable ordre de choses règne jusqu'aux approches de Tibbys-Inn.

C'est à peu de distance du village de Tirleston, près d'un moulin appelé *Doddmill*, et à côté du pont sous lequel coule la petite rivière qui fait tourner le moulin, qu'il faut faire une station si l'on est curieux d'observer un dépôt de trapp si considérable, qu'il seroit difficile d'en trouver ailleurs d'aussi grandes masses et tant de variétés à découvert.

Cette circonstance locale est due au ruisseau qui se précipite par cascade sur les bancs de cette pierre ; l'on voit par l'étendue de son lit et par les ravages qu'il y a occasionné, que ce ruisseau, qui n'est pas considérable dans l'été, doit être un torrent furibond dans le tems des pluies et des orages ; aussi a-t-il mis à découvert la charpente entière de cette masse de trapp, dont les différentes couches, plus ou moins épaisses, sont disposées en forme d'escalier, de manière à mériter à cette pierre le nom que les Suédois lui ont donné (1). Je ne m'attendois certainement pas à trouver, aussi près de la route, un si bel objet d'étude ; dès que j'eus le plaisir de le voir, je fis arrêter les voitures, et nous nous transportâmes tous dans le lit du torrent, où nous restâmes fort long-tems occupés à reconnoître les matières, à observer leurs posi-

---

(1) *Trappa* en suédois signifie escalier.

tions, les formes, les accidens qu'on y remarque, et à faire la collection des objets qui nous intéressèrent le plus.

C'est-là qu'on distingue, dans un grand espace, les lits parallèles de trapp noir, dont plusieurs ont deux pieds d'épaisseur, d'autres un pied, et quelques-uns quatre à cinq pouces et même moins encore. Les couches du trapp le plus dur reposent souvent sur un trapp à grain plus fin, moins compacte, moins adhérent, que les eaux détruisent à la longue, ce qui forme des solutions de continuité et des enfoncemens dans ces parties qui permettent d'y placer les pieds, et de monter sur cet espèce d'amphithéâtre de trapp, à l'aide de ces marches naturelles.

L'on voit aussi succéder au trapp le plus dur, le plus pesant et dont le grain est le plus sec, une pierre qui lui ressemble au premier aspect, mais qui a la pâte beaucoup plus fine, qui se délite à l'air en feuillets très-minces, et se trouve mêlée de quelques molécules de mica. L'on sait qu'il y a des trapps qui se décomposent à l'air, l'air, et qu'on prendroit alors pour des argilles. On voit, dans le même endroit, un espace où le système des couches est interrompu subitement par des prismes ; la matière a adopté cette forme à l'époque de la dessication des masses, accumulées et déposées par le fluide aqueux ; car l'on peut être assuré que rien n'est volcanique ici.

Le trapp semble aussi quelquefois se projeter en filon, en espèce de courans, où l'on remarque des trous de la grosseur de la tête ; mais il paroît que ces nids, dont l'intérieur et les bords sont usés et comme polis, sont dus à l'action du torrent qui, à l'aide des autres pierres qu'il entraîne et qu'il roule, attaque et détruit des parties de trapp qui sont plus tendres.

Enfin, il est à propos d'observer que la masse de trapp, dont je viens de faire mention, est comme implantée dans une colline de porphyre, à laquelle il adhère ; cette dernière pierre se trouve dans un état très-avancé de décomposition, car elle est presque convertie en matière terreuse.

La colline de Doddmill est attenante

à une suite d'autres collines à peu près semblables qui bordent la grande route et se prolongent au-delà de *Channel-Kirk-Inn*; l'on y voit divers filons de trapp qui traversent, tantôt un roche porphyrique intacte, tantôt une matière qui a l'apparence argileuse, grise, quelquefois verdâtre, brune ou de couleur de rouille de fer, qui se brise et s'exfolie, et paroît avoir la même pâte que celle qui sert de base au porphyre. Les cristaux de feld-spath qui constituent les porphyres y manquent, à la vérité, en général; mais j'ai recueilli des échantillons où l'on en trouve quelques-uns (1).

Voici les principales variétés de trapp que j'ai reconnues, soit à Doddmill, soit dans les collines attenantes sur la route de Channel-Kirk-Inn.

---

(1) Une matière semblable se trouve à Renaison, dans les montagnes du Forest; l'on y voit de fort beaux échantillons, dont la base porphyrique est dépourvue de cristaux de feld-spath d'un côté, tandis que de l'autre le feld-spath en parallélipipèdes s'y trouve en abondance et forme un porphyre complet.

1°. Trapp noir (1), dur, à grain fin et sec, ayant de la ressemblance avec le basalte volcanique; mais n'étant point attirable à l'aimant, tandis que le basalte l'est, donnant une poussière plus grise et ayant une dureté moindre que ce dernier.

2. Même trapp (2), coupé par quelques veines de quartz blanc.

3. Trapp d'un noir un peu bleuâtre (3), tacheté de petits points de feld-spath verdâtre et de feld-spath rouge, qui n'affectent aucune forme cristalline régulière : on peut considérer ces échantillons comme un passage du trapp au porphyre; mais ce passage n'est ici qu'une ébauche.

4. Trapp noir à grain très-fin (4), ten-

_____

(1) *Corneus trapezius colore nigrescente, vel obscuro.* Waller, tome I, page 363. *Trapezum nigrum particulis impalpabilibus, lapis lydius.* Deborn, page 151.

(2) Faujas, *Essai sur les roches de trapp.* Variété 16, page 107.

(3) *Trapezum spato sintillante rubescente mixtum.* Deborn, page 151.

(4) *Saxum corneo et mica mixtum, saxum corneo micaceum fissile colore nigrescente.* Waller, tome I, page 420.

dre et fissile, dans lequel on remarque quelques molécules de mica. Cette variété adhère au trapp le plus dur, et se trouve interposé, tantôt entre des couches de trapp solide, tantôt entre des dépôts de matière à base de porphyre.

5. Trapp brun à grain moins fin (1), dans lequel on distingue des points ferrugineux changés en ocre brune : la couleur de ce trapp est due incontestablement à la décomposition du fer.

Ces cinq variétés sont abondantes à Doddmill ; elles sont inattaquables aux acides, et n'ont aucune action sur le barreau aimanté.

6. Trapp de couleur violâtre (2), adhérant au trapp noir. Je ne fais mention ici de cette variété que pour montrer que le fer en s'altérant peut éprouver des modifications variées dans sa couleur ; car ce trapp violâtre est incontestablement le même que le trapp noir avec lequel il ne fait

---

(1) Faujas, *Essai sur les roches de trapp.* Variété 6, page 92.

(2) *Idem*, ibid.

qu'un même corps, et sur la face duquel on peut suivre les degrés d'altération du principe colorant.

7. Trapp (1) dont les molécules ferrugineuses sont changées en rouge ocreux; cette modification du fer a altéré la cohésion des parties; aussi ce trapp est-il moins dur, que celui dans lequel la décomposition du fer n'est pas si avancée.

8. Trapp d'un gris jaunâtre (2). Si l'on n'examinoit pas celui-ci avec attention, on le prendroit pour un grès, quoiqu'il soit d'une nature bien différente; il en a l'aspect au point de faire illusion. Il est, ainsi que les autres, adhérent au trapp noir, dont il n'est qu'une modification, ses élémens constitutifs étant les mêmes.

9. Trapp de couleur violâtre terne (3), passant à l'état de véritable porphyre, par

---

(1) *Corneus trapezius solidus rubens.* Waller, tome I, page 362.

(2) *Corneus trapezius solidus griseus.* Ibid.

(3) Faujas, *Essai sur les roches de trapp.* Table synoptique, variété 29, page 148.

l'addition des cristaux de feld-spath blanc. Ce trapp porphyrique est attenant au trapp noir; il est, comme lui, en couches saillantes et forme des espèces d'escaliers; plusieurs de ces mêmes couches se succèdent, quelquefois sans discontinuité; tandis que dans d'autres circonstances elles sont interrompues par des couches de trapp noir, pur et intact. Ce porphyre varie aussi beaucoup par les couleurs, par le plus ou le moins de dureté, par le feld-spath, qui est tantôt en points et en grains informes, tantôt en cristaux réguliers; ici des portions de matières sont dépourvues de feld-spath, là d'autres parties attenantes en renferment.

Enfin, ce grand dépôt, cette immense agrégation de matériaux propres à la composition des porphyres, et qui forme une suite de collines, depuis Doddmill jusqu'à Channel-Kirk-Inn, semble offrir le résultat d'une opération brusque de la nature, d'une précipitation confuse et tumultueuse qui n'a pas permis aux parties similaires de se trier, de s'attirer mutuellement, et d'obéir aux loix des affinités pour former des composés plus réguliers.

La nature considérée sous ce point de vue n'est certainement pas sans intérêt, pour celui qui se plait à étudier les résultats de ses grandes opérations : j'aimerois bien que l'on voulut associer quelquefois cette haute chimie à celle de nos laboratoires.

Je me suis trop étendu peut-être sur des détails qui peuvent ne pas intéresser tout le monde ; mais les collines de Doddmill et celles de Channel-Kirk-Inn étant situées sur la route d'Edinburgh, j'ai cru devoir les indiquer aux personnes qui font des recherches, sur les matériaux qui entrent dans la formation des montagnes, comme des objets dignes de fixer leur attention ; on trouveroit difficilement ailleurs un local plus favorable à cette étude, puisque la nature se montre ici, pour ainsi dire, à découvert, et qu'on peut la suivre dans la manière dont elle ébauche ou perfectionne le porphyre à base de trapp.

Nous fîmes une station fort agréable au pied de ces collines, le tems s'y écoula rapidement; ce qui fut cause que nous n'arrivâmes à Edinburgh qu'à neuf heures et demie du soir. Nos postillons nous conduisirent à *Duns-Hotel*, magnifique hôtellerie, décorée de colonnes, mais dont l'intérieur, quoique très-propre, ne répond cependant pas à la grandeur et au luxe extérieur de l'édifice.

Le lendemain, nous allâmes voir le docteur Black et d'autres savans pour qui nous avions des lettres; nous parcourûmes rapidement la ville, et malgré l'accueil que voulurent bien nous faire les personnes à qui l'on nous avoit adressés, nous renvoyâmes le plaisir de les voir plus particulièrement à notre retour des îles Hébrides; car la belle saison commençoit à fuir devant nous, et déja même on nous faisoit craindre les dangers de la mer. Nous devions d'ailleurs nous arrêter quatre à cinq jours à *Glasgow*, dont nous allions prendre la route, car nous ne pouvions pas voir à notre retour cette ville, ayant le projet de revenir par le chemin de *Perth*. Il fut donc résolu que nous ne ferions qu'un séjour très-court à Edinburgh.

CHAPITRE VIII.

Docteur Swediaur. Prestonpans; ses fabriques; ses excellentes huitres. Grande fonderie de fer de Caron. Stirling. Départ d'Edinburgh.

J'EUS le plaisir inattendu de rencontrer, par l'effet du hasard, dans une rue d'Edinburgh, un savant d'Allemagne que j'avois vu quelques années auparavant à Paris, chez l'abbé Fontanna de Florence et chez le docteur Ingenhousz, avec lesquels il étoit en relation de science : c'étoit le docteur Swediaur, médecin, résidant à Londres, spécialement exercé dans la connoissance et le traitement des maladies vénériennes, et qui a publié à ce sujet un ouvrage plein de vues neuves, fondées sur de profondes méditations et sur une savante pratique (1).

Il me dit que, voulant jouir d'un peu de repos et s'occuper des arts chimiques dans lesquels il étoit instruit, il avoit quitté la capitale de l'Angleterre, et avoit acquis une propriété à cinq milles d'Edinburgh, dans le village de *Prestonpans*, au bord de la mer, où il alloit établir une fabrique de sel marin, dont il se proposoit de séparer l'alkali minéral et l'acide muriatique.

Il m'engagea à aller voir les établissemens qu'il faisoit construire, et comme j'avois peu de tems à rester à Edinburgh, il fut convenu que j'irois dîner chez lui le lendemain ; ce que je fis.

---

(1) Le docteur Swediaur est actuellement à Paris, occupé d'une seconde édition de son ouvrage, augmentée d'un volume : on trouvera dans ce livre des recherches historiques très-curieuses et très-nouvelles, et beaucoup d'observations propres à répandre le plus grand jour sur cette maladie et son traitement. Il publie son livre en françois.

Prestonpans se trouve dans une position très-heureuse pour établir des manufactures, sa proximité de la mer et l'abondance des charbons de terre, dont les mines sont dans le voisinage, le rendent très-propre à cela. Les charbons qu'on y emploie et qui sont les mêmes que ceux d'Edinburgh, ont la réputation méritée d'être d'une excellente qualité : en effet, ils brûlent d'une flamme vive, brillante et alongée, et donnent beaucoup de chaleur; leur cendre est blanche et légère. On ne peut leur reprocher que le petit défaut de se consumer un peu plus vîte que les charbons de Newcastle; mais je préférerois pour les usages domestiques ceux d'Edinburgh à ceux de Newcastle; je ne connois pas de charbon plus agréable à brûler.

Swediaur me fit voir à Prestonpans l'emplacement de la manufacture la plus considérable d'huile de vitriol qui existe en Angleterre; je dis l'emplacement, car la totalité du local est entouré d'un mur extrêmement élevé qui ne permet pas à l'œil de découvrir même les cheminées des atteliers; un petit port, qu'on a eu l'art de former, donne accès aux navires qui apportent le souffre; mais l'on a cherché si fort à s'envelopper de mystère, que le port est lui-même entouré de murs d'une haute élévation. Ainsi tout est caché dans cette manufacture, et personne ne peut y entrer que les employés. L'on sait seulement que l'huile de vitriol (acide sulfurique) qui en sort, forme un objet de commerce très-étendu. Je ne présume guère que les procédés qu'on emploie puissent différer beaucoup de ceux qui sont généralement connus, et qui ont lieu par la combustion du souffre dans des chambres doublées de plomb; l'odeur suffoquante qu'on sent au loin semble l'annoncer; mais il peut y avoir quelques procédés pour la rectification, ou pour d'autres objets que l'on est bien aise de tenir cachés.

L'on fabrique aussi beaucoup de sel marin à Prestonpans pour les usages domestiques et pour le commerce: c'est par le moyen du feu et de l'évaporation. On ne fit aucune difficulté de nous laisser entrer dans ces derniers atteliers qui sont assez nombreux.

L'eau de la mer, que l'on élève avec des pompes, arrive dans d'immenses chaudières, ou plutôt dans des espèces de grands réservoirs en carrés longs, qui n'ont tout au plus que quinze à dix-huit pouces de profondeur, et sont construits avec de fortes plaques de tole, étroitement clouées les unes aux autres. Le réservoir est soutenu et porté sur de forts barreaux de fer fondu. Les fourneaux sont placés immédiatement dessous, et forment plusieurs conduits qui se prolongent jusqu'à l'extrémité des chaudières ou réservoirs. Ces fourneaux sont au nombre de quatre à cinq par chaudières, en raison de leur surface, et sont alimentés par le feu du charbon de terre ; l'eau est tenue par-là dans une continuelle ébulition : il en arrive de la nouvelle en proportion de celle qui s'évapore, jusqu'à ce que le sel se trouve réuni en assez grande masse pour être retiré. On se procure par ce procédé, qui est simple, une fort belle qualité de sel blanc, excellent pour la cuisine et pour d'autres usages, mais qui est peu propre aux salaisons et ne vaut pas celui de France pour remplir cet objet.

Je me suis apperçu dans ces manufactures de sel, où l'ébulition artificielle supplée à l'évaporation naturelle, que l'atmosphère y est toujours un peu chargée d'acide marin réduit en vapeur qui dépolit et corrode promptement l'acier; j'en fis l'expérience sur les boutons de l'habit que je portois, qui furent rouillés au bout de dix minutes. Cette même vapeur affecte aussi l'odorat et porte un peu sur la poitrine.

Ce n'est certainement pas l'acide marin enchaîné par l'alkali minéral qui se dégage ainsi, leur union est trop intime; car le feu le plus violent, portant toute son action sur le sel marin, le volatilise plutôt que de le décomposer; il faut toujours un intermède pour parvenir à ce but. Mais il se trouve dans ce sel quelquefois un peu d'acide muriatique, uni à de la terre de magnésie, et cette base ne le fixant que foiblement, l'ébulition peut le dégager.

Le docteur Swediaur me conduisit sur les terrains qu'il avoit acquis ; les atteliers pour la fabrication du sel étoient déja fort avancés, puisque les chaudières étoient posées. Je vis tout ce travail avec beaucoup d'intérêt.

Je mangeai d'excellentes huitres à la table de ce savant : il ne faut pas s'en étonner, j'étois dans le lieu où les huitres les plus renommées se pêchent en abondance ; les rochers à fleur d'eau qui bordent la côte en sont garnis. Elles sont grasses, charnues et d'un goût exquis ; leur réputation est telle qu'on les transporte d'ici dans les principales villes d'Angleterre et de Hollande : on en marine beaucoup aussi, qu'on met en baril et qu'on expédie par-tout où le commerce les appelle.

La position de Prestonpans et sa proximité de la ville d'Edinburgh rendent ce lieu très-agréable ; un homme qui aime l'étude et la tranquillité peut y passer des momens

momens heureux. Je ne suis donc point étonné que Swediaur, fatigué du tracas de Londres, l'eût choisi de préférence, et fut venu s'y établir pour s'y livrer à l'étude et à des occupations utiles.

Je passai une journée fort instructive avec lui, et je revins le soir à Edinburgh. Il voulut bien avoir la complaisance de m'y accompagner, dans l'intention de me conduire le lendemain à *Caron*, pour y visiter la plus grande fonderie de fer qui existe en Europe, mais où l'on ne peut entrer qu'avec de fortes recommandations. Swediaur y étoit connu ; je m'estimois donc trop heureux de pouvoir faire ce voyage utile sous ses auspices.

L'on compte trente-six milles d'Edinburgh à Caron ; mais la route est belle. Nous partîmes à six heures du matin le comte Andreani, Thornton et moi. Nous allâmes d'une seule traite jusqu'à *Linlitkgow*, où nous nous rafraichîmes. Nous passâmes ensuite à *Falkirk*, et nous arrivâmes à trois heures après-midi à Caron. Le sol, depuis Edinburgh jusqu'aux approches de Caron, est jonché

Tome I.   O

de gros blocs roulés de basalte; le chemin est ferré avec cette lave compacte réduite en fragmens; il n'existe pas de meilleurs chemins ni de plus durables que ceux faits avec cette matière.

Immédiatement après notre arrivée, Swediaur écrivit un billet à un des employés de la manufacture qu'il connoissoit. Il répondit qu'il falloit avoir le nom, la qualité et la demeure de chacun de nous : la chose fut faite sur-le-champ; quelques minutes après, l'on nous fit dire que nous étions libres d'entrer.

Un homme nous attendoit à la porte; il nous apprit qu'il étoit chargé de nous conduire par-tout à l'exception de la forrerie de canons, qu'on ne laissoit voir à personne.

Il nous introduisit d'abord dans une immense cour, entourée de murs élevés et de vastes angars: Cet emplacement étoit couvert de canons, de mortiers, de bombes, de boulets, et de ces énormes pièces, courtes et renflées par la culasse, qui portent le nom de *caronnades*. Au milieu de ces machines de guerre, de ces terribles instrumens de mort, des grues gigantesques, des cabestans de toutes les sortes, des leviers, des machines à moufles, servant à mouvoir tant de lourds fardeaux, sont disposés dans des places convenables à ce service. Leurs mouvemens, les cris aigus des poulies, le bruit répété des marteaux, l'activité des bras qui donnent l'impulsion à tant de machines : tout offre ici un spectacle aussi nouveau qu'intéressant.

Nous vîmes sous les angars où l'on place les ouvrage terminés, plusieurs rangées de canons de rempart, de canons de siège et de campagne, destinés pour la Russie et pour l'empereur. Ils étoient plus longs qu'à l'ordinaire, d'un travail et d'un fini très-purs, et couverts d'un vernis léger, couleur d'acier, propre à les garantir de la rouille. Les affuts en fer fondu sont de la plus grande simplicité ; ils m'ont paru joindre au mérite d'une solidité à toute épreuve, celui d'être dégagé d'une foule d'accessoires qu'on voit dans ceux en bois, et qui ne servent qu'à embarrasser les manœuvres, à gêner la marche, et sont sujets à de fréquentes réparations.

L'on fait un grand secret de l'énduit qui recouvre les canons, mais je ne serois pas éloigné de croire qu'il est composé d'une huile grasse dessicative, dans laquelle on a introduit une certaine dose de vernis de succin, mêlé avec de la plombagine (1).

Les grands atteliers où sont placés les forreries de canons ne sont pas éloignés de la première cour. Nous passâmes à côté, mais on nous dit très-poliment que des procédés particuliers, que des machines inconnues à tout autre établissement en ce genre, exigeoient qu'on tint ce lieu caché aux étrangers : nous trouvâmes cela fort raisonnable, et nous suivîmes notre guide ailleurs (2).

Il nous conduisit dans les halles à fondre les mines. Quatre hauts fourneaux de quarante-cinq pieds d'élévation y dévo-

---

(1) J'ai fait, pour mon instruction, quelques essais en ce genre, qui me paroissent remplir le même but.

(2) J'ai vu les belles forreries de canon de la fonderie du Creuzot, près de Montcenis en Bourgogne, rien ne peut égaler la précision de ces grandes et superbes machines mises en action par l'eau que des pompes à feu élèvent ; je doute que celles de Caron les surpassent.

rent nuit et jour des masses énormes de charbon et de minérais : qu'on juge après cela de la quantité d'air qu'il faut pour animer ces gouffres embrasés qui vomissent de six en six heures des ruisseaux de fer liquide ; aussi chaque fourneau est-il entretenu par quatre pompes à air du plus gros calibre, où le vent comprimé dans des cylindres de fer, et se réunissant dans un seul tuyau dirigé contre la flamme, produit un sifflement aigu et un ébranlement si violent, qu'un homme qui ne seroit pas prévenu d'avance auroit peine à se défendre d'un sentiment de terreur. Ces machines à vent, ces espèces de soufflets gigantesques, sont mis en mouvement par l'action de l'eau. Une telle masse d'air est indispensablement nécessaire pour soutenir, dans le plus fort état d'incandescence, une colonne de charbon de terre et de minérais de quarante-cinq pieds de haut : ce courant d'air est si rapide et si actif qu'il élève une flamme vive et brillante à plus de dix pieds de hauteur au-dessus de la gueule des fourneaux.

Un emplacement d'une très-grande étendue, disposé en terrasse et de niveau avec l'ouverture supérieure des bouches à feu, est destiné à recevoir tous les approvisionnemens de minérais et de charbon de terre; il y a en outre sur ce local de grandes aires pour la préparation du charbon. Comme celui dont on fait usage ici est presque tout en gros morceaux, on use, pour le convertir en coaks, d'un procédé qui diffère absolument de celui qu'on emploie à Newcastle, où l'on n'opère que sur des poussières. Le travail se fait en plein air à la fonderie de Caron; il est de la plus grande simplicité, et consiste à disposer en rond sur le sol une quantité de charbon de terre qui occupe douze à quinze pieds de diamètre, sur environ deux pieds de hauteur. On place autant qu'on le peut les gros morceaux de bout, de manière que l'air puisse y trouver des issues; on jette ensuite le charbon, qui est en menus morceaux ou en poussière, par dessus le tas, et on laisse au milieu du cercle garni de charbon un vide d'un pied de diamètre environ, pour y mettre quelques poignées de petits bois, afin d'allumer le feu:

on laisse quatre à cinq ouvertures semblables autour du rond, particulièrement du côté où le vent se fait sentir. On se sert même rarement de bois pour allumer les feux, parce que les atteliers d'épurement étant sans cesse en activité, on se contente de transporter, à l'aide de grandes pèles, du charbon déja embrasé, qui agit plus promptement encore que le bois, et a bientôt allumé le charbon environnant.

A mesure que le feu se propage, la masse augmente de volume, se boursouffle, devient spongieuse, légère, et ne fait plus qu'un seul et même corps, jusqu'à ce qu'elle ait perdu son bitume et qu'elle ne jette plus de fumée; elle acquiert alors une couleur rouge, égale et tirant un peu sur le blanc; en cet état, le charbon commence à se gercer, à se fendiller, et à se contourner en manière de champignon.

C'est cet instant qu'il faut saisir pour couvrir promptement le tas avec les cendres environnantes, dont il y a toujours des provisions autour des nombreux foyers où l'on prépare le charbon.

Cette manière de répandre en assez grande quantité des cendres sur le feu pour le priver de l'action de l'air, est analogue à celle de faire le charbon de bois qu'on couvre avec de la terre ; le résultat en est à peu près le même ; car le charbon de terre, ainsi préparé, est léger, sonore, et fait dans les hauts fourneaux le même effet que le charbon de bois : chose extrêmement importante, puisqu'on peut avoir, au moyen du charbon de terre, la facilité d'établir des fonderies dans des lieux où le défaut de bois obligeroit sans cela d'abandonner les mines de fer les plus riches.

Il existe une si grande suite de ces atteliers d'épurement, pour fournir à tant de consommations, que l'air en est échauffé au loin, et que la nuit tout est resplendissant de feu et de lumière ; de manière que lorsqu'on apperçoit à une certaine distance tant de masses de charbon embrasées d'une part, de l'autre les gerbes de feu qui s'élancent à une grande hauteur au-dessus des hauts fourneaux, et qu'on entend le bruit des lourds marteaux qui frappent sur les enclumes retentissantes, mêlé au sifflement aigu qui sort des pompes à air, l'on ne sait si l'on est au pied d'un volcan en éruption ou si l'on a été transporté, par quelqu'effet magique, sur les bords de l'antre où Vulcain avec ses Cyclopes s'occupe à préparer la foudre.

Je voudrois que le peintre du Vésuve, que Volaire, qui a si bien rendu les effets terribles de ce volcan dans ses plus fortes éruptions nocturnes, vînt exercer ici ses pinceaux sur cette espèce de volcan artificiel, non moins piquant que l'autre par ses effets.

Les approvisionnemens de minéraux sont sur la même aire que les charbons; un canal, ouvert à grands frais et qui communique à la mer, sert au transport de toutes les matières, ainsi qu'à celui des objets fabriqués.

L'on fait usage ici de trois sortes de minérais dont on forme des tas distincts et séparés.

La première est formée par une aematite décomposée qu'on tire du duché de Cumberland; elle est rougeâtre, douce au toucher, et colore les mains à peu près comme la sanguine : elle est d'ailleurs très-riche en fer.

La seconde est une mine de fer en roche, dure et de couleur brune jaunâtre.

La troisième de couleur gris de fer foncé, quelquefois un peu violâtre, est remarquable en ce qu'elle est configurée en géodes de forme ronde ou ovale un peu applatie : les plus grosses de ces géodes ont dix-huit pouces de largeur, les moindres quatre à cinq pouces.

Lorsqu'on frappe avec un marteau sur leurs bords en les posant de champ, et qu'on donne un coup sec et fort, qui les partage en deux portions : l'on est agréablement étonné de voir l'intérieur rempli d'une multitude de petits prismes à trois, à quatre, à cinq et à six pans, bien caractérisés, séparés les uns des autres par des filets ou linéamens de spath calcaire blanc, quelquefois de spath pesant ou de fer spathique blanc ou jaunâtre.

Ces prismes sont de la même matière que celle de la géode, c'est-à-dire, d'une sorte de mine de fer limoneuse dure, qui a plutôt l'aspect d'une pierre argilleuse d'un gris foncé que d'une mine de fer. Les prismes, qui ne doivent être considérés que comme l'effet du retrait lorsque la pâte de la géode étoit molle, ont trois à quatre lignes de largeur sur deux à trois pouces de hauteur; ils sont d'une forme bien prononcée; et il y a de ces géodes, du plus grand volume, dans lesquelles les prismes sont si multipliés et placés avec tant d'ordre qu'ils ressemblent, en miniature, à ces belles colonnades basaltiques, connues sous le nom vulgaire de chaussées des géans.

Cette mine de fer se trouve en grande abondance sur une colline auprès de la petite ville de *Dundar*, dans le *Haddingtonshire*, à trente-six mille environ d'Edinburgh et au bord de la mer, ce qui est très-commode pour le transport: elle est assez abondante en fer; ce que l'on ne croiroit pas si on la jugeoit à l'œil; mais l'analyse et l'expérience ont appris qu'elle étoit bonne. On est obligé de la griller avant de s'en servir.

C'est à l'aide du mélange de ces trois

mines qu'on obtient une bonne qualité de fonte grise, dont on tire un très-grand parti. Cette fonte est si douce qu'on peut la limer avec facilité ; et comme elle est pure, elle se prête aux formes les plus délicates.

L'on doit croire que ce n'est qu'à force d'essais, qu'à force de tatonnemens et de dépenses, souvent infructueuses, qu'on est parvenu à porter cet établissement à un tel état de perfection ; aussi tout s'y ordonne, tout s'y exécute avec une précision exacte, et on n'y livre rien à la routine et au hasard.

Le minérais est mélangé avec ordre, pesé avec soin, placé dans des paniers d'un calibre égal ; les mêmes soins sont observés pour le charbon. Tout est placé avec méthode à portée de la main des fondeurs, sous les angars destinés à ce service. Les paniers pour chaque charge sont comptés ; une pendule qui sonne l'heure à côté des hauts fourneaux, détermine le tems précis des charges ; il en est de même des coulées, la cloche annonce l'instant où l'on va procéder à cette opération ; chaque employé vole alors à son poste.

Nous vîmes les atteliers où l'on rafine la fonte dans des fourneaux à reverbères, pour la couler ensuite en canons, en mortiers, en obusiers, en bombes, en boulets, etc. ; d'autres où l'on fait les moules, d'autres où on les sèche.

On nous conduisit ensuite dans un très-vaste attelier qui rappelle des idées plus douces, puisqu'on prépare ici des ustensiles d'agriculture, d'économie et d'arts ; l'on fondoit des chaudières de cinq pieds de diamètre pour la fabrication du sucre dans les îles, des poëles en forme d'urne antique montés sur des socles, des cheminées de toutes les sortes et du goût le plus pur pour l'usage du charbon, des cheminées de cuisine avec tous leurs assortimens, des bouilloires, des théières, des casseroles, des poëlons proprement et solidement étamés, des bêches, des pioches de diverses espèces pour la culture de la canne à sucre, dont on rendoit le taillant tranchant en l'aiguisant sur de grandes meules ; des bas-reliefs faits d'après d'excellens modèles pour les plaques de cheminées ; en un mot, jusqu'à des charnières et des fiches en fer fondu, pour la ferrure des portes ; et la plupart de ces derniers ouvrages sont à un prix si modique que l'homme qui n'a qu'une fortune très-bornée peut se procurer ici plusieurs objets de nécessité, et même d'agrément, qu'il n'auroit pas ailleurs à un prix triple ; mais l'on a suppléé ici aux bras et à la main-d'œuvre par des machines et des procédés ingénieux qui accélèrent et perfectionnent l'ouvrage.

Je ne dois pas oublier de faire mention d'une machine très-simple destinée à broyer et à réduire en poussière très-fine, le charbon de bois dont on fait usage pour saupoudrer les moules ; elle consiste en une espèce de mortier de fer fondu de plusieurs pieds de diamètre, qu'on ferme exactement avec un couvercle en bois, percé par un trou pour laisser passer un axe vertical qui sert de principale mécanique à la machine, en tournant sur lui-même à l'aide d'un angrenage que l'eau fait mouvoir.

Deux traverses en fer s'ajustent horisontalement dans le bas de l'axe vertical, et y forment une espèce de croix, qu'on peut abaisser ou élever à volonté, au moyen de plusieurs trous qui y sont placés à diverses distances.

Cette croix divise l'aire, ou la capacité du mortier, en quatre portions ou cases; deux boulets de canon, presqu'aussi gros que des bombes ordinaires, mais solides en dedans et polis à l'extérieur, occupent deux des cases. Dès l'instant donc que l'axe entre en mouvement, il fait tourner ou plutôt rouler les deux boulets qui semblent se poursuivre et écrasent promptement le charbon. Mais comme ce dernier pourroit se trouver comprimé sans être réduit en poussière fine : on a armé les deux autres traverses de rateaux faits en forme de ratissoires, qui remuent jusqu'au fond du mortier le charbon et le présentent sur toutes ses faces; il résulte de-là qu'en très-peu de tems, et, pour ainsi dire, sans peine, on peut réduire des sacs entiers de charbon en poudre impalpable, sans qu'il y ait déperdition de matière.

J'ai cru qu'une figure exacte d'une géode de Dunbar, vue dans sa cassure, pourroit intéresser les naturalistes; j'en ai fait dessiner une de grandeur naturelle, elle suffit pour donner une idée des autres (voyez planche I); les plus considérables ne diffèrent de celle-ci que parce qu'elles ont un plus grand nombre de prismes. Sibald, dans l'ouvrage qui a pour titre *Scotia illustrata*, imprimé il y a près de deux cents ans, a fait figurer cette mine, qui étoit connue à cette époque; mais la gravure est faite d'après une simple esquisse qui rend mal l'objet (1).

Il est tems que je quitte la fonderie de Caron, et que je passe à d'autres objets; j'aurois bien voulu dire plus de choses en moins de mots; mais en portant toute mon

---

(1) Le docteur Hutton, dans un mémoire sur la théorie de la terre, imprimé, en 1785, à Edinburgh, a aussi fait graver un échantillon de la mine prismatique de Dunbar.

attention

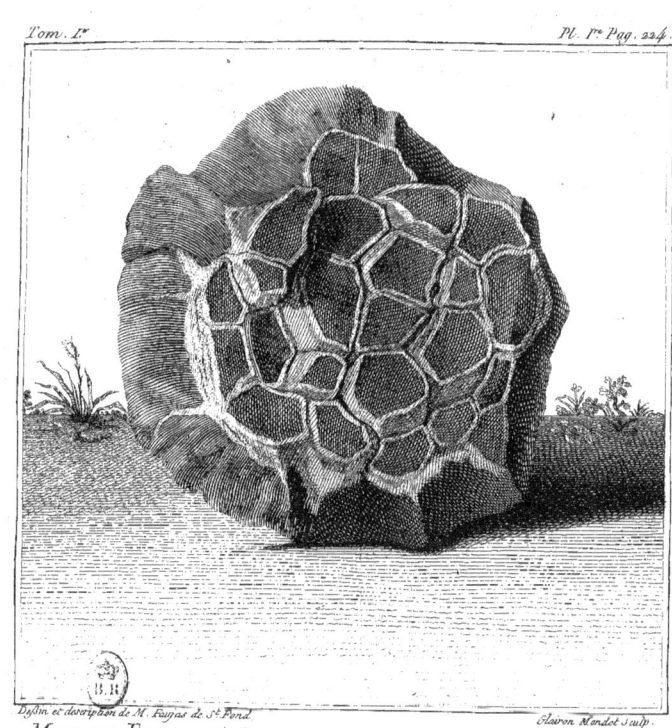

Dessin et description de M. Faujas de St. Fond. Clairon Mondot Sculp.

MINE DE FER en Géode, avec un retrait prismatique dont les interstices sont remplis par du Spath pesant et du Spath Calcaire blancs.
DE DUMBAR EN ECOSSE.

attention sur une manufacture de ce genre et si compliquée, je ne pouvois retenir les faits que de mémoire; car l'on doit présumer que je n'avois pas le droit de prendre des notes par écrit. J'ai donc été obligé de passer une partie de la nuit dans l'hôtelerie occupé à rédiger mes observations; je sens très-bien qu'il y a des choses que je n'ai pas assez approfondies, d'autres que j'ai surchargées peut-être de trop de détails; mais lorsqu'on voit si rapidement, c'est-à-dire, lorsqu'on n'a pas le tems de bien voir, on n'a pas celui de bien décrire; d'autres pourront mieux faire, et je désire qu'on rectifie les omissions ou les erreurs qui me sont échappées.

Comme nous n'étions pas éloignés de *Stirling*, nous allâmes le lendemain visiter cette petite ville, jadis la résidence des rois d'Ecosse. Il existe encore une aîle de l'ancien palais occupée par le commandant de la place, et qui annonce des restes de grandeur. On nous fit voir la chambre du parlement; elle a cent vingt pieds anglois de longueur; mais elle est dégradée; les portes en bois de chêne sont couvertes de bas-reliefs et d'inscriptions assez anciennes ; je n'eus pas le tems de les faire dessiner, non plus que d'autres bas-reliefs en pierre, encastrés dans de vieilles murailles sur la place publique : ces sculptures, qui paroissent être des tombeaux, ont un style singulier qui a des rapports avec celui des Egyptiens ; ce sont des figures emmaillotées, à l'instar de celles des boîtes des momies.

Cette ville est très-ancienne ; les Phéniciens venoient chercher l'étain en Cornouaille, il auroit donc pu arriver que ce peuple voyageur et commerçant eût eu quelqu'entrepôt dans cette partie de l'Ecosse ; l'on sait que ses monumens, si l'on en juge par ceux de Malthe, ont des ressemblances avec ceux des anciens Egyptiens, du moins quant aux tombeaux. Je ne rapporte ces choses, pour ainsi dire, qu'en passant ; afin d'engager la société des antiquaires d'Edinburgh de vérifier ou de détruire mes conjectures.

J'aurois bien voulu pouvoir rendre hommage au lord Kaims, qui a porté à un si haut point de perfection l'agriculture, dans une terre qu'il possède à une petite distance de Stirling ; mais l'on m'assura qu'il étoit à Londres, ce qui me priva du plaisir d'aller voir un homme aussi estimable, et qui jouit de la plus haute considération, par ses vertus privées et son amour pour la vie champêtre.

Nous fîmes le tour de la pointe du bras de mer qui porte le nom de *Forth*, et qui se termine à Stirling, vers l'embouchure de la rivière de Forth, qui probablement a donné son nom à cette baie dans laquelle elle va se perdre. Nous passâmes ensuite à *Alva*, à *Clackmanan* et à *Kukross*, où il y a de fort belles mines de charbon en pleine exploitation.

Le sol est recouvert de laves compactes et de laves provenues d'éruptions volcaniques boueuses. Les couches de charbon, qui sont à plus de cent pieds de profondeur au-dessous, sont demeurées intactes et n'ont pas été incendiées par la chaleur des laves supérieures ; mais ce qu'il y a de remarquable, c'est que ces mines si riches en charbon, se prolongent à d'assez grandes distances en avant sous le lit de la mer, et que les ouvriers, garantis de quelques suintemens par des pompes à feu qui élèvent l'eau hors des puits, travaillent avec sécurité dans ces mines, sans s'inquiéter des masses énormes d'eau qui pèsent sur leur tête.

Ainsi, pendant que ces infatigables et hardis mineurs, foiblement éclairés par la lueur funèbre de leurs lampes, font retentir, à coups de pic, ces cavités profondes, des vaisseaux, poussés par des vents favorables, passent à pleines voiles au-dessus de leurs têtes, et les matelots, se réjouissant du beau tems, expriment leur contentement par des chants ; mais d'autres fois l'orage se développe, l'horison s'embrase, la foudre gronde, la mer est en fureur, tout est consterné, tout l'équipage est tremblant; et les mineurs tranquilles, ignorant alors ce qui se passe, joyeux et satisfaits, chantent en chœur avec transport et leurs plaisirs et leurs amours, pendant que le vaisseau se brise et s'engloutit au-dessus de leurs têtes : image malheureusement trop véritable des vicissitudes journalières de la vie humaine.

De Kukross, nous nous rendîmes à *Inverkeithing*, où nous traversâmes le Forth sur un bac en face de *Queensferry*, pour regagner la route d'Edinburgh.

Nous devions, au retour des îles Hébrides, faire un séjour assez long à Edinburgh, pour être à portée de connoître plus particulièrement cette ville et ses environs ; je renvoie ce que j'ai à en dire à cette époque. Nous fîmes donc toutes nos dispositions pour partir le lendemain ; et afin de n'avoir plus qu'à entrer en voiture, nous soldâmes notre dépense le soir. Le prix qu'on exigea de nous étoit plus que le double de celui que nous avions payé dans les meilleures et les plus chères auberges de la route ; nous n'en ayions pas mieux été pour cela, c'est l'ordinaire. Le *bill* qui nous fut présenté avoit une aulne de longueur ; il étoit orné de fleurons et de vignettes. Et pour prouver que rien n'y avoit été oublié, on ne manqua pas d'y porter la moitié d'une feuille de papier qu'un de nous avoit demandé pour éviter d'ouvrir son porte-feuille : — *Papier, 3 sols anglois; c'est-à-dire, 6 sols* de France. — *Plus pour avoir apporté ledit papier, 6 sols; c'est-à-dire,* 12. On paie sans mot dire, et l'on ne revient plus à Duns-Hotel loger sous des colonnes moins lourdes que la main rapace de l'aubergiste.

CHAPITRE IX.

Départ d'Edinburgh. Levingstone. Moorhead-Craggs. Prismes de basalte. Hearst-Hill. Boule de basalte. Laves compactes. Tourbes. Charbon de terre. Glasgow. Histoire naturelle.

L'on compte quinze milles d'Edinburgh à *Levingstone*; la route, ainsi que les champs, sont jonchés de fragmens et de blocs de basalte. A six milles de Levingstone, et dans un lieu nommé *Moorhead-Craggs*, on trouve, à côte de la route, un petit pic de basalte, qui a une tendance à se diviser en prismes; l'on y voit même quelques groupes de prismes bien caractérisés.

Hearst-Hill est distant de trois milles de Moorhead-Craggs : il ne faut pas négliger de voir ici, sur la gauche du chemin, une superbe boule naturelle de basalte, qui a plus de cinq pieds dans son grand diamètre, car elle est un peu oblongue ; la croute ou enveloppe extérieure, qui est très-dure et très-saine, a près de trois pouces d'épaisseur ; elle renferme une autre boule solide et aussi saine, qui a la même forme ; mais ce qu'il y a de remarquable, c'est que l'intervalle qui existe entre la boule solide et l'enveloppe creuse est bien prononcé, et a plus d'un pouce de vide ; l'enveloppe paroît comme absolument détachée tout autour, quoiqu'elle touche nécessairement par quelques points qu'on ne voit pas.

La même révolution qui a déplacé et transporté dans ce lieu une boule aussi volumineuse et aussi lourde, a brisé et détaché si heureusement une partie de l'enveloppe, qu'on croiroit qu'elle a été rompue à dessein, pour mettre à découvert sa structure intérieure.

Ce bel accident, ce retrait en tout sens

de la lave à l'époque de son refroidissement, et qui a produit cette espèce de géode volcanique, est digne de l'attention des naturalistes; je me plais donc à leur indiquer le lieu où je l'ai observé; il leur sera très-facile de reconnoître cette boule basaltique; elle est sur un terrain de bruyère un peu élevé, à six pas de la route du côté gauche, près de Hearst-Hill, sur le chemin d'Edinburgh à Glasgow.

Ce même lieu offre un autre objet non moins digne d'attention et qui mérite bien un examen approfondi de la part des naturalistes d'Edinburgh ou de Glasgow, plus à portée de nous faire connoître des faits et des détails qui, pour être bien développés, exigeroient un assez long séjour sur les lieux.

Le terrain de Hearst-Hill, formé en plateau, est sur une hauteur; c'est une sorte de plaine en montagne recouverte de blocs et de fragmens de laves compactes qu'une révolution paroît avoir entraîné ici.

A peu de distance de la boule de basalte dont j'ai fait mention, mais dans une partie opposée, c'est-à-dire, vers la droite du chemin, on distingue de petites éminences, couvertes d'une herbe épaisse et mousseuse, qui semble sortir d'une terre noire et marécageuse; il n'y a cependant ni eau, ni marais dans ce lieu-là.

L'on a attaqué à tranchée ouverte ces élévations, et l'on voit avec étonnement 1°. une couche de deux pieds et demi à trois pieds d'épaisseur de bonne tourbe qui sert à l'usage du pays; 2°. de grands dépôts d'argille, mêlés de blocs de basalte; 3°. une mine de charbon de terre en exploitation dont les puits sont ouverts et en activité, et qui gît sous les matières dont je viens de parler.

Voilà un beau fait en histoire naturelle qui mérite un examen approfondi: si j'avois su de trouver un objet d'étude aussi remarquable, j'aurois sans doute fait mes dispositions pour m'arrêter quelques jours à Hearst-Hill, afin d'y suivre, avec l'attention qu'exige un pareil sujet, la disposition et l'ordre des matières, et mesurer toutes les couches; mais comme nous devions arriver le soir à Glasgow, je n'eus que le tems de reconnoître le local : ainsi ce que je viens de rapporter n'est qu'une simple indication, qu'un appel aux naturalistes pour les inviter à porter toute leur attention sur un fait aussi intéressant.

Arrivés à Glasgow, nous allâmes d'abord porter quelques lettres de recommandation qu'on nous avoit données à Edinburgh ; nous visitâmes ensuite ce qu'il y avoit de plus remarquable à voir dans la ville. L'histoire naturelle n'y est pas cultivée comme à Edinburgh ; le commerce, qui est considérable, semble tout absorber ici ; l'université et l'imprimerie ont cependant joui d'une grande réputation à Glasgow, et cette ville a produit divers savans. On nous parla d'un cabinet formé par M. Anderson à l'université ; nous le visitâmes, et nous y vîmes une collection d'instrumens de physiques des plus ordinaires, ainsi que quelques minéraux peu intéressans en général.

Je fus fort étonné de voir, dans un climat aussi froid et aussi humide que celui de Glasgow, la plupart des femmes du peuple, celles même qui sont dans l'aisance, aller pieds nus et tête nue, le corps couvert d'un corset, d'une juppe et d'un manteau d'étoffe rouge, qui descend jusqu'à mi-jambe, avec de longs et beaux cheveux pendans, sans autre ornement qu'un simple peigne recourbé qui retient ceux qui pourroient retomber sur le front. Ce costume des femmes, tout simple qu'il est, n'est pas sans grâce; et comme rien ne gêne leurs mouvemens, elles ont une élégance et une légéreté, dans la démarche, très-piquantes, d'autant plus qu'elles sont, en général, élancées, bien faites et d'une figure charmante : elles ont un tein éclantant et des dents fort blanches; il ne faut pas croire que quoiqu'elles marchent jambes nues, elles négligent la propreté; il paroît qu'elles lavent aussi souvent, et avec la même facilité, leurs pieds que leurs mains. En tout, les femmes de Glasgow seront toujours vues avec plaisir par les amis de la belle nature. Les enfans et les jeunes gens vont aussi pieds nus.

Le voisinage des montagnes attire dans

cette ville un assez grand nombre d'*High-landois :* leur costume antique, très-rapproché de celui des soldats romains, forme, avec celui des femmes et des autres habitans, un contraste remarquable ; je parlerai ailleurs de cet habillement extraordinaire qui remonte à des tems très-reculés.

Il existe dans les environs de Glasgow des mines considérables de charbon, d'excellente qualité; elles font prospérer les manufactures et le commerce et par - là même font le bonheur des habitans.

Ce charbon se trouve sous des dépôts de grès quartzeux qui ont plus de cent quarante pieds d'épaisseur dans quelques mines ; il est adhérent au grès sans intermédiaires. J'ai cherché à découvrir dans ces mines des empreintes de fougères ou autres plantes ; elles y sont très-rares : ce n'est qu'après avoir examiné avec un soin extrême des amas considérables de matières extraites du fond des mines, que j'ai pu reconnoître, dans la partie du grès adhérente au charbon, quelques portions caractérisées d'une grande fougère qui a des rapports avec la fougère en arbre d'Amérique.

On trouve aussi dans une espèce de charbon que les ouvriers appellent *parrot-coal*, à cause de ses couleurs chatoyantes, des parties où l'on voit quelques fibres ligneuses. Ce charbon est moins bitumineux que l'autre, ne noircit pas autant les mains, s'allume avec plus de facilité, et répand une clarté très-vive ; mais il ne dure pas autant au feu.

Le grès qui recouvre les mines de charbon de Glascow est, en général, à gros grains quartzeux. Il existe non loin de la ville, et près des mines de charbon, une grande carrière à ciel ouvert dans ce grès. Cette excavation est très-ancienne et l'on en a tiré des quantités considérables de pierres ; ce qui a produit une ouverture très-large, et une profondeur de près de quatre-vingt pieds, où l'œil peut voir au grand jour l'intérieur de cette masse.

Elle est disposée en bancs presque horisontaux plus ou moins épais ; mais comme la matière est homogène, on ne sait trop si ces lignes de séparation sont le produit d'une suite de dépôts successifs ou si elles sont l'effet d'un simple retrait.

L'on voit, à la profondeur de trente pieds environ, quelques linéamens fugitifs de charbon de terre courans d'une manière irrégulière au milieu du grès; d'autres bancs de grès succèdent ensuite sans le moindre vestige de charbon ; mais à mesure que les couches s'abaissent, le charbon reparoît en petits filons de trois à quatre pouces d'épaisseur, sans ordre et sans suite; le grès lui succède de nouveau et reste pur dans une épaisseur de plus de quarante pieds, jusqu'à ce qu'on arrive aux couches épaisses et permanentes du charbon de terre.

La carrière dont je parle ici ne m'a permis de suivre l'ordre des bancs et la disposition des matières qu'à la profondeur de quatre-vingt pieds environ ; mais étant descendu dans un puits de mine du voisinage, percé dans le même grès jusqu'au bon charbon qu'on y extrait, j'y ai observé ce que je viens de rapporter.

Cet exemple peut servir de leçon aux personnes qui s'occupent, dans des vues d'utilité publique, de la théorie des mines de charbon de terre, pour en faire ensuite l'application à la pratique. Les meilleurs charbons connus sont ceux, en général, qui se trouvent sous les grès, tant en Angleterre qu'en France.

Supposons donc, par exemple, qu'on ne connut pas auparavant par expérience le gissement des mines de Glasgow; et qu'on eût ouvert un puits au-dessus du grès jusqu'à ce qu'on eût atteint les petits filons perdus de charbon; si, arrivé là, on eût voulu suivre, par une galerie latérale, ces indications, l'on se seroit certainement égaré en prenant cette fausse marche. Si, au contraire, on eût continué à percer le puits dans la ligne verticale, on auroit retrouvé une seconde indication, c'est-à-dire, les petits filons un peu plus épais, qui courent encore d'une manière irrégulière.

Mais comme en continuant de percer, on seroit parvenu à plus de quatre-vingt pieds sans plus rencontrer d'indice, on auroit pu se dégoûter, et abandonner une des plus riches mines, lorsqu'on étoit à la veille

veille de l'atteindre en perçant quelques pieds de plus.

Je crois que si l'on pouvoit se procurer des tableaux topographiques, figurés avec soin d'après des dessins exacts faits sur la nature par des hommes exercés, et où l'on représenteroit les coupes des mines les plus importantes et les mieux connues, l'on avanceroit infiniment cet art utile, et l'on répandroit en même tems des lumières sur l'histoire naturelle du monde souterrain.

Les environs de Glasgow offrent un champ fertile en observations, par la réunion des charbons de terre, des grès, de la pierre calcaire et des productions volcaniques, dans des espaces très-rapprochés. Les laves occupent cependant la partie dominante du sol, et elles offrent des variétés si intéressantes, que j'ai consacré la plus grande partie du tems que j'ai passé à Glasgow, à les étudier avec attention et à prendre des notes sur les objets qui m'ont paru les plus propres à agrandir cette branche importante d'histoire naturelle.

Tome I. Q

La zone volcanisée qui vient de loin semble s'être arrêtée ici ; c'est du côté d'un moulin à eau appelé *Town-mill* (le moulin de la ville), ou plutôt c'est dans la partie ou coule le ruisseau qui fait tourner ce moulin, qu'on trouve, en sortant de la ville, les premiers produits d'un grand incendie souterrain.

Cependant comme les cultures dans les environs d'une ville doivent naturellement changer la face du sol ; il est bon de prévenir que les défrichemens, les pâturages et les jardins ne permettent guère de voir le terrain primitif ; mais comme il existe en même tems ici des ravines profondes, des sommets de collines et des pics stériles et à nu, que la culture n'a pu atteindre, c'est sur ces objets intacts qu'il faut porter la première attention, parce qu'ils sont plus frappans et nullement équivoques, et qu'ils conduisent de proche en proche vers des escarpemens où l'on a ouvert des carrières dans les laves, pour en tirer des pierres propres à former de bons pavés. L'on trouve tout près de-là des laves de plusieurs sortes, des courans volcaniques boueux, dans la formation desquels l'eau est entré en concours avec le feu.

J'ai suivi moi-même cette marche, et comme les observations que j'ai faites, peuvent mettre des naturalistes mille fois plus instruits que moi, sur la voie de mieux voir, je m'empresse de transcrire ici mes notes, telles que je les ai prises, sans autre prétention que celle d'être l'indicateur fidèle des différens objets qui m'ont paru mériter quelqu'attention.

La première colline volcanique où j'ai trouvé des prismes d'un basalte très-pur, est située à l'extrêmité d'un étang, près d'une blanchisserie de toile; les prismes sont très-gros, et sans être d'une configuration parfaite, leur forme est néanmoins bien prononcée. Ce basalte est des plus durs et des plus noirs, d'un grain très-fin et d'une pâte si fondue qu'on n'y distingue ni *schorl*, ni aucune espèce de corps étranger; il fait mouvoir avec force le barreau aimanté, et jette quelques étincelles lorsqu'on le frappe vivement avec l'acier; ses molécules constituantes sont unies si intimement les unes aux autres, que le tems et la dureté du climat n'ont pu porter la moindre atteinte, ni sur les faces des prismes qui ont conservé leur dureté et leur couleur, ni sur l'ensemble de la masse qui est restée intacte et n'a éprouvé aucune dégradation sensible.

Si l'on passe de-là à l'extrémité opposée du même lac et vers la butte attenante au chemin public, qui n'est elle-même que la continuité de la précédente colline, la lave compacte n'est plus cette belle lave basaltique si pure et si noire, dont je viens de faire mention; elle a bien la même dureté, mais elle est mélangée de feld-spath de couleur grise un peu verdâtre, et de beaucoup de petits cristaux de schorl noir en aiguilles striées, dont plusieurs entrent en décomposition.

Cette belle lave est très-attirable à l'aimant; elle est formée en petits prismes triangulaires, quadrangulaires et pentagones, bien prononcés; beaucoup de ces prismes sont sains et d'une pâte vive dans la cassure, tandis que d'autres ont la croute altérée jusqu'à une certaine profondeur. Cette altération est d'autant plus remarquable qu'elle est progressive et se manifeste d'une manière uniforme sur les diverses faces des prismes : ainsi, par exemple, si l'on veut observer un prisme triangulaire altéré, il faut le casser net et transversalement, à l'aide d'un marteau, en donnant un coup sec; l'on voit alors, en examinant la partie tronquée, que ces faces altérées forment une zone triangulaire très-exacte, qui se propage quelquefois de plusieurs pouces dans l'intérieur du prisme; de manière que si on enlevoit jusqu'à la partie saine tout ce qui est altéré, le noyau qui resteroit auroit la même forme triangulaire. Si le prisme, au contraire, est quadrangulaire ou pentagone, le noyau intérieur a quatre ou cinq pans. Cette sorte de régularité et de marche symmétrie dans l'altération de ces prismes sur leurs faces respectives, m'a paru digne d'être rapportée ici; elle peut intéresser ceux des naturalistes qui font leur étude principale de tout ce qui a rapport à l'histoire naturelle des produits volcaniques, et par conséquent de ce qui tient à leur décomposition.

Enfin, en descendant au pied de l'escarpement, en face du moulin de la ville (Town-mill), et vers la partie baignée par le ruisseau qui fait tourner le moulin, l'on voit une petite carrière ouverte dans une lave granitique, où l'on trouve quelques veines de spath calcaire mêlées de grains de quartz et de pyrites martiales; la lave elle-même renferme aussi quelques points pyriteux, dans les parties qui sont en contact avec la veine de spath calcaire. Ce mélange de spath calcaire et de pyrite, que j'ai observé d'autrefois dans les laves, annonce presque toujours le voisinage de quelque solfaterra, où l'acide sulfurique, dégagé par la chaleur, s'élève en gas élastique combiné avec le fluide aqueux; il en résulte des décompositions et des agrégations nouvelles dont on n'auroit pas soupçonné l'origine, si nous n'en avions des exemples frappans à la solfaterra près de Naples, où la nature semble opérer, pour ainsi dire, sous nos yeux.

Je rapportois ces exemples à mes compagnons de voyage et d'observations, lorsque William Thornton, qui a l'œil aussi

pénétrant que l'esprit, s'écria : « Ce que
« vous dites me paroît si véritable, que
« je crois voir à une très-petite distance
« d'ici des laves décolorées qui pourroient
« bien nous offrir les restes d'une ancienne
« solfaterra. »

Nous nous y transportâmes sur-le-champ, et nous trouvâmes un grand emplacement, où la lave compacte noire, est non-seulement altérée dans sa couleur et dans sa dureté, mais entièrement décolorée et terrifiée, au point qu'on la prendroit pour une argile blanche; quelques schorls ont résisté à cette décomposition, et on les trouve intacts dans cette lave. On voit également ici toutes les nuances du principe colorant dérivé du fer, qui, en s'altérant, a donné lieu à des teintes rougeâtres, et à toutes les modifications variées que peut produire le grand agent de la nature.

Ces laves altérées nous conduisirent à d'autres laves voisines qui avoient moins souffert, mais qui nous présentèrent d'autres accidens dignes de remarque. Nous trouvâmes des laves granitiques formées en boules, dont quelques-unes ont jusqu'à deux pieds de diamètre, tandis que d'autres ne sont guère plus grosses que des œufs de cygne. Comme elles ont éprouvé divers degrés d'altération, elles s'exfolient et se détachent comme par couches; de manière qu'en les cassant avec adresse et en les divisant en deux, on voit le noyau rond et sain entouré de plusieurs feuillets de laves qui semblent l'envelopper. On trouve de ces boules isolées, mais la plupart sont comme implantées dans des massifs de laves.

Mais ce qu'il y a de plus remarquable, c'est qu'on trouve dans la zone volcanisée des environs de Glasgow, des prismes de diverses grosseurs, d'une lave granitique bien caractérisée, à angles nets, adossés les uns contre les autres, et de forme le plus souvent quadrangulaire, pentagone et à six pans. Ces prismes ont éprouvé une altération particulière qui a attaqué l'agrégation de leurs parties constituantes, ou plutôt qui a rompu le lien qui constituoit leur dureté. Ils perdent naturellement par-là leurs angles qui tombent en ruine; et, ce qu'il y a de singulier, c'est qu'à mesure que ces angles s'abattent, on voit la partie du centre, qui est plus solide, prendre la forme d'une boule ; de manière que ces masses rondes semblent sortir du milieu des prismes. J'avois vu une autre fois quelque chose de semblable dans les volcans du Vivarais, mais les formes n'étoient pas aussi bien prononcées qu'ici.

Ces notions préliminaires et locales m'ont paru nécessaires pour conduire à la connoissance particulière des objets volcaniques que j'ai recueillis dans les environs de Glasgow. J'ai fait une collection intéressante de ces laves, ainsi que de leurs principales variétés, pour les envoyer en France ; et comme il seroit très-possible qu'il leur arrivât quelqu'accident avant d'être rendues à leur destination, j'ai fait sur les lieux un catalogue succint qui se rapporte au numéro que j'ai colé sur chaque objet et que j'ai transcrit dans mon journal ; je conserverai du moins, en cas d'événement, le souvenir de plusieurs objets qui m'ont vivement intéressé ; et je pourrai mettre par-là les naturalistes sur la voie de faire les mêmes recherches, et de donner à leur travail plus d'intérêt et un plus grand développement (1).

PRODUCTIONS VOLCANIQUES DES ENVIRONS DE GLASGOW.

Laves basaltiques.

N°. 1. Prisme triangulaire, de lave basaltique, noire, dure, attirable à l'aimant.

N°. 2. Basalte prismatique quadrangulaire, dont une portion est une lave compacte, noire, dure, attirable à l'aimant, et d'une pâte homogène, dans laquelle on ne distingue aucun corps étranger; tandis que la partie opposée du même prisme est en lave compacte porphyrique, à fond noirâtre, lardée de petits cristaux irréguliers de schorl noir et de feld-spath rougeâtre. Ce prisme, qui n'a que huit pou-

---

(1) J'avois raison de craindre pour mes collections, comme on le verra dans la suite; je laisse donc subsister ici la notice des objets que j'avois recueillis à Glasgow.

ces de hauteur sur deux pouces et demi de largeur, est des plus curieux, en ce qu'il offre le type d'une lave dont la matière première paroît avoir appartenu à une roche de trapp à base de porphyre, puisqu'une portion de ce prisme remarquable a les caractères d'un porphyre et l'autre ceux du trapp. J'avois autrefois reconnu, dans les roches primordiales, le passage du trapp au porphyre par l'addition du feld-spath; mais il faut une circonstance heureuse pour retrouver le même accident dans une lave compacte de forme prismatique; et sous ce point de vue ce bel échantillon est digne de remarque.

N°. 3. Basalte prismatique pentagone de la plus parfaite régularité dans ses cinq pans, d'un basalte pur, noir, dur, et attirable à l'aimant.

N°. 4. Basalte en table, noir, dur, attirable, et à grains très-fins, dans la pâte duquel on distingue quelques aiguilles de schorl noir, mais en petite quantité.

N°. 5. Lave compacte noire, dont la couleur a été affoiblie par l'action de quelque gas élastique, ou mieux encore par celle d'un fluide aqueux, chargé de quelque principe qui, en attaquant les molécules ferrugineuses de cette lave, a détruit leur action sur le barreau aimanté. Cet échantillon est remarquable par son adhérence à une petite couche de pierre calcaire. J'ai recueilli celui-ci sur l'escarpement qui borde le ruisseau près du moulin de Town-mill.

N°. 6. Lave basaltique qui a perdu sa couleur et est devenue blanche, en conservant néanmoins une partie de sa dureté, et sur-tout son grain âpre et sec.

N°. 7. Autre lave compacte basaltique dont l'altération est telle que non-seulement la matière est très-blanche, mais encore qu'elle est douce au toucher et tendre comme l'argille : on trouve des petits prismes qui, malgré cette altération, ont conservé leur forme.

Laves granitiques ou porphyriques.

N°. 8. Prisme triangulaire, composé d'une lave dont la pâte noire est un peu écailleuse, mêlée de grains et de portions lamelleuses irrégulières de feld-spath rougeâtre, ainsi que de quelques petits points de quartz. Cette lave, fortement attirable à l'aimant, paroît avoir pour base un trapp noir dont les molécules sont écailleuses, ou, si l'on aime mieux, une hornblende ou schorl en roche; sa cassure vive et saine est susceptible de recevoir un beau poli.

N°. 9. Autre prisme triangulaire, couleur gris de fer foncé, dont la pâte est mêlée d'une multitude de petits cristaux parallélepipèdes de feld-spath blanc brillant, confondus avec de petites lames irrégulières de la même matière, d'une couleur et d'un brillant semblable. Ce prisme, d'une forme régulière bien prononcée, est altéré sur ses faces extérieures jusqu'à la profondeur de trois lignes; mais cette altération ne l'a point dégradé; la couleur est seulement changée dans ces parties, et le grain se laisse entamer facilement, tandis qu'il est très-dur dans le centre. L'altération des molécules a eu une marche si égale et si uniforme sur toutes les faces du prisme, que la couleur qu'elle a produite tranche avec celle de la partie intacte; de manière qu'en examinant le plan supérieur l'on croit voir un triangle encadré dans un autre triangle de couleur différente. La partie intacte est attirable à l'aimant, celle qui est altérée ne l'est pas.

N°. 10. Lave granitique à fond noir, mélangée d'une multitude de petits cristaux de feld-spath jaunâtres. Une des faces de cet échantillon est recouverte d'une couche de spath calcaire, couleur de rose, et d'une couche légère de quartz blanc, qui forme comme un vernis transparent au-dessus du spath calcaire.

N°. 11. Même lave que N°. 10, avec des points pyriteux dans sa pâte, et une couche de spath calcaire blanc sur une de ses faces.

N°. 12. Même lave avec une multitude d'aiguilles de schorl noir.

N°. 13. Lave granitique qui ne paroît être composée que de feld-spath d'un blanc un peu rougeâtre et de schorl noir en aiguille : ces deux matières paroissent être en portions égales.

N°. 14. Même lave que ci-dessus, mais dans laquelle le schorl noir est plus abondant que le feld-spath. Ce schorl est en longues aiguilles encore brillantes, mais qui ont été un peu affaissées par l'action du feu ; il est attirable à l'aimant.

N°. 15. Lave granitique compacte de couleur verdâtre avec quelques cristaux de feld-spath et des lames de mica. Cette lave a la plus forte action sur le barreau aimanté.

N°. 16. Lave de la variété N°. 10 avec des cristaux de grenats à vingt-quatre facettes trapezoïdales, d'un gris un peu verdâtre, très-rapprochés de ceux qu'on trouve au Vésuve. C'est la première fois que j'ai vu cette espèce de grenats autre part que dans les laves du Vésuve ; je ne l'avois jamais rencontrée dans les produits volcaniques de l'Etna, de l'île de Bourbon, d'Islande, ni dans ceux d'Auvergne, du Vivarais, du Velay, des bords du Rhin, etc. Je n'ai trouvé près de Glasgow que deux échantillons de laves avec ces grenats; M. de Mecies en recueillit un troisième. Les cristaux sont d'une conservation parfaite.

N°. 17. Lave porphyrique prismatique dans laquelle le feld-spath d'un blanc terne et le schorl noir en aiguille abondent. Ce schorl a perdu son éclat, et le fond de la lave est changé en substance ocreuse friable et tendre, qu'on peut égrener et même couper facilement. Néanmoins, malgré une décomposition aussi avancée, cette lave est très-attirable à l'aimant; ce qui pourroit provenir du schorl qui n'est pas autant altéré.

N°. 18. Lave porphyrique en boule dont les couches concentriques sont produites par la décomposition; il y a de ces boules dans lesquelles on compte jusqu'à sept couches, qui s'exfolient et qu'on peut détacher, tandis que la partie qui n'a point été altérée et qui forme le noyau est d'une d'une pâte vive et dure sans offrir aucune trace de couches.

Tels sont les produits volcaniques que j'ai recueillis dans les environs de Glasgow, pendant trois jours que j'ai consacrés à ces recherches, sans indications et sans guide ; j'aurois voulu pouvoir employer un tems plus considérable à ce travail qui piquoit vivement ma curiosité ; mais en voilà plus qu'il n'en faut pour mettre les autres sur la voie de perfectionner la foible ébauche que je viens de tracer. Je ne dois pas oublier de dire que je trouvai sur une des collines, la plus haute des environs de Glasgow, parmi des laves roulées, quelques blocs d'une pierre quartzeuse mêlée de mica, dans laquelle il y a des grenats bruns à douze facettes, d'une pâte assez grossière, mais d'une configuration très-régulière. Ces blocs de quartz micacé qu'on ne trouve que roulés et dispersés çà et là, ont été entraînés pêle-mêle avec les laves, par l'effet de quelque révolution ; mais comme ils ne sont pas d'un petit volume et que par consé-

Tome I. R

quent il est probable qu'ils n'ont pas été transportés de très-loin ; ces pierres peuvent donner quelques indications sur les roches primordiales dans lesquelles les volcans se sont fait jour dans cette partie de l'Ecosse.

Il ne seroit point étonnant aussi qu'elles eussent été arrachées d'une certaine profondeur de la terre par l'effet des explosions volcaniques ; car le Vésuve nous offre des exemples de roches particulières qu'il projette dans certaines éruptions, et dont on ne connoît pas les analogues dans les environs ni même au loin. Il pourroit donc en être de même des pierres quartzeuses mêlées de grenats, dont il est ici question, dans le cas où l'on ne reconnoîtroit pas dans l'arrondissement de Glasgow, et même à de plus grandes distances encore, les roches auxquelles ces pierres ont appartenues.

Je dois prévenir ici d'une difficulté qui s'est présentée à moi dans l'examen des laves des environs de Glasgow, auxquelles j'ai donné le nom de laves *granitiques* et de laves *porphyriques*.

Ces laves proviennent certainement tantôt de l'une, tantôt de l'autre de ces roches composées ; il est des cas où j'ai pu en faire la distinction sans crainte de me tromper, lorsque les caractères qui les différencient se sont faits appercevoir; mais comme l'action d'un feu long-tems soutenu, ainsi que celle des diverses émanations gazeuses, ont altéré et souvent dénaturé les principes constituans de ces laves, en conservant néanmoins quelques caractères qui sont communs aux granits ainsi qu'aux porphyres, tels que les cristaux de feld-spath ou de schorl, j'ai dû nécessairement éprouver dans ce cas de l'embarras et une sorte d'incertitude. Cependant comme la base des porphyres ordinaires est composée des molécules qui constituent le trapp, ou, si l'on aime mieux, la roche de corne, et que cette base est très-facile à entrer en fusion, l'on peut avec un peu d'habitude la reconnoître ; mais lorsque les vapeurs ont porté leur action sur cette même base et ont détruit son adhésion, et que la même cause a produit le même effet sur celle des granits, l'on est dans le cas d'éprouver une incertitude embarrassante. Mais en voilà beaucoup trop sur une matière qui ne peut intéresser qu'une certaine classe de lecteurs.

Notre moisson en histoire naturelle étant achevée, il fallut s'occuper des préparatifs du départ. Nous allions entrer dans les montagnes, et comme il n'y a plus de postes dans la route d'*Inverary*, nous louâmes des chevaux, pour les garder à notre solde, ainsi que les postillons, pendant le reste du voyage.

J'avois oublié de dire que nous avions emmené avec nous un dessinateur d'Edinburgh, pour prendre les vues qui nous paroîtroient les plus importantes pour l'avancement de l'histoire naturelle des volcans dans la partie des îles Hébrides que nous allions visiter.

CHAPITRE X.

Départ de Glasgow. Dumbarton. Matières volcaniques. Lac Lomond. Luss. Tarbet. Loch Fyne. Inverary. Château du duc d'Argille; ses parcs; ses jardins. Histoire naturelle. Départ d'Inverary.

Nous quittâmes Glasgow le 14 septembre après-midi, pour aller coucher à *Dumbarton*. Nous y arrivâmes un jour de foire, ce qui nous donna de l'embarras pour trouver des lits dans les auberges qui étoient pleines d'étrangers. Il faut dire adieu ici à la propreté angloise : ce sont d'autres usages, ce sont d'autres mœurs; mais tout cela est supportable lorsqu'on trouve à s'instruire. Les orges et les avoines n'étoient pas encore en maturité, tant la récolte étoit peu avancée à Dumbarton.

Cette petite ville est sur le bord d'un bras de mer attenant au *Clyde*, dans lequel se jette la rivière qui passe à Glasgow. Dumbarton est défendu par un petit fort construit sur le haut d'un pic volcanique, isolé, divisé en deux éminences vers le sommet. Je ne sais pourquoi M. Pennant, en parlant de ce rocher, dit qu'il est d'une hauteur étonnante; j'ai trouvé qu'il a tout au plus deux cent cinquante pieds.

Il est formé d'une lave basaltique noirâtre, dure, attirable à l'aimant, dont le grain est fin et la cassure vive. Cette lave a eu, en général, une tendance à prendre la forme prismatique; mais à l'exception de quelques petits prismes qu'on trouve çà et là, les principales masses n'offrent que des ébauches de colonne.

La partie de la butte qui fait face aux maisons est la seule qui doive fixer quelques instans l'attention des naturalistes : on y trouve, 1°. un courant de laves boueuses qui s'est emparé d'une multitude de fragmens de basalte plus ou moins altérés ; ce courant est coupé par quelques veines de spath calcaire, ouvrage de l'infiltration. 2°. On voit aussi, dans le même courant, une petite zone quartzeuse d'un blanc terne, mélangée de spath calcaire couleur de rose. 3°. Un filon beaucoup plus épais d'un schiste noirâtre argileux qui se détache par feuillets.

Je crois que ces dernières matières sont encore dans leur place primitive, et ont échappé à l'action des laves qui se sont fait jour au milieu d'elles : on peut donc les considérer comme des signaux de reconnoissance qui attestent que les volcans ont exercé ici toutes leurs fureurs sur des roches schisteuses un peu micacées, coupées quelquefois par des bandes de quartz.

Nous vîmes dans nos incursions à Dumbarton des amas immenses de basalte réduit en fragmens : ces laves dures, noires, ainsi brisées et entassées les unes au-dessus des autres, forment des collines entières. On est véritablement étonné de voir une aussi grande réunion de laves en fragmens, particulièrement à un quart de lieue de Dumbarton, sur la route de Glasgow, où ces laves forment une vaste chaussée qui va s'unir au loin à des collines plus élevées.

On nous dit que c'étoient-là les restes d'un mur étonnant par son épaisseur et par sa longueur, que les Romains avoient été obligés de construire du tems d'Agricola, pour se garantir des incursions que les indomptables Calédoniens ne cessoient de faire contre eux pour se soustraire à la domination de ces conquérans du monde, qui ne purent jamais les vaincre.

Je sais que des écrivains anciens ont parlé de cette fameuse muraille, et qu'ils ont dit que l'empereur Adrien la fit réparer, d'où elle prit le nom de *vallum Adriani*; mais ce n'est pas ici qu'elle étoit placée (1). Cependant s'il est vrai que Lol-

---

(1) Les meilleures cartes désignent ce mur de circonvalation des Romains depuis Newcastle jusqu'auprès de Carlisle.

lius Urbicus, lieutenant de l'empereur Adrien, ait passé la muraille d'Agricola et repoussé les Calédoniens jusqu'au-delà du fleuve du Clyde, où il fit une chaîne de retranchemens (1), Dumbarton étant très-voisin du Clyde, la tradition a pu placer ici la muraille des Romains, qui ne sauroit être que celle que Lollius fit construire.

Je ne serois pas étonné, d'après cela, que les Romains eussent tiré parti d'un local si avantageux pour établir des redoutes, d'autant plus aisées à construire que la nature en a fait les premiers frais, en accumulant, à l'aide de la force active des volcans, des matériaux sans nombre, qui, par leur agrégation et leur entassement, forment eux-mêmes une barrière formidable.

J'ai passé plus de deux heures à examiner et à parcourir cette espèce de chaussée naturelle, où je n'ai vu que des petites collines de basalte réduit en fragmens, sans pouvoir y distinguer le moin-

---

(1) *Capitolin in Antonin. V.*

dre ouvrage d'art. Ce qui n'empêche pas qu'il n'ait pu exister là des travaux militaires, et des redoutes construites en pierres sèches par les Romains ; il ne seroit pas étonnant que les caractères en soient effacés, lorsqu'on sait que des ouvrages en ce genre, fait ailleurs pendant les guerres de Louis XIV, sont à peine reconnoissables.

Toute ma collection se borna donc, en parcourant les environs de Dumbarton, à une distance de deux milles, à des laves basaltiques, contenant quelques globules de spath calcaire, et à une lave de nature boueuse sur laquelle étoit attaché un assez beau morceau de zéolite un peu verdâtre.

Il y a aussi, non loin de la ville, des grès en place, d'une couleur rouge, qui paroissent avoir été touchés par le feu; celui-ci aura développé le principe ferrugineux qui les a colorés.

Nous partîmes à cinq heures du soir de Dumbarton, pour aller coucher à *Luss*, au bord du lac *Lomond*, afin d'être à portée d'examiner le lendemain à notre aise ce beau lac, et les petites îles, au nombre de vingt-huit, qu'on y remarque, sur plusieurs desquelles on nous dit qu'il y avoit des habitations charmantes. Ce lac d'eau douce est le plus grand qu'il y ait en Ecosse : il a vingt-huit milles de longueur, et est regardé comme une des merveilles du pays.

Les matières volcaniques disparoissent à mesure qu'on approche du lac ; elles sont remplacées d'abord par des pierres calcaires, ensuite par des schistes granitiques, par des *kneiss* micacés. A peine eûmes-nous fait un mille au bord du lac, que la nuit survint et le tems se couvrit ; nous ne vîmes que quelques îles, qui nous parurent très-pittoresques, ainsi que les sites environnans. Nous n'arrivâmes à Luss qu'à dix heures du soir. Ce lieu se trouvant marqué sur la carte, je crus que c'étoit un village, ou au moins un hameau ; ce n'étoit cependant qu'une chétive habitation au bord du lac, et quelle habitation ! je crus entrer dans une demeure de pêcheur. Mais notre étonnement fut bien plus grand, lorsqu'on nous fit signe de ne pas parler, afin de ne pas troubler le repos d'une personne qui dormoit. Nous crûmes qu'il y avoit quelqu'un de malade dans la maison ; les gestes expressifs de la maîtresse et de trois personnes qui étoient assises dans une petite cuisine sembloient l'annoncer. Nous n'osâmes donc pas ouvrir la bouche, et comme l'on comprit d'avance ce que nous allions demander, on nous entraîna ou plutôt on nous poussa dans une écurie, pour nous donner une courte audience ; elle ne fut pas longue en effet. *Le lord juge*, dit l'hôtesse, *me fait l'honorable faveur dans sa tournée de loger chez moi ; il est là, chacun doit respecter ce qu'il fait ; il dort ; ses chevaux sont dans l'écurie ; vous voyez qu'il n'y a plus de place pour les vôtres ; ayez donc la bonté de vous retirer.* — Mais, madame, dit un des postillons, car nous n'osions parler, *voyez nos pauvres chevaux, voyez quelle pluie horrible ! — Eh bien ! voyons*, dit-elle. Nous sortons. Et elle ajoute : *Point de bruit, ne troublez pas le sommeil du juge, respect à la loi ; soyez heureux et partez.* Et elle ferma la porte à double tour sur nous.

Nous ne pûmes nous empêcher de rire de cette éloquence lacédémoniene à laquelle il n'y avoit rien à répliquer : ce respect pour un juge est une belle chose. Nous partîmes plus en peine de nos pauvres postillons et de nos chevaux que de nous-mêmes.

Il nous restoit malheureusement quinze milles à faire encore, par une nuit obscure et par un tems affreux, toujours au bord du lac, sans rencontrer la moindre habitation ; je n'ai de ma vie fait une route aussi désagréable, et qui m'ait paru aussi longue.

Nos chevaux, quoique bons, se lassoient et avoient de la peine à se tirer d'affaire ; nos malheureux postillons donnoient cent fois au diable tous les juges de la terre, et vomissoient mille injures contre l'hôtesse de Luss. Nous tâchions de les consoler de notre mieux, en leur promettant une indemnité, et ils la gagnoient bien d'avance, car ils étoient percés jusqu'aux os, par une pluie froide ; enfin, après bien des inquiétudes, après bien des tourmens, nous arrivâmes à trois heures et demie du matin, dans une hôtelerie également isolée appelée *Tarbet*.

On eut la complaisance de se lever aux cris de nos postillons : nos chevaux furent placés dans une écurie. Il n'y avoit point de juge ici, mais il y avoit des jurés qui devoient se rendre à *Inverary*; ils étoient arrivés avant nous, et occupoient les lits; mais enfin nos chevaux étoient à l'abri. On nous reçut avec politesse, et on nous donna un morceau à manger et du bon thé pour nous rechauffer.

La manière tranquille avec laquelle nous prenions notre parti intéressa notre hôtesse, et lorsqu'elle vit que nous allions passer le reste de la nuit dans nos voitures, cette bonne femme vint nous offrir deux matelats de son lit, en disant qu'elle avoit suffisamment dormi et qu'elle ne se coucheroit plus. Nous les acceptâmes avec reconnoissance. Le comte Andreani préféra de se reposer dans sa voiture ; M. de Mecies garda un des matelats; Thornton et moi partageâmes l'autre ; nous dormîmes trois heures ployés dans nos manteaux, et nos fatigues disparurent.

Le plus beau jour succéda à la plus laide nuit; le soleil étoit brillant et chaud, le ciel d'un bel azur. Nous vînmes respirer un air pur au bord du lac, et saluer la nymphe qui présidoit à de si belles eaux.

De ce point de vue, l'aspect du lac est superbe, quoiqu'on n'en puisse découvrir qu'une partie à cause de sa grande étendue; il est semé d'îles, dont plusieurs ne sont que des rochers stériles, mais d'autres offrent de petites cultures et des collines groupées d'une manière pittoresque : nous en vîmes de plus considérables dans le lointain à l'aide de nos lunettes.

Les bords du lac dans la partie où nous étions sont entourés de rochers de schiste micacé, dont les feuillets contournés en faisceaux ondoyans, brillent comme s'ils étoient argentés. Une multitude de mousses, la plupart en fleur, formoient de petits bouquets de verdure, dans les abris de ces rochers, tandis que les parties les plus élevées offroient des pâturages, couverts de bœufs noirs, au milieu de troupeaux de moutons à laine blanche ; les bergers assis sous des pins, et distingués par leurs habits à grands carreaux de diverses couleurs, animoient cette scène champêtre, où tout respiroit le calme et la douceur. Ce site heureux forme un beau contraste avec l'aspect ordinaire des montagnes d'Ecosse, si sévère par la couleur sombre des bruyères et par celle qui caratérise les restes d'anciens volcans dans les parties où les laves abondent.

Nous avions bien du regret de n'avoir pas pu trouver un gîte à Luss ; nous nous y serions embarqués sur le lac, pour visiter quelques-unes de ses îles, et nous serions venus à Tarbet par eau ; mais il n'étoit plus tems, il falloit songer à continuer notre route. Nous rentrâmes après une heure et demie de promenade dans notre auberge, où un déjeûner de thé nous attendoit : c'étoit une coquetterie de la part de l'hôtesse ; elle avoit arrangé des tasses de porcelaine sur un cabaret bien peint, bien vernis, décoré de

tout

tout ce qui compose l'accessoire d'un déjeûner élégant, du moins pour la campagne. Cette bonne femme, qui étoit veuve, et avoit la simplicité de mœurs des habitans des montagnes, ainsi que leur ame sensible et reconnoissante, s'empressa de nous apprendre que ce meuble étoit le plus précieux de sa maison, celui auquel elle attachoit le plus grand prix, puisqu'il lui avoit été donné par l'honorable duchesse d'Argille, qui avoit bien voulu loger chez elle en allant dans sa terre d'Inverary. Elle nous fit un grand éloge de la bonté et de l'esprit de cette dame, et nous vanta en même tems toutes les qualités de cette famille aimable et bienfaisante, c'est ainsi qu'elle l'appela.

J'avois un extrême plaisir à voir cette bonne femme ouvrir ainsi son cœur à la reconnoissance, moins pour le petit présent qu'elle avoit reçu que par le prix qu'elle attachoit à la main qui le lui avoit donné ; elle ne cessa de nous dire combien cette maison étoit aimée dans le pays. De pareils éloges sont rarement suspects.

Les personnes distinguées par leurs for-

Tome I. S

tunes ou par leurs rangs ont bien de facilités, lorsqu'elles le désirent, pour se faire aimer, et pour rendre heureux les autres à peu de frais ; pourquoi donc la chose n'arrive-t-elle pas plus souvent ? Pourquoi ? c'est que cela tient plus au caractère qu'à l'éducation, et qu'à des combinaisons de politique ou d'intérêt ; car le penchant naturel domine par-dessus tout chez les hommes. Je suis assuré, d'après ce que nous avons appris ici touchant le duc d'Argille et sa maison, et d'après le ton dont tout cela nous a été rapporté, que cette famille est naturellement bonne, pleine d'excellentes qualités, et que dans quelque classe que le hasard ou la fortune l'eussent placée, elle seroit la même par-tout avec cet heureux caractère. Les philosophes n'ont pas assez étudié les passions du côté de la nature : il ne faut pas tout lui donner, sans doute ; mais il faut beaucoup lui donner.

Le superbe lac Lomond, le beau soleil qui doroit ses eaux, les roches argentées qui bordoient ses rives, les mousses verdoyantes et fleuries, les bœufs noirs, les moutons blancs, les bergers sous les pins, le parfum du thé dans des porcelaines données par la bonté, reçues par la reconnoissance, ne sortiront plus de ma mémoire, et me font désirer de ne pas mourir sans revoir Tarbet; je songerai souvent à Tarbet, même au milieu de la belle Italie, de ses orangers, de ses myrthes, de ses lauriers et de ses jasmins.

Entrons en voiture, partons. Nous voilà en route. Je vois déja que mon imagination avoit besoin de se rafraichir par le paysage doux et champêtre que nous venions de quitter; car la voilà déja noircie par des déserts, par les sombres bruyères dans lesquelles nous entrons; nous sommes dans un véritable détroit entre deux chaînes de hautes montagnes, qui paroissent n'en avoir formé qu'une autrefois, mais que quelque terrible révolution aura déchirée et ouverte dans toute sa longueur.

La voie est fort étroite et les montagnes sont si hautes et si escarpées qu'à peine le soleil peut y pénétrer, et y faire un séjour d'une heure. Cette espèce de coupure a plus de dix milles de longueur; l'on ne trouve ici ni maison, ni chaumière, pas un être vivant, si ce n'est quelques poissons dans un petit lac qu'on rencontre à mi-chemin; je ne parle pas des troupeaux de moutons qui paissent sur les parties les plus élevées, puisqu'ils sont à une si grande hauteur et sur des bruyères si escarpées, que ne pouvant distinguer leurs mouvemens ni leur allure, on les prend pour des pierres plutôt que pour des êtres animés; mais on les reconnoît en les observant avec des lunettes.

Nous voyageâmes ainsi pendant près de six heures dans ce triste passage, dont les chemins ne sont ni ferrés, ni entretenus, et nous débouchâmes subitement au bord du *loch Fyne*, dans l'*Argilleshire*. Le premier village qu'on rencontre à l'extrémité de ce lac est *Carindow*. L'on fait le tour de cette pointe du lac, qui forme une espèce de fourche dans cette partie, et l'on arrive ensuite à Inverary, capitale de l'Argilleshire. Il ne faut pas se persuader que ce chef-lieu soit une ville, c'est simplement ce qu'on appeleroit en France un village ; mais un village agréablement situé, au bord du beau lac Fyne, qui peut porter de gros vaisseaux, et dans lequel le hareng entre en abondance dans la saison favorable à cette pêche, qui forme un objet de revenu pour le pays. L'on voit ici des pâturages et quelques bois dans la vallée, qui est terminée par un beau parc ; là, des jardins variés, des prairies couvertes de troupeaux, des collines plantées d'arbres verts, au pied desquelles est une superbe et vaste habitation dans le style gothique, animent cette belle scène ; c'est le château du duc d'Argille, à un mille environ d'Inverary.

Nous étions à la porte de la seule auberge qu'il y ait dans la petite ville, et d'où l'on jouit de ce tableau ; les voitures entroient dans la cour, lorsque le maître vint nous avertir très-poliment qu'on ne pouvoit pas nous recevoir, que tous les logemens étoient les uns arrêtés, les autres occupés par des étrangers. C'étoit encore le lord-juge qu'on attendoit ici, et pour qui l'on avoit réservé, comme de raison, la plus belle pièce; les jurés étoient en possession du reste de la maison.

Nous avions des lettres de recommandation pour le duc d'Argille; nous savions qu'il étoit venu passer l'automne dans cette belle terre; mais nous ne voulions nous présenter chez lui qu'après avoir établi notre domicile ailleurs, car notre intention n'étoit certainement pas d'abuser des politesses qu'on voudroit nous faire.

L'inflexibilité de notre hôte, qui ne nous permit pas de faire détacher nos valises et de mettre le pied dans sa maison, nous embarrassoit cruellement. Nulle autre hôtellerie pour nous recevoir; il ne nous restoit d'autre ressource que de pousser jusqu'à *Dalmally*, à quinze milles d'Inverary; mais il étoit trop tard pour se mettre en route, et il auroit fallu voyager une partie de la nuit par des très-mauvais chemins; nous étions d'ailleurs privé par-là de l'avantage de voir le duc d'Argille, de lui remettre nos lettres et de puiser auprès de lui des instructions et des connoissances sur le pays et sur la traversée difficile que nous avions encore à faire avant de gagner le port d'*Oban*, dans une route aussi déserte.

D'après ces considérations, nous demandâmes à l'aubergiste s'il voudroit au moins nous donner la permission d'entrer chez lui pour écrire une lettre au duc d'Argille : ce nom fut pris en si grande considération qu'on nous accorda sur-le-champ ce que nous désirions. Nous lui marquâmes notre position, en lui faisant part du désir que nous avions de lui présenter nos hommages, et en même tems de la crainte que nous éprouvions de l'importuner. Nous joignîmes à notre billet nos lettres de recommandation. Un exprès fut expédié, et la réponse nous fut promptement apportée par un peintre françois qui travailloit au château, et qui vint nous dire qu'on nous attendoit avec empressement, qu'on nous prioit de venir comme nous étions, et qu'on ne se mettroit point à table pour dîner que nous ne fussions arrivés. L'on envoya en même tems des domestiques pour chercher nos voitures.

Nous nous acheminâmes, lorsque nous

vîmes le fils du duc qui venoit au-devant de nous, avec toutes les démonstrations d'une politesse franche et d'une affabilité gracieuse.

On nous reçut dans la maison avec toutes les démonstrations de l'amitié, au milieu d'une société nombreuse, d'une famille aimable, qui joignoit au meilleur ton, ces affections prévenantes et naturelles, qui forment le bel appanage des ames sensibles et bien nées. Après les premiers complimens, nous nous mîmes à table; et comme tout me plaisoit, tout m'intéressoit dans cette maison, et que tout y avoit un aspect sympathique, si je puis me servir de cette expression; je me dis à moi-même: *La femme de Tarbet avoit raison; voilà une adorable famille.* L'on parloit françois à cette table avec autant de pureté que dans les plus excellentes sociétés de Paris.

L'on ne manqua pas de nous questionner sur le motif de notre voyage dans un pays aussi peu fréquenté que cette partie reculée de l'Ecosse; mais l'on n'en fut point étonné lorsque l'on sut que notre projet étoit d'aller à l'île de *Staffa*, pour y visiter la grotte de *Fingal*, qui jouit d'une grande réputation dans le pays.

L'on nous dit, autant que je puis m'en rappeler, que le chevalier Hamilton, ambassadeur à Naples, et le lord Greville, son neveu, étoient venu ici dans la même intention, sans pouvoir trouver un jour favorable pour pouvoir faire cette traversée, quoiqu'elle ne soit pas longue; mais que comme il n'y a ni rade, ni port autour de cette île escarpée, et qu'on ne peut y arriver que sur de très petites embarcations, il faut avoir un tems fait et une mer tranquille; ce qui est extrêmement rare sur cette côte semée d'îles et de courans, et exposée à des vents impétueux.

On nous conseilla, pour abréger le trajet de mer, de nous rendre à *Oban*, de longer de-là le canal de *Mull*, jusqu'à l'île qui porte ce nom; de traverser cette île dans toute sa largeur jusqu'à *Torloisk*, où nous trouverions une maison habitée par M. Mac-Liane, homme très-estimable pour lequel M. le duc d'Argille nous promit des lettres de recommandation. De Torloisk à Staffa on peut faire le trajet et le retour dans une journée en partant de grand matin, et en revenant un peu tard; mais il faut pour cela une de ces journées rares, que nous aurions bien de la peine à rencontrer sur-tout dans une saison déja trop avancée. Cependant on nous dit que l'automne pouvoit avoir quelques beaux jours; qu'au surplus, nous n'aurions pas été plus avancés en arrivant auparavant, puisque la mer étoit orageuse depuis plusieurs mois.

Le duc d'Argille eût la complaisance de nous dire qu'il vouloit avoir le plaisir de nous garder au moins quelques semaines, afin de nous mettre à portée de bien connoître le pays et les montagnes voisines dignes d'être observées. Mais pressés par le tems, nous crûmes que trois jours bien employés suffiroient pour voir ce qu'il y avoit de plus remarquable autour du château d'Inverary, particulièrement quelques collines assez élevées et des carrières ouvertes; et qu'en faisant ce travail de grand matin, nous pouvions employer une partie de la soirée aux devoirs de la société et au plaisir de connoître plus particulièrement une famille aussi unie, aussi instruite et aussi respectable.

Nous restâmes donc trois jours entiers dans cet agréable asyle, faisant le matin de l'histoire naturelle, le soir de la musique ou la conversation; et comme les mœurs douces et aimables du maître et de la maîtresse de la maison m'ont vivement intéressé, ainsi que le ton amical qui régnoit parmi ses enfans, qui avoient tous des talens et le goût de l'instruction; et comme j'ai vu d'ailleurs ici quelques usages qui tiennent à la franchise et à la bonhommie écossoises, je vais tracer rapidemment le canevas de mes observations et de mes remarques; elles doivent précéder naturellement ce que j'ai à dire sur l'histoire naturelle des environs d'Inverary.

Le château d'Inverary est entièrement construit en pierres de taille de couleur grise; c'est une pierre ollaire, douce au toucher, susceptible de recevoir le poli et toutes les formes que le ciseau veut lui donner; quoiqu'elle soit tendre, elle est propre à résister à l'air, autant pour le moins que le marbre le plus durable.

On a de la peine à se persuader qu'un château si ancien en apparence ait pu parvenir à cet âge sans éprouver la plus légère dégradation; car tout est si bien appareillé, les angles sont si purs, si parfaits, la couleur de la pierre est si égale et d'un ton si soutenu, qu'il semble que ce bâtiment sort de la main de l'ouvrier.

Je ne tardai pas à revenir de mon étonnement à ce sujet, lorsqu'après avoir traversé les fossés sur des ponts-levis, et être entré par une porte aussi gothique que du tems de Charlemagne, je parvins dans un beau vestibule qui conduit à un escalier à l'italienne à double rampe, du meilleur genre et de la plus parfaite architecture.

Ce vestibule est orné de grands vases bronsés de forme antique placés sur leurs socles entre des colonnes; ces vases servent en même tems de poëles pour échauffer l'atmosphère du vestibule et de l'escalier.

La cage est magnifique, décorée avec goût, éclairée avec art, les marches sont couvertes de tapis élégans, tout y annonce les recherches de l'extrême propreté; l'on a voulu rappeler encore ici quelques réminiscences du gothique, et pour y parvenir l'on a placé en perspective du bel escalier, et dans une grande niche ornée de faisceaux de colonnes gothiques, un grand buffet d'orgue, qui a quelque chose d'imposant et de religieux. Ce contraste peut paroître un peu bisarre en théorie; mais il a dans l'exécution un certain charme qui n'est pas sans mérite.

Le reste de la maison est distribué d'une manière aussi élégante que commode, et peut contenir une nombreuse société ; l'on y a beaucoup plus recherché le luxe de la simplicité et de l'extrême propreté, ainsi que cela doit être à la campagne, que le faste des dorures et des ameublemens somptueux.

Ce château, malgré son apparence ancienne, est de construction très-moderne: on a choisi le genre gothique de préférence, en l'associant aux meilleures formes pour l'intérieur, parce que les bâtimens du dixième siècle figurent bien au milieu des bois et aux pieds des collines; ils rappellent des idées de chevalerie qui tiennent à la bravoure et aux aventures galantes de ces tems de loyauté. Ces ressouvenirs répandent une sorte de charme sur la scène; ils l'embellissent et la rendent touchante. Nous aimons tous un peu les romans.

Les parcs plantés d'arbres étrangers à côté de ceux du pays sont d'une grande étendue et du plus bel effet; l'on y a ménagé des espaces couverts de la plus belle verdure, et coupés de routes et de sentiers qui conduisent à des jardins, à des serres, à des bergeries, à des bois retirés, sur des collines, au bord des eaux, ou vers le rivage d'un bras de mer (1).

Le château étoit habité, dans ce moment, par le duc d'Argille, le plus hon-

---

(1) Knox, qui a été à Inverary deux ans après moi, dit en parlant de ce lieu: « Inverary est devenu de quelqu'importance par les soins de la famille d'Argille qui y a une maison magnifique environnée de plus d'un million d'arbres et qui occupent plusieurs milles en carrés. » Knox, *Voyage en Ecosse*, tome I, page 284.

nête et le meilleur des hommes, qui a voyagé en Italie et en France; par la duchesse, mariée en premières nôces avec le lord Hamilton, et depuis la mort de ce dernier, avec le duc d'Argille; elle passe, avec raison, pour avoir été une des plus belles femmes de l'Angleterre; à coup sûr elle est une des plus instruites. Milady comtesse de Derby, sa fille du premier lit, étoit aussi dans ce moment auprès de sa mère; il est difficile de rencontrer une femme plus aimable et qui ait une physionomie plus gracieuse; elle a beaucoup voyagé et parle la langue françoise avec une si grande facilité et si peu d'accent qu'on la prendroit pour une Parisienne: les autres enfans du duc étoient réunis ici en famille; sa fille aînée chante fort bien et est d'une grande force sur le pianoforte; elle est, ainsi que deux de ses jeunes sœurs, de la figure la plus douce et la plus aimable; le fils du duc, âgé de seize à dix-sept ans, a la complaisance et la bonté de son père, et dessine déja bien. Un médecin et un aumônier composoient le reste de la maison. Il s'y trouvoit aussi plusieurs personnes en visite, parmi lesquelles étoit un membre du parlement, homme de beaucoup d'esprit qui avoit voyagé avec fruit et connoissances dans presque toutes les parties de l'Europe.

Je ne dois pas oublier que le lendemain de notre arrivée le lord-juge, qui nous avoit délogé si souvent, vint dîner au château : c'étoit un homme déja avancé en âge, mais un bon et loyal Ecossois, digne des égards qu'on avoit pour lui, car il exerçoit sa place avec justice et humanité. Nous fîmes notre paix avec lui au milieu des *toasts*; et il nous assura, avec une grande bonhommie, qu'il auroit partagé son logement avec nous, s'il eût été instruit de ce qui se passoit; qu'au surplus nous étions assurés de ne plus coucher à la rue, s'il avoit le plaisir une autre fois de nous rencontrer en route.

Voici la vie douce et aimable qu'on mène dans le château d'Inverary; qu'on la compare avec celle des villes.

Chacun se lève le matin à l'heure qui lui plait; les uns peuvent monter à cheval,

val, d'autres aller à la chasse ; je partois au lever du soleil pour faire quelques excursions d'histoire naturelle dans les environs.

A dix heures, la cloche avertit qu'il est tems de déjeûner : on se rend alors dans une grande salle, ornée de tableaux de famille historiés, parmi lesquels il y en a du Battoni, de Reynolds, et autres habiles peintres italiens et anglois.

L'on trouve plusieurs tables à thé, couvertes de bouilloires, de crême fraiche, de beurre excellent, de petits pains de plusieurs sortes, et au milieu de tout cela, des bouquets de fleurs, des gazettes et des livres ; un billard, des piano et autres instrumens de musique sont dans la même pièce.

Après le déjeûner, les uns vont à la promenade, les autres s'occupent à lire, à faire de la musique, ou rentrent dans leurs appartemens jusqu'à quatre heures et demie ; la cloche se fait entendre, et annonce le dîner; l'on arrive à la salle à manger, où l'on trouve une table de vingt-cinq à trente couverts ordinairement. Lorsque

Tome I. T

chacun est placé, l'aumônier fait, selon l'usage, une courte pierre, et bénit les mets qu'on mange avec plaisir; car ils sont de la façon d'un excellent cuisinier françois; tout est servi ici comme à Paris, à l'exception de quelques plats préparés à la manière angloise, pour lesquels on conserve encore une certaine prédilection; mais cela répand de la variété, et peut satisfaire les friands de tous les pays.

J'avois grand plaisir sur-tout de voir des serviettes sur la table, ainsi que des fourchettes; je n'aime point à me piquer la bouche ou la langue avec ces petits tridens d'acier bien aigus, en forme de dard, fixés sur un manche, dont on se sert ordinairement en Angleterre, même dans les maisons où l'on donne de fort bons dîners. Je sais que ces espèces de fourchettes qu'on place quelquefois dans le manche d'un couteau ne sont guère destinées qu'à saisir et à fixer les morceaux lorsqu'on les coupe, et que les couteaux, étant fort larges et recourbés par le bout, font le même office que les fourchettes en France; c'est-à-dire, servent à porter les mets à la bouche ; mais j'avoue que je suis fort gauche à employer le couteau à cet usage : cependant comme il est bon de se rendre à soi-même un peu compte des usages, je trouve que les Anglois, à table comme ailleurs, calculent mieux que nous.

En effet, la petite fourchette, soit d'acier, soit même d'argent, est irrévocablement attachée, chez eux, au service de la main gauche, et le couteau à celui de la droite ; la fourchette saisit, le couteau coupe ; la main qui tient ce dernier s'en sert sur-le-champ pour porter le morceau à la bouche. La manœuvre est précise ; elle est preste ; il n'y a pas un tems de perdu : c'est une vraie tactique prussienne.

En France, la première manœuvre se fait bien de la même manière ; mais lorsque les morceaux sont coupés, l'on pose l'arme bas, le couteau reste du côté droit, mais oisif ; la fourchette passe, au contraire, de gauche à droite, premier tems de perdu ; la main s'en saisit, la porte sur le morceau, de-là une triple manœuvre. La manière angloise vaut mieux, mais il faut des couteaux bien obtus, larges et arrondis par le bout. Eh bien! quel mal y a-t-il? C'est une arme de moins dans la main des foux ou des scélérats.

En effet, combien d'hommes malades ou au désespoir s'en sont servis contre eux-mêmes? combien de monstres en ont fait un cruel usage contre les autres? La liste en seroit longue sans doute, et il est probable que si ce meuble utile n'eût pas eu la forme d'un stilet, en France, en Italie, en Espagne et ailleurs, il se seroit beaucoup moins commis de crimes ou de malheurs. Il y a long-tems que l'on sait que de grandes causes tiennent souvent à de petites circonstances.

Mais j'oublie que les fourchettes et les couteaux servent à manger de très-excellentes choses à la table du duc d'Argille. Les entrées, le rôti, les entremets, tout est servi comme en France, avec la même variété et la même abondance, et si la volaille n'est pas aussi succulente qu'à Paris, l'on mange ici en revanche des gelinottes et des coqs de bruyère au-dessus de tout ; du poisson parfait, et des légumes qui répondent à la réputation des jardiniers écossois qui les font croitre.

Au dessert, la scène change ; tout disparoît, nappes et serviettes ; le bois d'acajou se montre à nu dans tout son éclat; mais la table est bientôt couverte de flacons brillans remplis des meilleurs vins, de confitures dans de beaux vases de porcelaine ou de cristal, et des fruits de diverses espèces dans des corbeilles élégantes; l'on distribue des assiettes, beaucoup de verres, et l'extrême propreté rivalise avec l'extrême élégance. Je fus étonné, dans un climat aussi froid que celui-ci, de voir sur la même table et vers le milieu du mois de septembre, de très-belles pêches, de fort bons raisins, des abricots, des prunes, des figues, des cérises et des flamboises ; à l'exception des figues qui n'étoient pas bien succulentes, sur-tout pour une personne née dans le midi de la France, tous les autres fruits étoient très-bons ; mais il faut croire aussi que la plupart étoient venus à force de soins et de dépenses dans des serres chaudes.

Vers la fin du dessert, les dames se retirent et passent dans la pièce destinée à prendre le thé. Je conviens qu'on les y laisse seules un peu trop long-tems. Le duc d'Argille me prévint qu'il avoit conservé cette habitude à la campagne, pour ne pas déplaire aux personnes du pays accoutumées de tout tems à cet ancien usage; mais quoique la cérémonie des *toasts* dure au moins trois quarts d'heure, on ne gêne personne et boit qui veut; cela n'empêche pas qu'on ne porte mainte et mainte santé avec plaisir et de très-bonne grâce. Les vins sont le grand luxe de la table en Angleterre, où l'on boit les meilleurs et les plus chers qui croissent en France et en Portugal.

Si, pendant les libations, le champagne mousseux fait ressentir son influence apéritive, le cas est prévu, et sans quitter la compagnie, on trouve dans de jolies encoignures, placés dans les angles de la salle, tout ce qui est nécessaire pour satisfaire à ce petit besoin; l'on y fait même si peu de cérémonie, que l'on n'interrompt pas sa phrase pendant l'opération. Je présume que c'est-là une des causes qui, de tout tems, a engagé les dames angloises, qui sont extrêmement modestes et réservées, à quitter la partie avant les *toasts*.

Enfin, l'on se rend dans le salon de compagnie, où le thé et le café abondent; les dames en font les honneurs avec beaucoup de grâce et de cérémonial. Le thé est toujours excellent; il n'en est pas tout à fait de même du café. Or, lorsqu'il n'est pas bon dans une maison comme celle-ci, où rien n'est épargné, et où je présume qu'on est dispensé de faire venir du café rôti et en poudre de la ville la plus voisine, pris chez des débitans privilégiés, comme à Londres, il ne doit l'être nulle part; j'ai lieu de croire que les Anglois n'attachent aucune importance au parfum et au goût du bon café; car celui qu'on leur présente leur est à peu près égal, pourvu qu'ils en prennent quatre à cinq tasses. Il est vrai qu'il est toujours foible, amer, et a perdu son excellente odeur aromatique. Ils se privent donc par-là d'une excellente boisson, qui convient mille fois mieux à leur santé que le thé; car Kæmpfer, qui a long-tems séjourné au Japon, et qui a écrit des choses très curieuses sur le thé et sur l'arbuste qui le produit, dit *qu'il contient quelque chose de narcotique* (1).

Après le thé, ceux qui veulent se retirer dans leurs appartemens en ont la liberté; ceux qui préfèrent la conversation ou la musique restent dans le salon; d'autres vont à la promenade. A dix heures, on sert le souper, et y assiste qui veut. Je trouve, en général, qu'on mange beaucoup plus en Angleterre qu'en France; j'ignore si l'on s'en porte mieux, j'en doute; mais je sais qu'un des plus célèbres médecins de Paris, Dumoulin, disoit qu'on ne l'avoit jamais fait lever la nuit pour une personne qui n'avoit pas soupé.

---

(1) « J'ai remarqué, dit Kæmpfer, que les feuilles du « thé contiennent quelque chose de narcotique, qui met « les esprits animaux dans un grand désordre, et fait pa- « roître comme ivres les personnes qui en ont bu. Cette « mauvaise qualité leur est ôtée en partie par l'action de « rôtir que l'on répète par dégrés; quoiqu'on ne l'emporte « pas radicalement et qu'il en reste toujours quelque chose « qui peut affecter la tête, etc. » Kæmpfer, *Histoire du Japon*, tome II, page 15 de l'appendice.

J'ai dit que je me levois avec le soleil, pour aller étudier la nature du pays et parcourir les collines du voisinage ; voici quelques détails sur des bancs de porphyres véritablement dignes de fixer l'attention des naturalistes, par rapport à leur position.

Bancs de porphyres au-dessus d'un banc calcaire.

Il existe à une des extrémités du parc, sur la route qui mène à Dalmally, et à côté d'un four à chaux, une carrière ouverte contre une éminence, où les travaux qu'on a pratiqués ont mis à découvert son organisation intérieure, la disposition de ses bancs et les différentes matières qui la composent.

Cette carrière est à ciel ouvert, et comme on a tiré de grandes quantités de pierres qui ont servi à construire un moulin qui n'est qu'à quelques toises de distance de là, et à former les digues de la petite rivière, qui après avoir serpenté dans le parc, sert à faire aller le moulin, les bancs se trouvent à découvert, et offrent un bel objet d'étude et de méditation : on a la plus grande facilité d'observer la position et le développement des matières.

La partie supérieure est composée d'une couche de terre végétale, qui n'a guère plus de cinq pouces d'épaisseur, et qui, malgré ce peu de fond, produit un bon herbage.

A cette terre succède, sans intermédiaire, un banc de porphyre à fond rougeâtre de douze pieds d'épaisseur ; ce banc est divisé lui-même en trois lits de grandeur à peu près égale, qui ont affecté, dans quelques parties, une espèce de retrait de forme rhomboïdale, tandis que dans d'autres, à côté de celles-ci, ils sont divisés simplement en coupures longitudinales irrégulières.

La masse de porphyre de douze pieds repose sur une couche qui n'a que deux pieds dix pouces d'épaisseur, formée par un schiste tendre et comme terreux, dont la base est un sable jaune-rougeâtre, ferrugineux, mêlé de matière argilleuse, micacée, douce au toucher. Ce schiste, qui entre en décomposition, est, malgré cela, attirable à l'aimant. Je ne me sers ici du mot de schiste que relativement à la disposition fissille de cette couche, qui pourroit bien n'être qu'un détritus de matière porphyrique.

Ce schiste recouvre à son tour un banc calcaire de dix-sept pieds d'épaisseur moyenne, qu'on peut considérer comme une sorte de marbre blanc, semblable, pour le grain et la contesture, au marbre qu'on appelle *salin;* sa blancheur n'est pas égale par-tout, car à côté d'un fond très-blanc on voit quelques parties d'un grain blanchâtre, couvertes de linéamens parallèles d'un gris très-foncé, qui rappellent l'idée d'un ruban.

L'on pourroit faire des chambranles et des tablettes de cheminées de ce marbre, qui est susceptible de recevoir un beau poli. Son grain est écailleux et salin, comme le plus beau marbre d'Italie; mais il est un peu plus âpre et rude au toucher; il n'en prendroit pas moins un poli très-vif. Il ne renferme absolument aucun corps étranger, et s'il n'étoit pas taché par des linéamens plus ou moins gris, et qu'il n'eût qu'une même couleur, on pourroit le considérer comme un très-beau marbre : on n'en tire d'autre parti que pour en faire de la chaux.

Lorsque j'ai dit que ce banc épais de marbre succédoit immédiatement à la couche de deux pieds dix pouces d'épaisseur de schiste argilleux micacé, j'aurois dû ajouter que la partie supérieure de ce grand banc calcaire est mélangée de petites couches ou plutôt de linéamens de stéatite micacée, unie avec les molécules du marbre; ce qui n'altère point sa dureté, et en fait une espèce de cipolin ; mais ce mélange de stéatite et de mica ne pénètre qu'à un pouce environ dans ce marbre, qui devient ensuite très-pur. Quant à la position des bancs, ces derniers forment, vers le centre de la carrière, un angle obtus; la partie gauche de la carrière inclinant fortement du sud au nord, et celle du côté droit de l'ouest à l'est : ce qui a été produit, selon toute apparence, par l'effet de quelque grand mouvement.

Voilà incontestablement le porphyre superposé sur la pierre calcaire, modifiée en marbre. Ce porphyre est à fond rougeâtre avec une multitude de cristaux de feld-spath d'un blanc terne, et quelques cristaux de schorl noir beaucoup plus gros, moins compactes que ceux du porphyre rouge antique, mais, en général, très-luisans. La base du porphyre antique est beaucoup plus dure que celle du porphyre d'Inverary, qui est un peu terreuse; mais cette base est fusible, comme celle du porphyre antique : en tout, c'est un véritable porphyre.

La carrière d'Inverary est, par-là même, très-remarquable, et elle doit être considérée comme un objet bien digne de fixer l'attention de ceux qui seront à portée de la visiter.

Le tems s'écoule bien vite lorsqu'on le passe en aussi bonne compagnie, et d'une manière si agréable; il faut un certain effort de raison pour quitter de sang-froid des personnes dont l'affabilité naturelle prévient si fort à la première vue, et auxquelles on s'attache doublement lorsqu'on commence à les bien connoître. Mais enfin la vie est-elle autre chose qu'un cours perpétuel de privations ? Ajoutons celle-ci à tant d'autres ; mais sachons perpétuer nos jouissances par le souvenir, et sur-tout par la reconnoissance. Quittons cette adorable maison, mais restons toujours avec les personnes.

CHAPITRE XI.

Départ d'Inverary. Arrivée à Dalmally. Montagnards écossois ; leur costume. Tombeaux anciens. Patrick Fraser. Réception dans la maison de Mac-Nab, possesseur de plusieurs fragmens des poésies d'Ossian. Manière de se chauffer et de s'éclairer des montagnards d'Ecosse ; leurs usages. Cercle ou autel des Druides.

Nous partîmes le 17 du mois de septembre, à huit heures et demie du matin, par la route de *Dalmally* ; le contraste qu'on éprouve est frappant, car à peine a-t-on perdu de vue le plus charmant séjour et les hôtes les plus aimables, qu'on entre dans une chaîne de montagnes arides et de l'aspect le plus sauvage.

La route est étroite, embarrassée de blocs de porphyre, et bordée dans plusieurs parties de bancs de schistes noirs taillés à pic, dont la couleur lugubre, coupée par de larges bandes ou filons de spath calcaire blanc, semble annoncer aux passans le deuil de la nature dans cette solitude affreuse.

Ce triste et pénible chemin, où, pendant huit heures, on ne rencontre nul être vivant, ni habitations, ni arbres, ni verdure, fatigue autant le corps que l'imagination. Nos chevaux, quoique frais et bien reposés, sembloient s'en dégoûter eux-mêmes.

Plus d'une fois je demandois à nos guides si ce trajet désagréable auroit enfin un terme, lorsqu'à quatre heures du soir l'un d'eux me fit appercevoir une petite colonne de fumée dans le lointain, et me dit: « C'est-là où nous allons coucher, et où « nous arriverons dans une demi-heure. » En effet, un quart-d'heure après nous
nous

nous trouvâmes hors de l'espèce de prison étroite dans laquelle nous étions comme renfermés depuis huit heures du matin.

Une jolie vallée semée de côteaux sembla s'ouvrir subitement devant nous ; une petite rivière, appelée *Glen-Urchi*, serpentoit sur la partie gauche ; quelques maisons groupées, d'autres dispersées çà et là, une chapelle dans le fond et un lac dans le lointain, embellissoient ce paysage : ce lieu s'appelle *Dalmally*.

L'hôtellerie, qui s'annonce assez bien, est située sur une éminence isolée, environnée de verdure ; nous vîmes, en y arrivant, une quinzaine de montagnards en face de la porte : ils étoient tous dans le même costume, qui est remarquable, et ils nous saluèrent d'une manière fort honnête, mais en même tems un peu fière. Nous comprîmes, à leurs gestes, que nous faisions l'objet de leurs entretiens, car ils ne parlent que le langage celtique ; mais notre hôte, qui nous accueillit de très-bonne grâce, et qui savoit un peu d'anglois, nous dit que nous pouvions être tranquilles sur le compte de ces hommes, qui, peu accoutumés à voir des étrangers dans un lieu aussi reculé, où il en passe rarement, fixoient avec plaisir leur regard sur nous.

« Vous pouvez être assuré, nous dit-il, « que ces bons montagnards, loin de vous « nuire, se croiroient, au contraire, très- « heureux de pouvoir exercer envers vous « les loix de l'hospitalité, qu'ils aiment « et qu'ils respectent de tout tems, et si « vous les trouvez réunis en aussi grand « nombre, c'est à cause du jour de di- « manche. »

En effet, nous savions que les montagnards écossois, très-zélés presbytériens, sont sévères observateurs du culte; qu'ils ne se permettroient pas, ce jour-là, le plus léger divertissement. Ils arrivoient de la prière, et se reposoient un moment avant de se retirer chez eux; leur air grave et recueilli formoit un singulier contraste avec l'éclat et les couleurs tranchantes de leur parure militaire.

Leur costume est très-singulier: il consiste en une veste militaire à revers et à paremens, d'une étoffe de laine à grands carreaux, rouges, verts, bleus et blancs; ils donnent à cette veste le nom de *filli-beg;* en un grand manteau de la même étoffe retroussé et noué sur l'épaule gauche, c'est le *plaid;* en une espèce de jupe courte et plissée comme le bas de la cotte-d'armes de l'habillement romain, qui leur tient lieu de culottes, mais qui ne descend qu'à moitié de la cuisse; la jambe est aussi en partie nue et chaussée d'un demi-bas en laine, rehaussé de couleurs vives et à bandes croisées qui imitent fort bien un brodequin antique; leur tête est couverte d'un bonnet bleu, avec une petite bordure autour, de couleur rouge, bleue et verte; une seule plume longue et flottante le décore. Ils ont toujours un poignard et souvent deux pistolets à la ceinture; ce poignard porte le nom de *durk* ou *dirk.* Leurs souliers, qu'ils savent faire, en général, eux-mêmes d'une manière assez grossière, mais solide, sont attachés avec des courroies; *brogues* est le nom qu'ils donnent à cette chaussure.

Leur argent est renfermé dans une ceinture de peau de loutre, qui leur sert en même tems d'ornement ; elle est faite de manière que la peau de la tête de l'animal se trouve placée par devant ; les yeux sont bordés d'un ruban de laine rouge, et la tête est entourée d'une multitude de petits cordons de diverses couleurs : elle recouvre une pochette qui sert à placer l'argent en guise de bourse.

Tel est l'habillement que portent les montagnards écossois, ainsi que les habitans des îles Hébrides, depuis des tems très-reculés (1). L'ont-ils copié des Romains, à l'époque où ces maîtres du monde vinrent faire de vains efforts pour les conquérir ? ou le tiennent-ils plus anciennement de leurs aïeuls les Celtes ? Cette question n'est pas facile à résoudre.

Ce qu'il y a de très-certain, c'est que ces descendans modernes des anciens Ca-

―――――

(1) Les anciens Celtibères, selon Diodore de Sicile, portoient aussi des vêtemens bariolés de diverses couleurs. *Vestibus utuntur mirificis, tunicas nempe tinctas, et variis coloribus floridas, quasi illi gestant.* Diod. Sic., *l. V, Bibliot.* Observez que les montagnards écossois et les Hébridiens parlent encore la langue celtique, celle des Celtibères.

lédoniens sont si attachés à cette forme de vêtement, qui leur retrace leur antique valeur et leur indépendance, que le gouvernement anglois, ayant fait plusieurs fois des tentatives pour les engager à le quitter, n'a jamais pu y parvenir, quoique cet habit soit certainement celui qui convient le moins à un peuple qui habite un climat froid et aussi humide que celui-ci.

Après avoir pris congé de nos pieux Highlandois, nous visitâmes notre logement, dont l'espèce d'élégance nous étonna dans un lieu aussi désert. Le seuil de la porte, ainsi que l'escalier, étoient lavés, et semés d'un sable fin très-brillant ; la salle à manger étoit ornée d'un tapis de pied ; les lits propres et bons, et le maître un excellent homme.

Nous lui annonçâmes le motif de notre voyage, et comme nous n'étions qu'à une journée de distance du lieu de l'embarquement, nous lui demandâmes s'il seroit possible de trouver ici un guide qui parlât bien la langue du pays, et qui sut en même tems un peu d'anglois : « Messieurs,

« nous dit notre hôte, avec un air d'em-
« pressement, je pourrai avoir votre af-
« faire, et vous procurer un homme sa-
« vant dans plusieurs langues, qui vous
« servira d'interprète et même de guide,
« car il a déja visité quelques-unes des
« îles où vous vous proposez d'aller; c'est
« un de mes meilleurs amis : il faut savoir
« seulement si l'emploi qui l'occupe ici
« pourra lui permettre de s'absenter; je
« vais m'en informer tout de suite. »

Il partit en disant cela, avec une vivacité et une pétulence qui m'étonnèrent dans un homme de son âge. Je n'ai rien vu de si obligeant, de si gai que ce bon Ecossois.

Il revint un demi-quart-d'heure après, amenant avec lui un homme âgé d'environ vingt-huit ans, d'un maintien modeste et doux, qu'il nous présenta sous le nom de Patrick Fraser, maître d'école à Dalmally. Nous eûmes bientôt fait connoissance avec lui. Cet homme avoit fait de bonnes études à l'université d'Edinburgh; il savoit fort bien le latin et le grec, il parloit anglois, et il possédoit à fond sa langue naturelle, la celtique, qu'il regardoit comme une des plus riches et des plus harmonieuses.

Patrick Fraser étoit passionné pour les vers d'Ossian; il faisoit souvent des tournées chez les habitans des hautes montagnes, pour aller à la recherche de quelques fragmens nouveaux de ces antiques poésies; il avoit déja de quoi augmenter considérablement le recueil de Macpherson, et faisoit souvent des découvertes heureuses en ce genre, par les peines extrêmes qu'il prenoit pour cela. La médiocreté de sa fortune l'obligeoit de faire le métier de simple maître d'école.

Les enfans du lieu se réunissoient dans une espèce de hutte construite en pierres sèches; là le pauvre Patrick Fraser leur apprenoit à épeller des mots celtiques ou erses, écrits en caractères vulgaires; car il paroît que les caractères originaux de cette langue sont perdus (1). La position

---

(1) Knox paroît croire le contraire; ce qu'il dit à ce sujet mérite d'être examiné. Voici le passage de son livre,

de cet homme estimable et modeste me toucha; et comme je lui témoignois ma

---

« J'ajouterai quelques faits pour prouver que nous avons eu
« une langue écrite dans les tems les plus reculés. Dans l'île
« de Mull, dans le voisinage d'Iona, il y a eu, de tems im-
« mémorial et presque jusqu'à nos jours, une succession
« d'*ollas* ou de *docteurs gradués*, dans une famille du nom
« de Mac-Liane, dont les écrits, qui peuvent remplir un
« grand coffre, étoient tous en langue celtique. Ce qui res-
« toit de ce trésor fut acheté, il n'y a pas long-tems, com-
« me une curiosité littéraire, pour le duc de Chandos; et
« l'on dit qu'il a péri dans le naufrage de la fortune de ce
« seigneur.
« Le lord Kaims (*Essais*, *b. I*) parle d'un manuscrit cel-
« tique des quatre premiers livres de Fingal, que le traduc-
« teur d'Ossian trouva dans l'île de Sky et qui étoit de l'an-
« née 1403. J'ai maintenant en ma possession un traité mu-
« tilé de médecine et un autre d'anatomie, avec une partie
« d'un calendrier, qui appartenoient à quelqu'ancien mo-
« nastère, qui sont tous écrits dans cette langue et avec ces
« caractères. Ces écrits, en les comparant avec d'autres de
« plus nouvelle date, paroissent avoir plusieurs siècles d'an-
« cienneté. J'en ai eu un autre aussi ancien que je tenois de
« M. Lauchlan, capitaine au 55e régiment. Il paroît claire-
« ment, d'après ces observations et ces faits, que depuis le
« tems des Druides la langue celtique a toujours été une lan-
« gue écrite. » Knox, *Voyage dans les montagnes d'Ecosse*,
tome I, page 30 de la traduction françoise. Il eût bien été à
désirer que Knox nous eût dit un mot de la forme de ces
caractères, et nous eût fait connoître les rapports qu'ils ont
avec les caractères hébreux, arabes, grecs ou runiques.

surprise et mon étonnement de le voir réduit à exercer un tel état pour subsister. « Je me console, dit-il avec douceur, par « l'étude et par le désir d'étendre mes con- « noissances ; il est vrai que j'ai quelque- « fois de l'inquiétude, lorsque je songe « que toutes les ressources de l'instruction « me manquent ici. J'aimerois mieux, sans « doute, ne vivre qu'avec un peu de pain « et d'eau dans une ville où je pourrois « trouver les moyens de me livrer à mes « goûts ; mais il faut savoir se conformer « aux circonstances. »

Je ne me serois jamais attendu à rencontrer dans un pareil lieu un philosophe de cette espèce ; je regrettai mille fois de ne pouvoir pas me charger du sort d'un homme aussi intéressant et aussi rare.

Je lui témoignai le désir que nous aurions de nous instruire avec lui, touchant les mœurs et les usages d'un pays qui lui étoit aussi familier, et je lui demandai s'il ne pourroit pas nous faire le plaisir de venir avec nous jusqu'à l'île de Mull et à celle de Staffa.

« Très-volontiers, nous dit-il ; mais je
« dois auparavant obtenir l'agrément des
« parens dont j'enseigne les enfans ; il
« seroit indiscret à moi de leur demander
« un terme plus long que celui de huit
« jours ; s'ils y consentent, je suis à vos
« ordres. » Nous le priâmes de nous faire
l'honneur de souper avec nous ; et comme il étoit encore de bonne heure, nous l'engageâmes à aller conférer avec les principaux habitans du lieu, sur la permission dont il avoit besoin. Il prit congé de nous et partit pour remplir cet objet.

Je profitai du reste de la journée pour faire une excursion d'histoire naturelle dans les environs de Dalmally ; je reconnus que les pierres qui entrent ici dans la composition des montagnes sont, en général, des schistes argileux, micacés, de couleur grise ou noirâtre, d'une contexture un peu fibreuse, et se détachant par feuillets plus ou moins épais. Les élémens de cette pierre sont le feld-spath pulvérulent, la terre quartzeuse, de l'argile, du mica et un peu de fer.

J'examinai aussi les pierres qu'entraîne

et que roule le torrent de Glen-Urchi. Elles sont formées de blocs de granits, de schorl spathique noir en roche, et de laves compactes de la nature du basalte : toutes ces sortes de pierres sont roulées et leurs angles sont arrondis : le torrent les entraîne de loin.

Je fus attiré par une grande fumée vers la pente d'une colline, où je présumai qu'on faisoit de la chaux ; cependant comme je ne soupçonnois rien de calcaire ici, je craignis de me tromper, et, pour tirer la chose au clair, je m'acheminai jusqu'au lieu d'où partoit la fumée, quoiqu'un peu éloigné.

Je vis, en effet, un four à chaux au pied d'une carrière coupée à pic. J'observai avec attention l'ordre et la disposition des matières ; en voici la notice :

1°. Les environs de la carrière, et, en général, toutes les collines du voisinage, sont composées de schistes fibreux micacés, qui ne font aucune effervescence avec les acides.

2°. La carrière est recouverte d'une couche de sable quartzeux de couleur jaunâtre de trois pieds d'épaisseur.

3°. On trouve après le sable, particulièrement vers la partie gauche de la carrière, lorsqu'on la regarde en face, des couches très-minces de schiste micacé de la même nature que celui des collines voisines.

4°. Ces petites couches de schiste micacé sont attenantes à deux bancs de pierres calcaires, ou plutôt de spath calcaire blanc, compacte, dur, à grain salin, mêlé de petites lames de mica argenté, qui se trouvent interposées dans la pâte calcaire : ces deux bancs ont chacun quatre pieds d'épaisseur.

Voilà dans un espace de quinze milles deux exemples à peu près analogues, relatifs à des lits calcaires entre des roches d'un autre genre, celui d'Inverary où les couches calcaires mêlées de mica sont entre des bancs de porphyre, et ici où la pierre calcaire est recouverte par le schiste micacé.

Mais il est important d'observer que

dans les deux carrières la matière calcaire est en état de spath, c'est-à-dire, qu'elle a éprouvé une crystallisation confuse, et qu'elle a saisi, dans cette opération tumultueuse et rapide, des molécules ou plutôt de petites lames de mica. Il est naturel de ne jamais trouver, dans ces circonstances, des vestiges de corps marins, puisque la matière calcaire est ici dans un état spathique, c'est-à-dire, qu'elle a été tenue en dissolution, et que le mode premier sous lequel elle a existé est effacé par le déplacement et la suspension des molécules, dans un fluide qui a donné lieu à une crystallisation confuse.

Je ne crois pas, d'après cela, qu'on soit trop fondé à regarder la pierre calcaire, dans laquelle on ne trouve aucune trace de corps organisés, comme le produit d'une terre première, formée par la nature sans le concours des coquilles, des madrépores ou d'autres corps marins ; car qui peut assurer que les couches calcaires dont je fais mention ici n'ont pas été plus anciennement le produit des animaux de l'antique Océan, dont ils portoient alors tous les caractères, effacés par une dissolution, par un déplacement et par une crystallisation secondaire.

L'on a journellement sous les yeux des exemples de ces nouvelles agrégations destructives des formes premières. Les grottes d'Antiparos, de notre-dame de la Balme et tant d'autres, existent au milieu des roches calcaires coquillées ; les suintemens qui se forment journellement dans ces antres souterrains produisent des masses considérables de stalactites vers le haut des voûtes, de stalagmites sur les côtés ou vers le bas. Seroit-on fondé, en examinant des tables de ces stalagmites, de ces albâtres calcaires susceptibles d'un si beau poli et d'une demi-transparence si agréable à l'œil, de prononcer que, puisqu'on n'y découvre aucun vestige de corps organisés, ces pierres secondaires sont le produit d'une matière calcaire primitive, c'est-à-dire, d'une matière qui est ainsi sortie des mains de la nature ? comme s'il étoit permis, en bonne logique, de rompre ainsi le fil des analogies ; comme si une suite d'analogies n'équivaloit pas au moins à des probabilités ;

comme si les expressions de montagnes primitives, de matière calcaire première, n'étoient pas des abstractions inintelligibles, lorsqu'on reconnoît des agens visibles et palpables qui produisent, qui s'assimilent même, si l'on veut, la matière calcaire sous des formes organiques. Ces formes sont des points de reconnoissance, des types intéressans, propres à diriger nos pas dans la route pénible et difficile de l'histoire des révolutions de la terre. Toutes les fois donc que nous les trouvons effacées, dans les circonstances où cette matière, perdant ses formes organiques, s'est modifiée en spath, en albâtre, en stalactite, en marbre salin et même en gypse, je ne crois pas que nous soyons fondé à prononcer affirmativement que ces matières non-seulement ne sont pas le produit des êtres organisés, et qu'elles n'ont jamais même passé par les filtres animaux. Il en est de même des montagnes qu'on appelle *primitives*, de celles de granit, par exemple, formées par l'agrégation de plusieurs matières d'origine différente, qui supposent nécessairement une existence antérieure à celle de leur agrégation, sous forme de feld-spath, de mica, de schorl, de quartz, de molécules calcaires et quelquefois ferrugineuses; mais je m'arrête, car je sens que ce n'est pas ici le lieu de traiter ces grandes et importantes questions.

Le jour commençant à disparoître, je fus obligé de suspendre mes recherches, et je rentrai au logis pour rejoindre mes compagnons; j'y trouvai Patrick Fraser, qui m'apprit qu'il seroit des nôtres, et qu'il étoit autorisé à rester une dixaine de jours avec nous; ce qui nous fit grand plaisir.

Nous nous mîmes à table. Notre souper étoit composé de deux plats de gibier fin, l'un de coqs de bruyère, l'autre de gélinottes, d'une crême, de beurre frais, de fromage du pays, d'un pot de confiture de *vaccinium*, fruit sauvage qui croît dans les montagnes, et du vin de Porto. Tout fut servi à la fois. C'étoit un véritable repas de luxe pour le pays.

Notre hôte, naturellement poli, et qui nous prenoit d'ailleurs pour de grands personnages,

sonnages, parce qu'il nous avoit vu arriver avec trois voitures et quatre domestiques, voulut nous rendre, malgré nos refus, les honneurs qu'il porte à des *lairds* écossois; il mit donc lui même les plats sur la table, et se plaça derrière un de nous afin d'être à portée de nous servir et de recevoir nos ordres; mais, voulant le traiter plus amicalement, nous l'engageâmes à se mettre à table auprès de nous; il refusa et ne voulut accepter qu'un simple verre de vin pour nous saluer. Il nous envoya, après le souper, du rhum excellent et du thé, dont nous avions besoin pour nous délasser; il en prit avec nous, et nous fîmes une agréable conversation pendant le reste de la soirée, avec cet honnête homme qui nous donna des renseignemens très-intéressans sur les mœurs et sur les usages du pays.

Ce maître d'hôtellerie est à son aise, et fait élever avec soin ses enfans, qui sont en grand nombre; Patrick Fraser leur sert d'instituteur, et un maître d'escrime et en même tems de danse vient chaque année de loin passer plusieurs mois chez lui pour s'occuper exclusivement à leur donner des leçons (1).

Le lendemain au lever du soleil, j'allai visiter l'église, qui avoit fixé mon attention la veille par un grand nombre de pierres sépulchrales qu'on remarque sur une prairie voisine.

Cette église de campagne est moderne, et dans un état de délabrement, tant au-dedans qu'au-dehors, qui annonce la pauvreté des habitans du lieu.

Mais une grande quantité de tombeaux, et quelques ruines à fleur de terre qu'on remarque, à une très-petite distance de l'église, indiquent qu'il a existé autrefois sur cet emplacement quelques monumens religieux très-anciens, détruits probablement à une époque reculée ; car si le fanatisme avoit fait ici quelque tour de sa fa-

---

(1) « Il y a à Dalmally, dit Knox, une bonne auberge, « qui paie six livre sterling de taille, et dont la taxe pour « les fenêtres se monte à quatre livres sterling et dix she-« lings. Cette disproportion tient à la munificence bien ima-« ginée du propriétaire, qui, de cette manière, attire chez « lui tous les étrangers, qui s'y trouvent logés décemment « et commodément. »

çon, à l'époque de la réformation, l'on trouveroit des restes plus considérables de constructions, et tant de tombeaux n'auroient pas été respectés dans le tems où l'on ne respectoit rien.

Les plus anciens de ces tombeaux ont, du côté de l'art, un caractère étranger si remarquable que j'ai cru, pour ma propre instruction, devoir les examiner avec beaucoup de soin.

Ils sont tous construits en pierre ollaire ou serpentine tendre d'un gris foncé, à peu près semblable à celle dont on a fait usage pour bâtir le château d'Inverary: cette pierre a parfaitement résisté aux injures du tems, et les tombeaux qui paroissent les plus anciens sont d'une belle conservation. Leur forme est celle d'une simple pierre sépulchrale, un peu plus étroite vers le bas que vers le haut, à la manière des cercueils; mais j'ignore si ces pierres ont toujours été telles qu'on les voit, et si elles n'ont pas servi autrefois de couverture à des tombeaux creusés en auge, comme étoient la plupart des tombeaux romains.

Il y en a quelques-unes de taillées en parallélogrammes rectangles; la longueur des unes est de cinq pieds huit pouces, d'autres n'ont que cinq pieds trois pouces; ce sont les plus nombreuses: une seule n'a que trois pieds et demi de longueur sur huit pouces de largeur; c'est probablement le tombeau d'un enfant. Les autres ont, en général, quinze pouces de largeur. Tous ces monumens sont posés à plat sur la terre dans diverses directions.

Parmi ces pierres funèbres, j'en ai compté dix-huit éparses çà et là qui paroissent les plus anciennes, à en juger par le travail, car elles n'ont ni inscription, ni date, mais elles portent un caractère qui leur est propre; elles sont toutes surchargées de sculptures en demi-relief, avec des figures de guerriers armés de lances, de boucliers, de poignards et de flèches; un bonnet en forme de mître couvre leur tête.

L'on voit sur d'autres des chevaux ordinaires, parmi des quadrupèdes à figure bisarre et fantastique, placés les uns à côté des autres, comme sur les pierres hiéroglyphiques, et au milieu de tout cela des combattans. Une bordure encadre ordinairement ces bas-reliefs, et cette bordure a elle-même un caractère particulier ; car elle est formée d'arabesques, surchargés d'entrelacs et d'ornemens, imitant des filigrammes qui se croisent dans tant de sens différens qu'on ne sauroit se former une idée nette de ce qu'on a voulu représenter.

Il est inutile de prévenir que les figures d'hommes et d'animaux sont sans mesure et sans proportion, sans fond et sans perspective, mais néanmoins exprimées avec une sorte de netteté. Le caractère, la physionomie de ces monumens, si je puis me servir de cette expression, n'ont aucun rapport avec le genre gothique ; et sans la bordure qui se rapproche, en quelque sorte, des ornemens turcs, je ne saurois mieux les comparer qu'à des figures hiéroglyphiques.

Il seroit difficile, d'après cela, d'assigner l'époque où ces monumens ont été érigés ; car l'art porte ici un caractère si particulier que la comparaison avec ce que nous connoissons ne sauroit nous servir de guide.

Quelques personnes du pays croient, d'après la tradition, que ce sont les sépultures des guerriers célèbres du tems des anciens rois d'Ecosse; mais l'histoire de ces anciens rois est pleine elle-même d'obscurités ou de fables; d'autres présument que ces tombeaux renferment les restes des héros du Nord, à l'époque où les Danois faisoient de fréquentes incursions sur les côtes d'Ecosse, dont ils s'étoient emparés à plusieurs reprises.

Mais ne paroîtroit-il pas bien extraordinaire que les uns ou les autres eussent choisi, pour leur sépulture, un pays sauvage, enfoncé dans les montagnes, presqu'inhabité, éloigné d'une journée de la mer, et sans route pour y parvenir? quel motif auroit donc pu déterminer cette préférence?

Seroit-on mieux fondé à regarder ce champ funèbre comme érigé à la suite de quelque grande bataille; mais la quantité de ces pierres sépulchrales, le travail long et difficile qu'elles ont exigé pour les sculpter, supposent nécessairement du tems et du loisir, et annonce l'ouvrage d'un peuple sédentaire à qui les arts, quelque peu avancés qu'ils fussent parmi eux, n'étoient néanmoins pas étrangers.

Ces tombeaux sont donc dignes de l'attention d'une société savante établie depuis quelques années à Edinburgh, pour la recherche des monumens antiques de l'Ecosse, et d'une seconde formée depuis peu à *Perth*, pour remplir le même but; je les invite, au nom de leur amour pour les sciences et pour leur pays, de vouloir s'en occuper (1).

Si l'on est curieux, en attendant, de se former une idée du style de ces sortes de monumens, l'on peut en voir un gravé, et

---

(1) Si quelques faits rapportés par John Knox, au sujet des antiquités de l'île de *Jona* ou *Icolumkill*, une des Hébrides, sont exacts, ainsi qu'il y a lieu de le croire, les anciens monumens dont je viens de faire mention pourroient bien avoir été apportés de cette île; j'ai cependant bien de la peine à concevoir qu'on les eût transportés si avant dans l'intérieur des terres. Voici le passage de Knox : « Cette « île (Icolumkill) a encore été la sépulture de quarante-huit « rois d'Ecosse, de huit de Norwège et de quatre d'Irlande, « outre celle des chefs de tribus des montagnes et des Hébri- « des. On apperçoit encore des effigies de quelques-uns des « chefs; plusieurs ont été détruits et d'autres ont été déro-

trouvé dans une autre partie de l'Ecosse, dans l'ouvrage de M. Cordiner, ministre du Saint-Evangile à Bamst, qui a pour titre *Antiquités et paysages du nord de l'Ecosse*, Lond. 1780, petit in-4°., page 64. Ce livre est écrit en anglois, et orné de très-jolies gravures.

Avant de quitter les tombeaux de Dalmally, qui m'ont peut-être beaucoup trop occupé, j'aime à me rappeler une circonstance qui peut présenter à ceux qui aiment les arts et en font une étude particulière une sorte de filiation non interrompue, qui est assez remarquable, quoique ce que je vais dire ne suppose l'art que dans son

---

« bés et *transportés dans les cimetières sur les montagnes.*
« J'ai vu quelques-unes de ces effigies, ainsi que des croix
« de pierre qui ont été enlevées d'Icolumkill; il y a une de
« ces croix dans le centre de la ville de *Campbeltown;* elle
« forme une belle colonne ornée de feuillages. *La plupart des*
« *effigies ont été transportées dans le comté d'Argille, où el-*
« *les couvrent les tombeaux des principaux habitans.* On en
« voit encore un grand nombre à *Kilmartin*, où les habi-
« tans peuvent indiquer les noms des personnes sur les tom-
« beaux desquelles elles avoient été placées dans l'origine. »
Knox, *Voyage dans les montagnes d'Ecosse*, tome I, page 57.

enfance; mais l'on va voir combien l'exemple invite naturellement les hommes à l'imitation.

Les habitans de Dalmally, ayant eu devant eux, de génération en génération, les anciens tombeaux dont j'ai parlé, ont non-seulement donné la préférence au lieu où ils sont placés pour y enterrer leurs morts; mais ils ont cherché en même tems à orner aussi les pierres sépulchrales dont ils les couvroient avec des sculptures, non en bas-relief, la chose eût été trop difficile, mais en creux.

Le genre d'ornement que leur offroient ces anciens tombeaux leur paroissant trop compliqué et insignifiant pour eux, ils ont préféré, avec raison, d'y graver des figures relatives à leur religion ou des emblêmes analogues à leur profession, et comme la pierre ollaire, dont ils font usage, n'est pas dure et se travaille avec facilité, les difficultés de l'exécution ne les ont jamais rebutés.

Ainsi, par exemple, l'on voit une de ces pierres, plus modernes que les autres et qui ne paroît guère avoir plus de cinq cents ans, offrir la figure d'une croix qui occupe toute la longueur du tombeau, mais sans ornement ni figure de Christ. Cette croix, gravée en creux, est exécutée avec une grande précision. On voit d'autres tombeaux graduellement moins anciens, sur lesquels on a sculpté des marteaux, des ciseaux à tailler la pierre, des enclumes, des barques de pêcheurs, des filets, en un mot, des attributs relatifs à l'état du mort; enfin, les plus modernes sont décorés de sabliers, de têtes de morts ou d'armoiries.

Cette imitation successive tenant à un usage religieux a dû nécessairement être bornée, et ne pas faire le moindre progrès dans un pays aussi sauvage; mais il est singulier cependant que depuis tant de siècles des hommes si pauvres, si dénués de tout secours, si éloignés des communications, n'aient jamais cessé d'avoir parmi eux des espèces de sculpteurs, et qu'ils continuent d'en avoir encore; tandis que dans la plupart des villes du troisième ordre, on auroit souvent de la peine à trouver un homme en état de tracer un simplé écusson ou un chiffre sur de pareils monumens.

Patrick Fraser vint me tirer de mes tombeaux et de mes rêveries, pour m'annoncer que nous avions à voir un homme très-intéressant, qui possédoit des monumens d'un autre genre.

« Nous avons à marcher pendant un « quart-d'heure pour nous rendre chez lui, « me dit Patrick Fraser; cet homme s'appelle Mac-Nab; il est possesseur d'un « manuscrit précieux qui renferme plu- « sieurs des poëmes d'Ossian en langue cel- « tique. Vous aurez, ajouta-t-il, le plaisir « de les lui entendre chanter, car la dé- « clamation des vers sublimes de cet an- « cien poëte a toujours été une sorte de « chant que les habitans des montagnes et « ceux des îles Hébrides ont conservé et « se sont transmis de race en race. »

La maison de Mac-Nab est située sur le haut de la colline au pied de laquelle est l'auberge; nous nous y rendîmes. « Je vous « préviens, nous dit Patrick Fraser, que « l'espèce de Barde que nous allons visi- « ter, est serrurier, forgeron, armurier et

« taillandier en même tems, ce qui le rend
« très-utile et très-estimé; c'est d'ailleurs
« un homme doué d'un bon sens et d'un
« esprit naturel très-piquans, et qui vous
« fera plaisir. »

Sa maison est au milieu d'un grouppe d'autres habitations, qui forment un petit hameau. Nous entrâmes dans son attelier, qui n'est ni grand, ni magnifique. Son frère nous en fit les honneurs et nous reçut avec des démonstrations de politesse et d'amitié très-agréables; il nous dit que son frère aîné étoit absent depuis deux jours, et qu'il seroit très-faché d'avoir perdu l'occasion de recevoir des étrangers qui venoient de si loin pour lui rendre visite. « Je ne pourrai pas, nous dit-il,
« avoir le plaisir de vous faire voir le tré-
« sor dont nous sommes en possession dans
« notre famille depuis plus de quatre cents
« ans, parce que mon frère le tient sous
« clef; mais si vous pouvez séjourner ici
« seulement le reste de la semaine, il sera
« à vos ordres, devant arriver dans trois
« jours; il vous récitera les vers d'Ossian,
« et vous apprendra des choses très-cu-

« rieuses sur ce grand poëte. Quant à moi, « je ne puis avoir la satisfaction, que « de vous présenter le bouclier de mon « trisaïeul. »

Il nous apporta en effet, un instant après, un grand bouclier de forme ronde, en bois, recouvert de cuir, garni de petits cloux de cuivre jaune, et orné dans le centre d'une rosette également en cuivre. Ce bouclier, connu en langue du pays sous le nom de *target*, étoit solidement et proprement construit, mais un peu dégradé par la vétusté. Ce bon homme, dont Patrick Fraser nous rendoit littéralement les expressions, alla ensuite nous chercher avec empressement toutes les pièces d'une armure de fer, trouvée depuis quelques années dans les ruines d'un vieux château du voisinage; mais elle ne diffère en rien des armures du quatorzième siècle.

Comme nous étions dans l'attelier de Mac-Nab, lorsque son frère nous en faisoit les honneurs, je jetai les yeux, par hasard, sur un poignard, qui me frappa par sa belle forme; quoique la poignée ne fut qu'en bois, mais en bois très dur; elle étoit sculptée d'une manière à ne rien laisser à désirer, pour la perfection et le fini du travail, en même tems que pour le goût de l'ouvrage : c'étoient des entrelacs vermiculés, unis par faisceaux, passant et repassant sur eux-mêmes, avec grâce et sans la moindre confusion.

Il est à présumer que le premier modèle de ce poignard, ainsi que le costume des montagnards et des Hébridiens, viennent des Romains, avec lesquels ils ont fait long-tems la guerre ; car le *plaid*, le manteau ; le *fillibeg*, la veste ou cotte-d'armes ; le *durk* ou *dirk*, le poignard ; le *target*, le bouclier, formoient l'habillement du soldat romain ; il faut, je le répète, que de puissans motifs les aient, de tout tems, attachés à cette manière de se vêtir, car elle est incontestablement la moins convenable à des hommes qui habitent un climat aussi pluvieux et où les hivers sont si longs.

Je demandai au frère de Mac-Nab, s'il voudroit me vendre ce poignard dont je lui donnerois un bon prix. « Il n'est pas « à nous, me dit-il, il appartient à un

« habitant des montagnes de nos amis qui
« le tient de ses pères, et ne s'en déferoit
« à aucun prix. Il l'a donné à réparer à
« mon frère, qui est en état de vous en
« faire un absolument semblable, si vous
« le désirez. »

En effet, il ouvrit un tiroir dans lequel il y en avoit plusieurs de commencés. « Nous ne nous écartons jamais de
« cette forme, qui est bonne, ajouta-t-il,
« parce qu'elle est agréable et donne en
« même tems de la solidité à la main qui
« seroit dans le cas de s'en servir. Toutes
« les armes de ce genre faites ici et dans
« les montagnes voisines sont semblables
« à celles-ci, et cela depuis des tems im-
« mémorés (1). »

---

(1) M. F. Hill, qui a voyagé dans les montagnes d'Ecosse dans l'intention de visiter le pays et de faire en même tems des recherches critiques sur la traduction de l'Ossian de Macpherson, a fait imprimer une brochure, dont il voulut bien me donner une exemplaire dans un voyage qu'il fit en France. Ce livre, qui n'a qu'environ trente-six pages d'impression, a pour titre: *Antient erse poems collected by M. Hill among the scottish highlands, in order to illustrate the Ossian of M. Macpherson.* Ce voyageur ne manqua pas d'aller voir, en passant à Dalmally, Mac-Nab;

Mac-Nab, après nous avoir reçu avec tant de politesse chez son frère, nous pria très-instamment de vouloir bien entrer chez lui, où nous étions attendus, en nous assurant qu'une telle faveur lui feroit beaucoup d'honneur parmi les habitans du lieu. Nous nous rendîmes avec plaisir à son invitation.

La chaumière, ou plutôt l'espèce de hutte qu'il habite, est enfoncée de quel-

---

voici de quelle manière il s'exprime à son sujet, page 8 de son livre.

« Comme dans ma première excursion à travers les mon-
« tagnes, j'avois entendu dire qu'un certain Mac-Nab, for-
« geron à Dalmally, avoit eu soin de recueillir et de copier
« plusieurs des chansons attribuées à Ossian, je me déter-
« minai à repasser à Dalmally, pour tâcher d'obtenir de cet
« homme les éclaircissemens qu'il pourroit me donner ; il
« habite une chaumière peu éloignée de l'hôtellerie et de l'é-
« glise de Dalmally ; il est glorieux de ce que ses ancêtres
« ont exercé la profession de forgeron depuis près de qua-
« tre cents ans ; et il conserve avec respect une cotte d'armes
« des forgerons ses ancêtres (M. Hill auroit dû dire un bou-
« clier). Il m'a paru ne pas manquer d'esprit. Un forgeron
« jouit dans les montagnes de plus de considération que par-
« mi nous en Angleterre. Il est placé par M. Smith au nom-
« bre des autorités citées pour les poëmes erses qu'il a pu-
« bliés. »

ques pieds en terre, pour être à l'abri des plus grands froids; mais comme elle est placée sur un plateau élevé l'humidité ne sauroit l'atteindre.

Elle étoit approvisionnée de tout ce qui peut composer un ménage aisé dans un lieu pareil; le local étoit divisé en deux pièces, plus un cabinet au rez-de-chaussée, car il n'est pas question de maison à étages; l'architecture rustique est ici dans son état primitif.

La pièce à droite en entrant renfermoit quelques sacs d'orge, et un peu de farine d'avoine; ce sont les seuls grains qui puissent parvenir en maturité dans ce pays, encore faut-il les faire sécher dans des étuves, après les avoir recueillis vers le milieu du mois d'octobre. Nous y vîmes aussi quelques bouteilles de wisky, espèce d'eau-de-vie mal faite et d'un goût d'empyreume, qu'ils tirent de l'orge, mais qui est leur liqueur par excellence, et l'objet favori de leur plus grande sensualité. On nous fit admirer aussi une armoire assez propre, où il y avoit un peu de linge et les beaux habits à la romaine destinés pour les jours de fête. La même pièce, quoiqu'elle ne fut pas bien grande, renfermoit, ainsi que le cabinet, les ustensiles simples et modestes de la laiterie, et la provision de tourbe, très-artistement arrangée contre l'un des murs. Les moindres recoins de ce petit local étoient mis à profit, et tout occupoit une place convenable : l'on voyoit que le frère de Mac-Nab aimoit l'arrangement.

La seconde pièce paroissoit être la chambre d'honneur; les parens s'y étoient rendus et nous y attendoient pour nous recevoir avec cérémonie.

Un feu de tourbe, allumé sur une grande pierre ronde, élevée de dix pouces au-dessus du sol, et placée au milieu de la pièce, étoit destiné à la rechauffer; la fumée s'élevoit verticalement, par une ouverture pratiquée au milieu du toit. Une boiserie rustique, faite en manière de trémie renversée, partoit de l'ouverture du toit, et s'abaissoit, en s'élargissant, à trois pieds de distance du mur de la hutte, et à quatre pieds au-dessus de la terre; de manière qu'il falloit se baisser pour entrer dans la pièce, ou plutôt dans la cheminée; car l'on peut dire que le sallon où la famille nous attendoit étoit dans la cheminée même. Cette construction est très-propre à garantir de la fumée, en même tems que du froid; l'on est très-chaudement dans cette espèce d'enveloppe en bois qui retient bien la chaleur. Le jour vient de la cheminée, par deux petites lucarnes qui y sont pratiquées. Une banquette, ou plutôt des bancs en bois, règnent tout autour de la pièce, dans la partie intérieure, c'est-à-dire, dans la cheminée même; les parens de Mac-Nab, gravement assis sur ces bancs, se levèrent lorsque nous entrâmes, s'inclinèrent, et nous firent signe de prendre place : ils ne parurent point embarrassés. Patrick Fraser fut notre interprète et leur présenta nos complimens.

Lorsque nous fûmes assis, un jeune homme ferma la fenêtre; un second alluma une lampe particulière qui jetoit une très-grande flamme, accompagnée d'une fumée résineuse. Cette lampe économique consistoit en une espèce de pêle de fer coudée vers le bas et suspendue par un long manche dans un angle de la cheminée à portée des spectateurs; des morceaux de bois résineux bien secs, tirés du *pinus taeda*, étoient allumés, et répandoient une flamme très-vive, mêlée de beaucoup de fumée : celui qui est chargé de l'entretien la lampe a auprès de lui des provisions de ce bois réduit en éclats, pour remplacer à fur et à mesure celui qui se consomme (1).

Ce fut à la lueur de cet étrange luminaire que Mac-Nab, donnant la main à une jeune personne douce et modeste, que je présumai être sa fille, nous la présenta; elle portoit une jatte de bois fort propre et remplie de lait, qu'elle offrit à un de nous, en faisant une révérence avec timidité et un peu d'embarras; mais son père l'encourageant, elle but la première, selon l'usage, et remit la jatte à celui à qui elle l'avoit présentée; elle passa de main

---

(1) Quoique le bois soit d'une rareté extrême dans le pays, et qu'il n'y ait pas un pin de cette espèce, on trouve néanmoins des vieilles souches de ce bois dans les tourbières à plusieurs pieds de profondeur.

en main, ou plutôt de bouche en bouche, jusqu'à ce que chacun en eut goûté, et revint ensuite à Mac-Nab, qui fit la clôture du cérémonial avec beaucoup de gravité. Il faut observer que nous étions tous debout dans ce moment et que nous ne nous assîmes qu'après. Il y a dans cet usage hospitalier une sorte de gravité religieuse qui tient au désir de bien recevoir les étrangers ; cet acte est considéré parmi eux comme un devoir sacré.

On nous présenta ensuite du beurre, des galettes faites avec de la farine d'avoine, et un petit verre de wisky. Nous fîmes nos plus tendres remercîmens à cette bonne famille, qui voulut absolument nous accompagner jusqu'à notre hôtellerie (1). Pa-

___

(1) Le célèbre Johnson visita, dans l'Invernesshire, une habitation moins commode ; les détails qu'il donne méritent de trouver place ici.

« A côté du chemin, sur le bord du *loch Ness*, nous
« apperçûmes une cabane : c'étoit la première hutte de mon-
« tagnards que j'eusse vue, et comme notre objet étoit d'ob-
« server la vie et les mœurs des habitans de ces lieux sau-
« vages, nous désirâmes la visiter. Entrer dans une maison
« sans permission n'a rien ici de contraire aux règles de

trick. Fraser nous prévint que ce seroit faire un outrage à ces honnêtes gens, de leur offrir la moindre chose. Cette scène me parut si intéressante que j'engageai notre dessinateur à l'esquisser d'après nature pendant que nous étions dans la maison *(voyez planche II). p. 142.*

En sortant de chez lui, Mac-Nab voulut nous faire voir, sur un petit tertre peu éloigné de sa maison, un monument

---

« l'honnêteté ; les anciennes loix de l'hospitalité donnent en-
« core ce privilège aux étrangers.

« En entrant nous trouvâmes une vieille femme qui fai-
« soit bouillir, dans une chaudière, de la chair de bouc ;
« elle parloit peu anglois, mais nous avions des interprè-
« tes, et elle parut assez disposée à nous démontrer son sys-
« tème d'économie. Elle a cinq enfans, tous vivant avec elle ;
« le plus vieux, un garçon de treize ans, étoit au bois avec
« son père, vieillard octogénaire. Ses deux fils cadets étoient
« allés à Inverness acheter de la farine : il est bon d'obser-
« ver que l'on entend toujours de la farine d'avoine. Elle
« regardoit la farine comme une nourriture bien dispendieuse,
« et nous dit que dans le printems, lorsque les chèvres don-
« nent du lait, ses enfans se passoient de pain. Conformé-
« ment aux loix de l'hospitalité pastorale, elle nous pria de
« nous asseoir et de boire du wisky. Elle nous parut fort
« pieuse ; quoique l'église soit à quatre milles, elle y va tous
« les jours. »

simple, mais très-ancien, pour lequel les gens du pays conservent une sorte de vénération, la tradition leur ayant appris que ces monumens, auxquels ils donnent dans leur langue le nom de *carn*, qui signifie *cercle druidical*, ont été autrefois consacrés aux cérémonies religieuses des Druides. Celui-ci consiste en une petite enceinte circulaire formée par de gros blocs de granits bruts.

Après avoir examiné cette espèce d'autel en pierres brutes, nous engageâmes Mac-Nab et sa famille à ne pas nous accompagner plus loin, et pendant que nous disputions de politesse, un autre montagnard s'approcha de nous, avec affabilité, et nous pria très-instamment de vouloir aussi lui rendre une petite visite, ainsi qu'à sa famille qui s'étoit réunie pour nous recevoir.

Celui-ci, plus riche et plus glorieux que Mac-Nab, avoit fait faire une grande parure à sa femme pendant que nous étions dans la première maison. Cette toilette, un peu précipitée, mais néanmoins faite avec prétention, lui donnoit une tournure embarrassée, très-plaisante ; elle s'approcha de nous pour nous apprendre que le feu étoit allumé, que la table étoit servie, et que le plus parfait wisky étoit versé. Nous nous excusâmes de notre mieux, sur le tems qui nous pressoit, en lui faisant voir de loin nos voitures qui étoient attelées ; nous la remerciâmes donc, ainsi que son mari et d'autres personnes de sa société, de leurs offres obligeantes, et nous partîmes.

Mais à peine eûmes-nous fait cent pas que notre ami, Patrick Fraser, me dit : « Vous avez douloureusement affecté cette « famille, qui est dans une certaine ai- « sance et considérée dans le pays, en « refusant d'entrer chez elle, tandis que « vous êtes allé chez Mac-Nab. Cette sorte « d'exclusion est regardée comme humi- « liante parmi les montagnards. » Cette observation nous fit rétrograder pour réparer ce tort involontaire ; mais cette femme, en nous voyant revenir, ferma sa porte avec une sorte d'humeur : ce qui nous empêcha d'aller plus avant. Nous fûmes très-fâchés d'apprendre que nous avions fait de la peine à des hommes si hospitaliers et si honnêtes.

CHAPITRE XII.

Départ de Dalmally. Lac Awe. Roches schisteuses micacées. Porphyres. Bun-Awe. Monument des Druides ou Carn. Croix chrétienne en pierres, très-ancienne. La nuit nous surprend en route. Un orage violent nous inonde. Nous perdons la route à minuit. Une de nos voitures verse dans le lit d'une petite rivière. Aventure plaisante avec un vieux meûnier. Nous n'arrivons à Oban qu'à une heure et demie du matin.

La distance de Dalmally à Oban est de vingt-quatre milles ; la route est si mauvaise qu'elle est à peine praticable pour les voitures. Cependant, comme la journée paroissoit belle, nous crûmes de pouvoir aller coucher à Oban, quoiqu'il fut près de dix heures lorsque nous partîmes.

Nous côtoyâmes dans toute sa longueur le lac *Ave*, qui est de forme oblongue, et a une étendue de plus de dix milles. L'on commençoit à ouvrir à grands frais une route à mi-côté de la chaîne de montagnes qui borde ce lac. L'on voyage ici entre deux dangers, celui d'être précipité de plus de quatre cents pieds de hauteur dans le lac, si une voiture avoit le malheur de verser dans cette route étroite, ou celui d'être écrasé par des blocs énormes de pierre, qui se détachent des pentes supérieures et escarpées, où ces blocs isolés sont peu adhérens. Cette route est aussi périlleuse qu'effrayante ; ainsi il est prudent de mettre pied à terre dans les endroits les plus dangereux. La perspective et la vue sont d'ailleurs délicieuses. Ce beau lac de forme oblongue est semé de petites îles boisées. Une d'elles est remarquable par les vastes ruines gothiques du château de *Kilchurn;* la seconde par une forteresse en partie détruite, et une troisième par une ancienne chapelle d'un style pittoresque. De hautes montagnes circonscrivent ce paysage, et lui donnent un aspect solitaire, adouci par les belles eaux du lac, par des bois taillis qui bordent ses pentes, et par ces restes de fabriques qui rappellent à l'ame d'anciens souvenirs.

La route a des ressemblances, dans quelques parties, avec celle qui mène de Monaco à Gênes, et qu'on appelle *la Corniche*; le chemin est taillé de même dans le roc. Les premières montagnes, qui sont les plus escarpées, sont composées de pierre ollaire grise, divisée en bancs fort épais; ces pierres magnésiennes varient par la finesse du grain, par la couleur, ainsi que par la contexture : il y en a de semblables à celles dont on fait des ustensiles de cuisine en Italie, avec le même grain et la même couleur ; d'autres plus douces au toucher, de couleur noirâtre, sont susceptibles d'un beau poli onctueux ; quelques-unes sont d'une contexture fibreuse. Ces couches se trouvent coupées de distance en distance par des filons de quartz blancs.

On parcourt ainsi un espace de douze milles sur ce chemin difficile taillé souvent dans le rocher ou construit parmi des décombres, sans rencontrer une chaumière; l'on voit seulement, dans une pente un peu boisée, quelques cabanes de charbonniers.

La nature des pierres change à mesure qu'on approche du treizième mille; leur couleur est d'un rouge violâtre, ici les montagnes semblent se reculer un peu; mais leur élévation devient bien plus considérable. Ces montagnes sont de porphyre, et la route, qui est plus grande alors, est établie sur des détritus de cette roche.

Lorsqu'on est parvenu auprès d'un petit bras du lac Ave, qui décharge l'excédent de ses eaux par ce canal naturel dans le lac *Etive*, on trouve un pont nommé *Bun-Awe*; le canal sur lequel est le pont porte le nom de *Pool Awe*. Le lac Etive, qui le reçoit, est un lac de mer qui entre jusqu'ici dans les montagnes, et qui est navigable même pour de gros navires.

Les roches porphyriques, qui forment les montagnes voisines, ont éprouvé de telles dégradations, soit en se détachant naturellement par leur propre poids, soit par l'effet des gêlées, ou par d'autres causes destructives, que la base de ces montagnes est encombrée d'amas considérables de porphyres brisés en éclats; ces entassemens se sont si fort accrus par les destructions de cette roche incohérente, qu'ils forment de petites collines au pied de cette chaîne élevée; car ce porphyre à base de trapp et de couleur de lie de vin, a une grande tendance à se diviser en éclats anguleux de formes variées.

Les cristaux de feld-spath qui entrent dans sa formation sont presque tous de figure irrégulière; mais ce qu'il y a de remarquable et digne d'intéresser les naturalistes, c'est qu'on voit dans ce sol formé de tant de détrimens, des fissures dans lesquelles, à l'aide des infiltrations journalières qui les baignent, les molécules de feld-spath se trient et se séparent pour s'y réunir et s'y aglutinner en corps solides qui ont une tendance à la cristallisation, et qui ont quelques rapports avec le feld-spath de *Baveno*, dont ils n'ont cependant pas, à beaucoup près, la régularité, parce que cette espèce de régénération secondaire du feld-spath se fait ici d'une manière trop rapide.

C'est à quelques pas de distance du pont de Bun-Awe et sur l'escarpement qui forme la rive droite du ruisseau qui sert de décharge au lac, qu'on peut observer ces cristallisations de feld-spath, dans les fentes que ce sol mobile a éprouvé.

Un peu plus haut et hors du lit de la petite rivière, on trouve des amas de porphyres brisés, qui ont une plus grande dureté et nulle tendance à la décomposition; les cristaux de feld-spath y sont figurés en parallélepipèdes assez réguliers et de couleur blanche, tandis que le fond du porphyre est rougeâtre, quelquefois gris; l'on en trouve aussi dont le fond est jaunâtre.

Entraînés par l'attrait que ce champ d'observation nous offroit, et occupés à faire une collection des divers échantillons de ces pierres, nous ne calculions pas assez avec le tems; il nous restoit encore douze milles à faire, et l'on nous assura que le chemin n'étoit pas meilleur que celui que nous venions de parcourir.

Nous traversâmes le pont de Bun-Awe, au-delà duquel on trouve deux maisons isolées habitées par des pasteurs, et à un mille plus loin à côté de la route une petite hôtellerie avec quelques maisons bâties tout autour : nous fûmes obligés de nous y arrêter pendant une demi-heure pour faire rafraichir les chevaux. Je me rendis en attendant vers une petite chapelle située sur une éminence voisine, où je vis, dans le cimetière, deux pierres sépulchrales du même genre que celles de Dalmally, avec des sculptures aussi anciennes ; mais celles-ci paroissoient avoir un peu souffert des injures du tems.

Il eût été peut-être plus prudent de nous arrêter dans cette petite hôtellerie, quelque misérable qu'elle fut, parce qu'il n'y avoit plus d'habitation jusqu'à Oban ; mais Patrick Fraser nous assura que nous pouvions aller en avant, qu'il avoit fait une autre fois cette route ; qu'il nous restoit encore deux heures et demie de jour, et que

que la lune qui devoit paroître, nous éclaireroit. Nous suivîmes ses conseils, et nous partîmes.

Après avoir marché environ un demi-quart-d'heure, nous apperçûmes, sur une petite butte en face du chemin, une croix en pierre noire de la nature de l'ardoise ; un Christ en demi-relief y étoit sculpté : le style en étoit médiocre ; mais l'exécution étoit d'un grand fini. La figure et la croix étoient d'une seule pièce, et la pierre avoit environ cinq pieds de hauteur : elle étoit plantée sur une petite éminence.

Nous fûmes fort étonnés de voir un monument religieux de cette espèce si bien conservé dans un pays protestant; un vieux berger qui s'approcha de nous dans le moment où nous considérions cette croix, nous dit qu'il savoit par ses pères qu'elle étoit dans cet endroit depuis plus de quatre cents ans ; et que, quoiqu'il n'y eût point de catholiques romains dans cette paroisse, et qu'on eut détruit toutes les églises à l'époque de la réformation, cette croix avoit été respectée; qu'il en ignoroit la raison, mais que les gens du pays, étant accoutumés à la voir de père en fils, avoient conservé une sorte de respect pour elle, quoiqu'ils n'eussent aucune dévotion à cette image.

On nous indiqua en même tems à cinq cents toises de-là une grande colonne de pierre brute, sur laquelle on dit à Patrick Fraser, que *les Romains avoient fait des sacrifices aux faux dieux* : ce furent-là les expressions d'un habitant du pays, qui avoit l'air d'un maître d'école et qui parloit un peu anglois. Nous ne pûmes résister au désir de voir de près cette colonne, qui n'est pas éloignée de la route. Elle est de granit d'un gris jaunâtre ; sa forme est à peu près triangulaire, mais elle est l'ouvrage de la nature ; car l'on ne sauroit y distinguer la moindre trace de travail. Elle est plantée sur un terrain marécageux, dans une espèce de tourbière. Je la mesurai, et je reconnus qu'elle avoit dix pieds hors de terre et quatre en dedans, ce qui fait quatorze pieds de France de hauteur ; sa largeur moyenne est de deux pieds environ, son épaisseur de deux et un quart.

A quelque distance de ce pillier est une

enceinte ronde de vingt-quatre pieds de circonférence, formée par de gros blocs de granit brut. C'est encore ici un de ces monumens très-anciens connus sous le nom de *carn*; c'est-à-dire, de *cercle druidical* (1).

Nous employâmes une demi heure à l'examiner; l'attrait de la curiosité nous fit oublier que nous avions un long trajet à parcourir, et que le soleil baissoit considérablement. De gros nuages commençoient à obscurcir l'horison, et comme il avoit fait une chaleur étouffante dans la journée, nous craignîmes que le tems ne se tournât

---

(1) Écoutons un instant Pennant au sujet de ces antiques monumens.

« Je parcourus à cheval (dans l'île d'*Arran*, une des Hébrides,) la vallée qui s'ouvre vers le fond de la baie; elle est fertile en orge, en avoine et en pois. J'y examinai deux grandes pierres en forme de colonnes, plantées en terre, mais absolument rustiques; monumens communs à plusieurs peuples; et qu'on trouve fréquemment au nord du pays de Galles, appelés *main hirion* (en langue celtique), c'est-à-dire, pierres élevées; *meini gwir*, ou homme-pilliers, et *lleche*. Ces pierres sont communes en *Cornwal*, et on en a également trouvé dans d'autres parties de l'Angleterre. L'usage d'élever de pareilles pierres remonte à une

à l'orage ; nous engageâmes donc nos cochers à redoubler le pas ; ce qu'ils firent avec plaisir, s'appercevant qu'il tomboit par intervalle des gouttes d'eau.

Nous allâmes ainsi grand train pendant près d'une heure, malgré le mauvais chemin ; mais la nuit survint, les nuages sembloient se presser les uns sur les autres; nous entendions l'orage gronder dans le lointain, et des éclairs vifs et multipliés se succédoient; la lune n'étoit pas encore visible, elle eût resté d'ailleurs dans les ténèbres, à cause des nuages. Nous marchâmes encore avec une sorte de sécurité pendant une

---

« haute antiquité ; il en est fait mention dans les livres de
« Moïse, et elles ont été employées comme pierres funèbres,
« comme monumens de l'amitié, comme servant à désigner
« le lieu d'un culte ou d'une assemblée solemnelle (*voyez*
« *Josué*, 24 *et* 26 ,). Les nations du Nord les consacroient
« à perpétuer le souvenir d'actions célèbres, ou de quelques
« duels mémorables : on en a le témoignage tant en Danemarck qu'en Ecosse, où le nombre de ces pierres est proportionné à celui des grands hommes qui ont succombé
« dans ces combats (*voyez Womii, Monum. Dan.* 62,
« 63,) »

Pennant, a tour in Scotland, and Voyage to the Hebrides, 1772, *in-*4°., *pag.* 203.

demi-heure, lorsqu'un violent coup de tonnerre détermina l'orage à fondre au-dessus de nous; la pluie se manifesta, bientôt elle redoubla; les ténèbres devinrent plus profondes, et quelques minutes après, il ne fut plus possible de reconnoître le chemin.

Patrick Fraser descendit de voiture, et, marchant au-devant des chevaux, cherchoit les traces du chemin, en tâtonnant avec la main; les chevaux effarouchés par le bruit des torrens, par la lumière vive des éclairs et par le tonnerre, ne marchoient qu'avec crainte et s'arrêtoient à chaque pas. Les conducteurs nous engagèrent à mettre pied à terre, malgré la pluie qui tomboit à flots; ils craignoient de nous précipiter; car ils s'apperçurent que nous avions perdu la route.

Notre parti fut bientôt pris, et il étoit tems; car nous étions sur des pentes de rocher très-rapides. Les uns soutenoient les voitures, les autres retenoient les roues, quelques-uns de nous cherchoient des passages. Nous marchions à pas lents avec des peines et des craintes fréquentes, et sans savoir où nous allions.

A dix heures du soir, Patrick Fraser, entendant le bruit de la mer, nous dit : « Nous voilà complettement égarés, il « n'y a plus de doute ; je ne me reconnois « pas. Oban ne devroit cependant pas être « éloigné ; car nous marchons depuis long-« tems, et nous entendons le bruit de la « mer ; il paroît que nous sommes ici « sur un lieu élevé ; tâchons de nous ti-« rer avec prudence de ce mauvais pas. »

A minuit, notre embarras ne fit qu'augmenter ; la mer faisoit un vacarme effrayant au pied de la montagne sur laquelle nous étions : ce qui redoubloit notre attention, et nous forçoit d'arrêter à chaque moment. Telle étoit notre position dans ces lieux déserts, au milieu de l'embarras de nos chevaux et de nos voitures, sur des pentes rapides et glissantes où nous avions les plus grandes peines à nous retenir nous-mêmes, la pluie continuant à tomber avec force.

Sans cesse en activité, Patrick Fraser alloit le premier à la découverte ; il vint nous avertir qu'il falloit détourner à gauche pour éviter de tomber dans la mer; qu'il croyoit entendre un ruisseau à deux cents toises de distance environ ; qu'en tâchant de gagner son lit, nous pourrions trouver quelqu'issue pour sortir de l'escarpement dans lequel nous étions engagés.

Nous prîmes ce parti, et nous arrivâmes en effet, et non sans beaucoup de peine, au bord d'une espèce de torrent ; mais ce bord étoit rapide, le bruit de l'eau annonçoit un escarpement profond. Il falloit cependant franchir ce pas difficile, au milieu des ronces et des pierrailles. La première voiture s'en tira heureusement ; mais la seconde fit la culbute ; elle fut relevée sans accident pour les chevaux, et nous en fûmes quittes pour la peur, et pour quelques avaries dans nos valises : la troisième s'en tira mieux.

Entrés dans le lit du torrent, nous avions beau côtoyer ses bords, ceux de nous qui savoient le mieux se tirer d'affaire avoient de l'eau jusqu'à mi-jambe ; un demi-quart-d'heure après, le bruit d'une cascade peu éloignée arrêta subitement notre marche. Un rayon de lune pénétra à travers les nuages ; sa lumière nous fit voir des arbres touffus, une petite prairie et quelques terres cultivées. « Nous ne « sommes pas éloignés d'une habitation, « dit Patrick Fraser; il faut appeler du « secours, pour qu'on nous sorte de cet « abîme. »

Nous étions alors réunis autour de nos voitures sous de grands pins, mouillés de la tête aux pieds, grelottant de froid, excedés de fatigue, et appelant à grands cris quelques voisins, pour venir à notre aide et nous tirer de ce péril : ce tableau me parut si bisarre que je ne pus m'empêcher de partir d'un grand éclat de rire; personne de nous n'étoit ni blessé ni malade, nous prîmes donc le parti de ne pas nous attrister, et d'égayer, au contraire, la conversation par quelques plaisanteries.

William Thornton, doué d'une imagination vive, et passionné pour la poésie, me dit que ce lieu n'étoit pas sans charme, qu'il étoit propre à inspirer de grandes et sombres idées; que, s'il avoit le bonheur d'être rechauffé par un verre de rhum, il se sentoit en état de faire sur-le-champ une ode. « Nous sommes d'ail-

« leurs, dit-il, dans les lieux signalés par
« les exploits de Fingal ; cette terre a été
« foulée par les pas de l'immortel Ossian :
« ce nom seul appelle les Muses, et ma
« tête s'anime. »

A peine eut-il proféré ces paroles avec le ton de l'enthousiasme, qu'un vieillard à tête nue et à chevelure blanche, vêtu d'une draperie flottante de la même couleur, nous apparoît. « C'est Ossian, s'é-
« crie Thornton ; c'est ce divin poëte qui
« accourt au nom de son illustre père ;
« tombons à ses pieds. » Mais l'ombre, sans proférer une parole, sans jeter un seul regard vers nous, traverse gravement le torrent, et disparoît.

Est-ce une illusion ? est ce un rêve, nous écriâmes-nous ? car nous avions tous vu le même objet à la clarté de la lune; nous l'avions vu distinctement. Nous étions dans l'étonnement, dans l'attente et dans une sorte d'inquiétude, lorsque quelques instans après, nous entendîmes des hommes qui venoient à notre aide. La chûte d'eau n'étoit que l'écluse de deux moulins qu'on avoit lachée; le fantôme blanc, un vieux meûnier, qui, réveillé par nos cris, accouroit en chemise et tête nue à notre secours; mais qui, voyant des voitures, des chevaux, et entendant des hommes qui ne parloient pas sa langue, alla, sans mot dire, faire lever ses voisins. Ces montagnards officieux vinrent avec empressement tirer nos personnes, nos chevaux et nos voitures, de l'espèce d'abîme dans lequel nous étions venus nous précipiter : ils ne pouvoient pas concevoir comment nos voitures avoient pu descendre dans un pareil lieu sans se briser en éclats; il fallut toute l'adresse et la force de ces hommes vigoureux pour les retirer de là, en formant une espèce de chemin à coups de pioche, et en enlevant, pour ainsi dire, les voitures sur leurs épaules.

Ils nous accompagnèrent jusqu'au village d'Oban, qui n'étoit éloigné que de cinq cents toises, et nous menèrent à la porte de la seule hôtellerie du lieu; ils firent lever le maître, qui fut bien étonné de voir arriver chez lui trois voitures et dix personnes, à une heure et demie du matin, dans un état à faire pitié. Nous témoignâmes notre reconnoissance aux bons montagnards, qui nous avoient assisté d'une manière si franche et si hospitalière, et nous fîmes allumer de grands feux pour nous ressuyer; nous prîmes beaucoup de thé, et quelques verres de rhum pour nous rechauffer; et nous nous mîmes au lit à quatre heures du matin, pour y rester jusqu'à dix: le repos et le sommeil firent le reste; et à part quelques légères contusions, ainsi qu'un peu de fatigue, tout fut oublié et reparé en nous levant.

Cette aventure, en apparence romanesque, est telle néanmoins que je la rapporte dans toutes ses circonstances; je n'en aurois pas fait mention, si deux motifs ne m'avoient engagé à la raconter: le premier, afin d'en faire hommage à mes chers compagnons de voyage, qui ont partagé, en dignes naturalistes, les fatigues et les dangers de cette nuit, et ont ri plus d'une fois de cet événement, qui n'eût point de suites fâcheuses; le second, pour être utile à ceux que le goût de l'histoire naturelle engageroit à voyager dans des lieux aussi peu fréquentés, et les prévenir qu'il est absolument nécessaire de partir de très-bonne heure de Dalmally pour se rendre à Oban, et que dans le cas où le mauvais tems ou quelqu'accident viendroient à rallentir leur marche, il est nécessaire et prudent de s'arrêter à mi-chemin et de coucher à la petite auberge, quelque mauvaise qu'elle soit, qu'on trouve un peu au-dessus du pont de Bun-Awe; car depuis ce lieu jusqu'à Oban on ne rencontre pas une habitation.

Nous étions logés chez de très-bonnes gens, les frères Havenson, qui tiennent l'hôtellerie, et qui font en outre le commerce du hareng et d'autres objets; ils ne sont pas sans instruction, et eurent toutes sortes d'attentions pour nous.

Oban est un petit hameau au bord de la mer, composé de six à sept maisons dispersées; la mer y est poissonneuse, et la pêche du hareng, ainsi que celle du saumon, font la principale ressource de ce lieu, où l'on ne recueille qu'un peu d'avoine, et à peine de l'orge pour la distillation du wisky. L'on sèche le saumon à la fumée du feu de tourbe, et on le dépèce ensuite pour le mettre en baril, que les Hollandois viennent acheter; ceux-ci les transportent de là en Espagne et en Italie, pour les approvisionnemens du carême. L'on pêche à Oban des saumons qui pèsent plus de cent cinquante livres. Lorsque ce poisson est bien préparé à la fumée et un peu salé, les habitans de la côte, ainsi que les pêcheurs, le mangent cru comme un régal.

Le port d'Oban est vaste et sûr, et si l'entrée n'étoit pas un peu gênée par quelques petits rochers qu'il seroit facile de faire sauter, il seroit propre à recevoir une grande escadre (1). Malgré cet avan-

___

(1) Voici ce que dit Knox au sujet de ce port. « Oban est « situé dans la partie de l'Argilleshire, appelée *Mid-Lorn*... « Son port est vaste et présente un assez grand volume d'eau « pour recevoir les plus gros vaisseaux; au-delà est l'île de « *Kerera*, qui a trois milles de longueur; entre elle et le « continent se trouve le détroit de Kerera, passage sûr, par « où les chaloupes de pêcheurs et les côtiers se rendent or- « dinairement dans le *Firth de Clyde* et dans les pêcheries « des montagnes du Nord. On a établi une douane à Oban.

tage, toute la marine du lieu* consistoit, lorsque nous y arrivâmes, en quatre petites embarcations qui étoient parties pour la pêche, et en deux mauvais canots appartenans aux frères Havenson.

Le trajet que nous avions à faire pour nous rendre d'Oban à la baie d'*Arros* étoit au moins de trente-trois milles, entre le canal rapide qui sépare l'île de *Mull* de la côte escarpée de *Morven*. Je ne trouvois guère qu'il fut prudent d'entrepren-

---

« Ce lieu, par sa position et une combinaison de circons-
« tances favorables, peut devenir un port du premier rang,
« un entrepôt de commerce, un marché général pour les
« montagnes du Sud et pour les îles qui se trouvent en grand
« nombre dans son voisinage. M. Mardoch Mackensie fut
« employé par le gouvernement pour examiner la côte oc-
« cidentale de la Grande-Bretagne, depuis le Cap *Wrath* jus-
« qu'au canal de *Bristol*, ainsi que la côte d'Irlande ; ce qu'il
« exécuta avec beaucoup de soin et à la satisfaction des ma-
« rins des trois royaumes. Il dit, en parlant d'Oban : Le dé-
« troit de Kerera offre un excellent mouillage à des vaisseaux
« et navires de toute grosseur ; et c'est un endroit fort com-
« mode pour les bâtimens qui cinglent vers le Nord ou vers
« le Midi. Les meilleurs endroits sont dans le golfe d'Oban,
« et vis-à-vis Oban, près de Kereray et entre le gué de Kere-
« ray et d'*Ardnachoik*. » Knox, *Voyage en Ecosse*, tome I, page 295, de la traduction françoise.

dre cette traversée dans de si petits canots, avec des pêcheurs de hareng qui n'entendoient pas un mot d'anglois; et cela sur une mer pleine d'écueils et de courans, sans cesse en proie à la fureur des tempêtes, et dont Pennant, ainsi que Johnson, font un tableau si désavantageux.

Je venois de lire, dans l'ouvrage de ce dernier, l'épisode touchant du naufrage et de la mort du jeune et courageux Donald-Mac-Leane de Col, qui donnoit de si grandes espérances, et qui périt dans la courte traversée de l'île d'*Ulva* à celle d'*Inch-Kennet*. Ce tableau me frappa si fort que, quoique la mer fut assez calme alors, j'éprouvai la plus grande répugnance à m'embarquer sur d'aussi petits et d'aussi mauvais canots, dans lesquels il ne pouvoit entrer que quatre personnes et deux rameurs (1).

J'aurois cependant vaincu cette sorte

---

(1) « Remonter le détroit de Mull, dit Knox, même dans « la saison la plus favorable, est un voyage dangereux pour « une frêle chaloupe, telle qu'Oban paroît en fournir. » Knox, *Voyage en Ecosse*, tome I, page 293.

d'aversion qui tenoit moins au danger réel qu'à la réminiscence du mal-être que j'éprouve en mer, si nos hôtes ne m'eussent appris qu'on attendoit, dans deux jours au plus tard, une barque de pêcheur un peu plus forte que les chaloupes, qui, après avoir pris quelques provisions à Oban, devoit repartir tout de suite pour l'île de *Sky*, ce qui me donneroit la facilité d'en profiter pour me rendre à l'île de Mull.

J'engageai donc mes compagnons, qui craignoient que le tems ne changeât, à partir sur les deux petites embarcations, que les frères Havenson leur procuroient, en les assurant que je ne tarderois pas à les rejoindre, et que je partirois sur la barque de pêcheur qui devoit arriver incessamment. Je leur dis qu'en attendant, je m'occuperois à parcourir les montagnes des environs d'Oban, qui me paroissoient très-intéressantes.

L'on verra dans la suite combien cette espèce de prévoyance, qui n'étoit due qu'à un caprice d'imagination, tourna à mon avantage. Mes amis partirent sur les deux

deux petits canots ; il fut convenu qu'ils m'attendroient à l'île de Mull chez M. Mac-Leane.

Je restai donc seul, avec un domestique, dans ce lieu désert, à l'extrémité de l'Ecosse, parmi des hommes qui parloient une langue particulière, absolument étrangère à l'angloise : je ne pouvois me faire entendre que par des signes ; mais le besoin donne de l'industrie ; d'ailleurs, je ne devois guère rester dans la maison : les montagnes qui m'environnoient de toute part étoient si variées, si remarquables, elles offroient un champ d'observation si riche, que je me proposai de les visiter avec la plus grande attention. Les jouissances de l'instruction et de la nouveauté, ont un charme si vif qu'elles étoient bien faites pour me dédommager de quelques privations momentanées, et deux ou trois jours devoient s'écouler avec une grande rapidité en les employant à des recherches de ce genre.

Muni de mes marteaux, d'encre, de plumes et de papier pour écrire les observations que je serois dans le cas de faire sur les lieux, ayant avec moi quelques instrumens de physique et de minéralogie, je partois dès la pointe du jour, un havre-sac sur le dos, accompagné d'un domestique, mon fidèle compagnon, qui portoit de son côté une bouteille de vin et quelques viandes froides, auxquelles nous ne devions toucher qu'après plusieurs heures de travail.

C'étoit alors que nous prenions notre repas frugal, mais excellent; tantôt sur le sommet d'une roche escarpée, tantôt dans quelque caverne abritée, au bord de la mer, dont les flots, se brisant à nos pieds, nous donnoient le spectacle d'une mer en courroux, sur laquelle nous nous applaudissions de ne pas nous trouver.

Le soir, chargé de pierres et de notes instructives, je rentrois dans ma paisible habitation : j'étalois sur une table toutes mes richesses; je les mettois en ordre, je les admirois même; mais je ne les contemplois pas à la manière de l'avare, car j'en faisois d'avance la distribution à mes correspondans et à mes amis, et j'étois heureux.

Je soupois avec délice, et bientôt le

sommeil, appesantissant mes paupières, me faisoit désirer mon lit : il étoit dur, mais propre ; la fatigue le convertissoit en duvet.

On ne peut guère jouir de tous les bonheurs à la fois dans ce bas monde. Croiroit-on qu'une musique d'un genre nouveau, mais bien terrible pour mon oreille, troubloit dans ce moment un repos qui m'étoit si nécessaire ? A peine étois je couché qu'un maudit joueur de cornemuse venoit à point nommé se placer sous ma fenêtre ; il m'attendoit chaque soir au passage, pour me régaler d'un air ; il s'établissoit ensuite devant la maison, sans qu'il y eût moyen de le faire taire, et il jouoit de ce bruyant instrument jusqu'à onze heures du soir, dans l'intention de m'être agréable, et de me rendre une sorte d'honneur dont je m'efforçois vainement de me déclarer indigne.

Le jour de notre arrivée, cet homme vint se promener d'un pas égal, d'une contenance fière et martiale, devant notre logement, et nous étourdit par des sons, par des roulades perpétuelles, qui n'exprimoient ni air, ni intention. Nous crûmes d'abord que ce personnage étoit une espèce d'insensé, qui gagnoit sa vie à ce métier; mais Patrick Fraser nous assura que non-seulement ce bon montagnard étoit raisonnable, mais qu'il avoit la réputation d'un excellent musicien de l'école *highlandoise*; que sa principale intention, en faisant briller son talent, étoit de nous manifester toute la joie qu'il éprouvoit en voyant des étrangers dans un lieu où il en vient si rarement. Touché de ce motif hospitalier, je lui prodiguai des applaudissemens, et le priai d'accepter quelques shelings, qu'il refusa d'abord, et qu'il sembla ne recevoir que pour ne pas me déplaire. Il ne jouoit jamais que le même air, si l'on peut appeler de ce nom, une sorte de composition inintelligible pour des étrangers, mais qui rappelle aux montagnards et aux Hébridiens des événemens historiques qui ont le plus grand intérêt pour eux. Comme il avoit vu partir mes compagnons, il se persuada que je restois pour l'entendre, et croyant que ses concerts me seroient plus agréables dans le silence de la nuit, il venoit jouer jusqu'à onze heures sous ma fenêtre : rien n'étoit capable de l'en dissuader. Je me levai un soir d'impatience, et ne pouvant me faire entendre, je le pris par la main pour l'entraîner au loin ; il revint au même moment, comme quelqu'un qui dispute de politesse, me donnant à entendre qu'il n'étoit point fatigué, et qu'il joueroit toute la nuit pour me plaire, et il tint parole. Le lendemain, je le forçai de recevoir encore un petit présent, en lui faisant signe que je ne voulois plus l'entendre, et le soir même il me força à son tour de l'endurer jusqu'à minuit, jouant sans discontinuité le même air (1).

---

(1) « Les Hébridiens, dit Johnson, ont long-tems regardé
« la cornemuse comme un plaisir et un adoucissement à leurs
« peines ; mais entre autres changemens introduits par la der-
« nière révolution, on peut commencer à compter l'abandon
« de cet instrument. Quelques-unes des familles principales
« entretiennent encore un joueur de cornemuse, dont l'office
« étoit anciennement héréditaire : Mac-Rimmon l'exerçoit
« chez les Mac-Leod, et Rankin chez les Mac-Leane de Col.
« Les airs de cornemuse sont transmis par tradition. Il y avoit
« à Sky, de tems immémorial, un collège ou société de

L'on trouve à Oban plusieurs sortes et variétés de roches très-curieuses, dans un espace de huit cents toises de longueur environ, sur mille à onze cents toises de largeur : cette grande collection de pierres diverses, déposées ici par la nature à la suite de quelque grande révolution, est digne de fixer toute l'attention de ceux qui aiment à s'occuper de ce qui tient à la théorie de la terre.

Une mer furibonde qui bat et déchire avec une sorte d'acharnement les rocs escarpés qui lui servent de barrière, a mis à découvert toute la charpente de ces collines, qui paroissent avoir été entassées les unes au-dessus des autres par l'effet de

---

« joueurs de cornemuse, sous la direction d'un Mac-Rim-
« mon, qui n'a pas encore tout à fait cessé : il y en avoit
« un autre dans Mull, dirigé par Rankin, qui a expiré il y
« a environ seize ans ; c'étoit dans ces collèges qu'on alloit ap-
« prendre à en jouer. On nous a donné à dîner le divertisse-
« ment de la cornemuse à Armidate, à Dunvegan et dans
« l'île de Col. »

Voyage de Johnson, traduction françoise, insérée dans le *Recueil des voyages au nord de l'Europe*, tome II, page 208, *in-*8°.

quelques terribles commotions, et de l'action de deux élémens sans cesse en opposition, le feu et l'eau.

La base de ces montagnes est si décharnée que leurs flancs sont, pour ainsi dire, à découvert; ce qui permet à l'observateur d'étudier leur structure : il est étonné, en portant ses premiers regards sur les matières qui les composent, d'y trouver tant de variété, mais en même tems tant de confusion; il seroit même bientôt dérouté, quelqu'habile qu'il fût, si les vestiges des feux souterrains, qu'on ne tarde pas à reconnoître, ne le mettoient sur la voie d'expliquer tant de mélanges disparates, si contraires à la marche ordinaire de la nature.

Je me suis attaché à voir et à revoir, avec une sorte d'obstination, tant de matières différentes, et loin d'être rebuté par ce chaos, je trouvois une sorte d'intérêt à le débrouiller; j'étois animé d'ailleurs par le désir d'être utile à ceux qui viendroient visiter les mêmes lieux après moi, en fixant leur attention sur les objets les plus remarquables, et en leur offrant une ébauche un peu avancée d'un travail qui pût les mettre à portée de mieux faire que moi, sans avoir les mêmes peines.

CHAPITRE XIII.

Histoire naturelle des environs d'Oban.

J'ai cru devoir adopter les divisions suivantes, afin de mettre plus d'ordre dans ce que j'ai à dire.

Matières calcaires.

QUOIQUE les montagnes des environs d'Oban soient composées, en général, les unes de schistes argilleux, de pierres ollaires ou stéatites, d'autres de trapps, de roches porphyriques, de laves compactes et poreuses, et quelquefois du mélange de toutes ces matières réunies et aglutinnées ensemble : on y trouve aussi des pierres calcaires.

C'est sur le bord de la mer, à une très-petite distance de l'hôtellerie et du côté droit, qu'on peut observer cette pierre de couleur noire ; elle est disposée en couches fissiles, comme l'ardoise, mais en même tems dure, sonore, et nullement translucide dans sa cassure ; elle a le grain fin, et se détache par feuillets d'un pouce à un pouce et demi d'épaisseur. Les couches, dont la réunion forme des espèces de bancs épais, inclinent vers la mer sous un angle de trente-cinq degrés ; elles sont coupées en divers sens, quelquefois transversalement par des veines de plusieurs pouces d'épaisseur et de profondeur, d'une pierre très-blanche, dure, dont le grain est si fin et si serré qu'on est tenté, au premier aspect, de prendre cette matière pour du quartz gras.

Toutes ces couches de pierres noires fissiles sont calcaires et ne contiennent qu'une vingt-huitième partie de terre argilleuse, mêlée d'une très-petite portion de terre magnésienne. Les veines blanches sont de spath calcaire pur.

Un four à chaux établi sur cette place,

sert à brûler cette pierre, qui produit une chaux d'assez bonne qualité, mais qu'on fortifie néanmoins, afin de la rendre plus active, en la mêlant avec partie égale d'une pierre un peu plus pure, qu'on tire de l'île de *Lismore*, et qu'on apporte dans des bâteaux au pied du four : elle est calcinée en même tems que l'autre, le mélange se faisant dans le four.

Il est bon d'être prévenu à ce sujet, car la pierre de Lismore, ayant à peu près la même couleur et la même disposition fissile que celle d'Oban, et se trouvant placée l'une à côté de l'autre au pied du four, l'on pourroit être induit en erreur, en les regardant comme tirées du même lieu. Je n'ai pu découvrir ni dans l'une, ni dans l'autre aucun vestige de corps marins.

Schistes argilleux.

En suivant toujours le bord de la mer, prenez la route à gauche, passez au pied d'une maison isolée, appartenante à M. Campbel, gagnez de-là un grand escarpement en plan incliné, entièrement découvert, et où la roche est à nu dans un espace de plusieurs milles. La mer bat contre cette rive avec une telle impétuosité qu'elle a rongé, déchiré et sillonné de toute part cette espèce de jetée naturelle, quoiqu'elle soit entièrement formée d'une roche dure.

Il faut profiter nécessairement de l'heure où la marée baisse pour faire cette incursion, car les couches plongent d'une manière si rapide vers la mer, le ressac est si fort et les vagues s'élèvent à une si grande hauteur, pour peu que le vent règne, qu'on s'exposeroit à un danger évident si l'on ne choisissoit pas un tems favorable.

Ici c'est à peu près le même ordre de choses, la même disposition dans les couches fissiles, la même couleur de pierre, les mêmes veines blanches que dans la carrière calcaire que j'ai décrite; mais c'est absolument l'inverse, quant aux élémens constitutifs ; car la pierre de ce vaste plateau ne fait qu'une légère et courte effervescence avec l'acide du nitre, la terre calcaire entre à peine pour une vingt-huitième partie dans sa composition, le reste est un mélange de terre quartzeuse, de terre argilleuse et d'une très-petite portion de terre magnésienne. Quant aux veines blanches, au lieu d'être de spath calcaire, elles sont de quartz blanc, demi-transparent, donnant de vives étincelles avec l'acier, et ne faisant pas la plus légère effervescence avec les acides.

Mais une chose digne de remarque, c'est que, quoique le systême des couches et des veines blanches soit ici le même que dans la carrière du four à chaux, on y voit en outre d'autres filons d'une pierre semblable à celle des couches, interrompre leur direction et les croiser en divers sens.

Ces filons, dont quelques-uns ont plus d'un pied d'épaisseur, sont divisés eux-mêmes en espèces de réseaux, ou plutôt en retraits, qui offrent des faces triangulaires, quadrangulaires et rhomboïdales. Les lignes intermédiaires qui forment ces divisions sont remplies de filets de quartz blanc, qui se dessinent d'une manière tranchante sur le fond noir de la pierre.

Il est à présumer que cette interruption,

en sens contraire des lits, doit son origine première à des affaissemens, qui auront produit des ruptures, et que ces fissures se seront comblées secondairement par de la matière pierreuse, qui, dans son état de mollesse, aura éprouvé elle-même les retraits, qui ont donné naissance à ces mosaïques naturelles, à ces espèces de *ludus*, qui affectent une sorte de régularité.

On peut détacher des portions de ces filons, dignes d'être placées dans les cabinets; car ces morceaux remarquables sont formés quelquefois en prismes quadrilaterres de sept à huit pouces de longueur sur trois pouces de largeur : ces prismes sont eux-mêmes formés d'une multitude de petits rhombes, qui paroissent comme soudés les uns aux autres par des linéamens de quartz blanc.

Si l'on remonte cet escarpement jusqu'à une certaine hauteur de la montagne contre laquelle il est appuyé, on retrouve les mêmes matières; mais les couches fissiles se redressent et reprennent la ligne horisontale, la couleur de la pierre est moins noire, la pâte est plus tendre et l'argile y domine davantage.

L'aspect des lieux semble annoncer que l'escarpement dont je viens de parler, quelque considérable qu'il soit par son étendue, a appartenu à la montagne voisine, dont il aura été détaché par l'effet de quelque grande commotion, ou, ce qui est plus vraisemblable encore, par l'action des eaux, qui, après avoir attaqué et miné les bases, auront donné lieu à ce vaste éboulement, qui s'est fait par grandes masses.

Si l'on s'élève ensuite à la hauteur d'environ quarante toises, sur la partie de la montagne qui est restée intacte, et où la disposition horisontale des couches annonce qu'il n'y a point eu de déplacement, on trouve des laves compactes, de véritables produits volcaniques qui couronnent le tout et forment un nouvel ordre de choses, sur lequel je reviendrai bientôt ; mais je dois auparavant faire mention des roches de trapps et de porphyres, qui se trouvent comme implantées au milieu de cette étonnante réunion de matières variées si disparates en apparence.

Des trapps et des porphyres.

UNE carrière ouverte à deux cent soixante pieds au-dessus du niveau de la mer, sur la croupe de la montagne, en face du port, non loin des ruines d'une ancienne muraille, est le lieu qu'il faut aller observer, en montant par un sentier rapide qui passe auprès d'un groupe de quatre à cinq petites maisons de pêcheurs.

Cette carrière présente un escarpement à nu de plus de quarante pieds de hauteur; les premières couches apparentes, c'est-à-dire, celles qui servent d'appui aux autres, sont formées par des lits presqu'horisontaux, d'une pierre verdâtre, dure en général, un peu sonore lorsqu'elle est frappée avec un corps dur, plutôt sèche que douce au toucher, quoique d'un grain très-fin; son apparence extérieure est celle d'une stéalite dure.

Mais lorsqu'on l'examine de plus près, l'on

l'on voit que c'est une pierre de la nature des trapps, qu'elle se fond au chalumeau en un verre noir, et qu'elle est composée d'un mélange de schorl en molecules impalpables (cette dernière matière est la plus abondante), d'un peu de terre quartzeuse, d'un peu d'argile et de terre calcaire. Sa couleur verdâtre est due au fer. Les couches varient pour l'épaisseur; les moindres ont un pied six pouces, les plus considérables sept à huit pieds.

Quelques-unes des couches dont la pâte à un peu moins d'adhésion, ont éprouvé un certain degré d'altération, qui rend leur grain friable.

A ces bancs en succèdent d'autres un peu moins verdâtres, et tirant sur le gris foncé, dans la matière desquels on remarque une multitude de petits cristaux de feld-spath blanc, opaque, dur, et configurés en parallèlepipèdes.

A mesure que la roche de trapp passe ainsi à l'état de porphyre, par l'addition du feld-spath, l'horisontalité des bancs s'efface, ou plutôt la matière n'affecte plus la forme de couche; elle se présente, au contraire, en grande masse divisée par des retraits qui partent du bas en haut. Ces fissures, qui ont quelquefois plus d'un pouce d'ouverture et sont irrégulières, donnent naissance à d'énormes blocs de forme longitudinale, qui ont quelquefois si peu d'adhérence entre eux, que, perdant leur équilibre, on en voit qui se précipitent avec fracas au pied de la carrière, où ils se divisent en mille éclats ; c'est-là qu'on trouve un beau choix d'échantillons, et un objet intéressant d'étude pour le naturaliste.

Mais une chose digne d'attention, c'est que les crystaux de feld-spath ne sont pas disséminés dans toutes les parties de la roche ; il y a des places où il n'en existe pas un seul, tandis que d'autres en sont couvertes. Ces accidens porphyriques, si je puis me servir de cette expression, n'affectent aucune forme régulière, ils semblent avoir été jetés au hasard, et se montrent en grandes taches irrégulières, dont quelques-unes ont jusqu'à six pieds de superficie, d'autres sont moindres.

Au surplus, on ne sauroit considérer

ces taches, où le porphyre est si bien caractérisé, comme produites par des blocs de cette pierre qui ont été enveloppés accidentellement dans la pâte du trapp; car l'identité de la base de l'une et de l'autre, et l'aspect local, ne sauroient permettre le plus léger doute à ce sujet. Il est bien plus naturel de croire qu'à l'époque où les matières qui ont formé cette roche étoient tenues en dissolution et suspendues dans le fluide acqueux, le triage des molécules du feld-spath s'est fait par les loix des affinités, dans les places où les principes constituans de cette pierre se sont trouvés et se sont crystallisés à la manière des sels.

On remarque, outre ces porphyres qui existent en place, une très-grande variété d'autres porphyres en galets ou en pierres roulées et arrondies, que la mer rejette en immense quantité sur ses bords, de manière à faire croire que des montagnes entières de cette matière ont été détruites et divisées en éclats, par l'effet de quelque terrible révolution. L'on va voir par les détails suivans si ce que j'avance est vraisemblable ou non.

Laves et autres produits volcaniques.

Les laves compactes de la nature du basalte sont abondantes dans les environs d'Oban, et elles méritent, par leur position, ainsi que par les matières qu'elles ont recouvertes, de fixer l'attention des personnes à qui ces recherches sont agréables en même tems que familières.

Ces courans embrasés, vomis par les feux souterrains, ont coulé à des époques très-anciennes sur les plateaux, dans les enfoncemens, et jusque dans les déchirures des montagnes diverses qui environnent cette côte escarpée ; il est possible par-là de recueillir quelques éclaircissemens sur l'état de ces montagnes avant les éruptions de ces antiques bouches à feu.

Les laves compactes sont celles qui dominent presque exclusivement dans cette partie. Le basalte s'y trouve, en général, dans un grand degré d'homogénéité ; car, à l'exception de quelques points de schorl noir qu'on n'y rencontre même que rarement, l'on n'y voit aucun autre corps étranger : ce basalte est dur, sonore et d'une belle couleur noire.

La lave compacte forme des courans dans quelques parties, tandis que dans d'autres elle s'est élevée en pics, en grandes et vastes pyramides, qui paroissent avoir été enfantées au milieu des ébranlemens et des convulsions les plus terribles, lorsque les feux souterrains embrasoient et liquéfioient les matières soumises à leur inconcevable voracité.

Quelques-uns de ces pics volcaniques ont des divisions prismatiques plus ou moins régulières, et offrent des colonnades gigantesques, sur-tout dans la partie qui fait face à l'île de *Kerera*; d'autres fois les prismes sont d'un moindre volume et plus parfaitement configurés.

L'ancien château à demi-ruiné qu'on voit au bord de la mer, à un mille environ d'Oban sur la route de *Dunstaffage*, a été bâti sur une butte volcanique dont toute la face méridionale n'est qu'un assemblage de boules basaltiques, d'un petit volume, mais très-rondes, en général, se détachant par feuillets, adaptés les uns sur les autres jusqu'au centre, sans qu'on puisse jamais rencontrer aucun corps qui leur ait servi de noyau. On voit sur la même face du pic, du côté droit en le considérant en face, une multitude de petits prismes très-réguliers, à cinq et à six pans, dont la lave est altérée; ceux-ci, en perdant leurs angles par une sorte de décomposition naturelle, donnent naissance à des boules qui semblent sortir des prismes mêmes. J'avois déja fait une observation semblable sur des prismes d'un plus gros calibre dans les environs de Glasgow.

L'on trouve encore près d'Oban une lave porphyrique, qui, malgré l'état de fluidité qu'elle a éprouvée, a néanmoins conservé ses cristaux de feld-spath, dont la couleur blanche, ainsi que le grain, n'ont éprouvé qu'un léger degré d'altération. Cette lave, attirable à l'aimant, se rapporte à l'espèce XX, page 77 de l'ouvrage que j'ai publié sous le titre de *Mi-*

néralogie des volcans, dans lequel j'ai décrit des laves semblables qui se trouvent aux îles de Lipari.

Mais rien n'est aussi curieux que les effets d'un courant de lave sur les schistes argilleux, que je n'ai désigné que rapidement en disant que j'y reviendrois, lorsque j'ai fait mention, à l'article de ces *schistes argilleux*, d'un grand escarpement adossé contre une montagne dont les lits sont horisontaux à une certaine hauteur, tandis que vers le bas ils inclinent rapidement, et vont comme en plongeant vers la mer.

Il faut se transporter sur le haut de cette montagne, adossée elle-même contre une autre beaucoup plus élevée encore, pour observer un courant de lave basaltique, qui, étant descendu de cette dernière, est venu recouvrir le plateau supérieur et horisontal de la première, et a coulé ensuite de cascade en cascade, sur la declivité de la montagne du côté de la mer.

L'aspect des lieux annonce évidemment qu'à l'époque où cet antique volcan vomissoit cette lave, déja de grands déchirèmens et même des enfoncemens avoient eu lieu, puisque la lave s'y est moulée dessus, et a suivi toutes les formes accidentelles qu'on remarque sur cette montagne depuis son sommet jusqu'à sa base.

Ce volcan étoit soumarin; il seroit facile d'en donner plusieurs preuves; mais pour abréger, je ne m'attacherai qu'à celle qui pourra être facilement saisie par le plus grand nombre de lecteurs, même par ceux qui seroient le moins exercés dans l'histoire naturelle des volcans : la voici.

En faisant mention dans ce chapitre des schistes argileux de la nature de l'ardoise, je me suis arrêté à leur point de contact avec la lave basaltique; j'ai dit que la couleur du schiste s'affoiblissoit à la hauteur de cinquante toises environ au-dessus du niveau de la mer, qu'elle étoit plutôt grise que noire, que la terre argilleuse y dominoit, et que les lits qui étoient fort inclinés vers le bas, étoient horisontaux vers le haut, particulièrement dans quelques parties.

C'est-là où l'on trouve facilement des places très-apparentes, où les couches de schistes sont peu épaisses, et divisées en outre en une multitude de plans, dont la plupart sont en rhomboïdes, d'autres triangulaires ou à quatre faces; or, comme ces solides, dont l'ensemble forme des couches, se délitent et se séparent facilement: il est facile de faire un choix de ces corps dont quelques uns ont une grande régularité, quoique leurs formes ne soient que le produit d'un simple retrait et non d'une cristallisation.

Ces schistes, ainsi configurés, ne sont certainement point un produit volcanique, quoiqu'ils soient recouverts par une lave; mais ce qu'il y a de bien singulier, c'est que leurs parties constituantes, et même leur couleur, n'ont pas souffert la plus légère altération par la masse embrasée et en fusion qui les a recouvert, et s'est adaptée directement sur eux. Je vais en donner la preuve. Ces schistes sont d'une telle nature que si l'on soumet un de ces rhomboïdes, placé immédiatement au-dessous de la lave, à l'action d'un feu ordinaire un peu soutenu, on le voit bientôt prendre une couleur de brique d'un rouge foncé : or, la lave bouillante auroit produit sans doute le même effet, si elle s'étoit juxtaposée immédiatement sur ces schistes dans les circonstances ordinaires.

Il faut donc en conclure qu'un corps intermédiaire, l'eau, a ralenti l'action du feu. La conséquence la plus naturelle est donc que ce volcan étoit soumarin, puisqu'il n'a altéré en aucune manière une matière aussi sensible à l'action du feu que ce schiste délicat, si susceptible de passer à la couleur rouge par le calorique qui oxide les molécules ferrugineuses immiscées dans sa pâte.

Après avoir fait quelques expériences sur l'action du feu ordinaire sur ces schistes, je méditois sur ce fait intéressant, en écrivant ces observations, sur une table de cette lave qui reposoit sur ces mêmes schistes, dans l'endroit que je viens de décrire, lorsque je m'apperçus qu'en passant la main sous cette table, j'avois la facilité de retirer autant de ces petits rhombes de schiste que je voulois, par la raison bien simple que la lave occupant moins de volume en se refroidissant a laissé un vide de quelques pouces de hauteur sous cette table, qui n'a guère plus de trois pieds de largeur, et se trouve adhérente d'un côté à une masse plus considérable de lave.

J'examinois ces petits prismes de pierre schisteuse, dont quelques-uns ont jusqu'à trois pouces de hauteur, lorsque la pensée me vint d'en présenter quelques-uns au barreau aimanté; je vis avec étonnement qu'ils étoient fortement attirables dans la partie voisine de la lave, tandis qu'ils ne l'étoient nullement dans l'extrémité opposée.

Il étoit naturel, d'après cela, de chercher à reconnoître jusqu'à quel point cette vertu attractive avoit lieu; ce qui pouvoit se faire avec d'autant plus de facilité que ces petits prismes se délitent par coupes transversales, à l'aide d'un coup de marteau donné avec un peu d'adresse, de manière à les diviser en tranches d'un demi-pouce, et même de trois à quatre lignes d'épaisseur; je parvins très-bien par-là à reconnoître, en me servant d'un barreau très-sensible, que la partie de ce schiste la plus voisine de la lave ne conservoit plus d'action sur l'aimant au-delà de quatorze lignes d'épaisseur.

Je fis usage ensuite de fortes loupes, pour examiner si les parties attirables n'auroient pas reçues par infiltration quelques molécules ferrugineuses, détachées de la lave, qui est fort attirable elle-même; mais je ne découvris rien qui put servir à confirmer cette conjecture. La pâte de ces schistes me parut absolument homogène et la même par-tout; c'est-à-dire, fine, assez douce au toucher, et sans le plus léger atôme de fer apparent.

Mais, si l'on considère que les schorls noirs qu'on trouve dans les quartz et les granits, et qui ne sont point attirables dans leur état primitif, le deviennent par l'action du feu, ainsi qu'il est facile de s'en convaincre en les chauffant au feu ordinaire de nos fourneaux, et comme on peut le voir plus en grand dans cette immensité de cristaux de schorl qu'on trouve sur l'Etna, il faut en conclure que la pâte des schistes dont il est ici question pourroit bien être en partie composée d'un schorl pulvérulent, dont les caractères apparens sont effacés à nos yeux par la tenuité des molécules; et que par-tout où la chaleur de la lave a pu les frapper, par-tout leur vertu attractive s'est développée.

L'on pourroit donc considérer ces petits prismes de pierres schisteuses comme d'excellens pyromètres, propres à déterminer, à l'aide d'expériences comparatives, quelle a dû être la chaleur de cette lave, dont l'action a été certainement affoiblie par celle de l'eau; car s'il en étoit autrement, et que le volcan n'eût pas été soumarin, la lave embrasée auroit, je le répète, exercé une action d'un autre genre sur ces schistes; et, au lieu de les rendre simplement attirables, ce qui n'exige pas une incandescence violente, elle les auroit changés en rouge de brique; ce qui a lieu lorsqu'on expose ces schistes à un feu un peu actif, ainsi que je l'ai dit plus haut. J'ai fait dans mon laboratoire des expériences confirmatives de ce que j'avance sur des schistes de cette nature : je les réserve pour un ouvrage qui pourra comporter ces détails trop minutieux, et qui ne doivent pas trouver leur place ici.

Les seules variétés de laves que j'ai été à portée d'observer dans les environs d'Oban peuvent être rangées sous les numéros suivans.

N°. 1. Lave compacte basaltique, pure, noire, dure, sans corps étrangers, donnant un verre noir au chalumeau, disposée en grands courans.

N°. 2. *Idem* en prismes dont plusieurs forment des chaussées d'une grande élévation, sur le bord du canal en face de l'île de Kerera.

N°. 3. *Idem* en petites boules qui s'exfolient en raison de l'altération de la lave.

N°. 4. *Idem* avec quelques points de schorl noir : ces morceaux ne sont pas communs.

N°. 5. *Idem* avec quelques globules de spath calcaire blanc, peu abondans en général.

N°. 6. Lave porphyrique, formant des courans, divisée quelquefois en prismes plus ou moins réguliers.

N°. 7. Laves poreuses grises, rougeâtres ou quelquefois noires, plus ou moins dures, souvent si friables et si altérées qu'elles tombent en poussière terreuse. Celles-ci ne se trouvent, ainsi que les laves qui ont des globules de spath calcaire, que dans des masses d'un poudingue particulier que je vais faire connoître dans un instant.

L'on voit par ce tableau que les laves restées en place ne présentent qu'un petit nombre d'espèces, quoiqu'elles existent en courans et en masses énormes ; et cela doit être puisque les cratères et les laves scorifiées qui les environnent ont disparu, de manière à ne plus reconnoître les places qu'occupoient ces terribles bouches à feu. Il paroît donc qu'à la suite des éruptions de ces antiques volcans, il est survenu des catastrophes d'un autre genre, qui auront abimé ces épouvantables soupiraux, et dispersé au loin les scories, les ponces, les cendres et autres matières que ces volcans avoient projetées.

Ce qui me reste à dire sur un dernier objet de lithologie des environs d'Oban pourra servir de complément à ce que je viens d'avancer.

Poudingues remarquables formant des murs naturels d'une grande épaisseur et d'une élévation considérable.

J'AI cru devoir établir, dans la *Minéralogie des volcans*, page 334, une distinction entre les brèches et les poudingues qui m'a paru nécessaire.

Toutes les fois que des fragmens d'une pierre quelconque, ayant conservé leurs angles, se trouvent réunis et aglutinés par un ciment naturel, je donne à cette agrégation le nom de *brèche*.

Mais si ces fragmens pierreux ont, au contraire, leurs angles abattus et usés, s'ils sont de forme ovale ou ronde, de quelle nature d'ailleurs que soient les pierres ou le gluten qui les lie, je leur applique la dénomination de *poudingue*.

Cette distinction m'a paru nécessaire, je le répète, parce qu'elle fixe les idées sur deux modes différens d'être, et présente

sente des caractères instructifs; en effet, des éclats, des fragmens de pierre qui ont conservé leur vive arrête, n'annoncent pas que ces pierres, après avoir été arrachées de leur place primitive, ont été le jouet des flots et long-tems livrées à l'impétuosité des courans qui les ont transportées au loin; car, si la chose étoit ainsi, leurs angles seroient usés. Leur état annonce donc qu'elles ne se sont guère éloignées de leur source primitive; tandis que les pierres dont les angles ont disparu, et qui ont pris des formes absolument analogues à celles qu'occasionnent les frottemens continuels de plusieurs corps durs contre d'autres corps durs, en roulant en tous sens les uns contre les autres, supposent nécessairement une action violente et de longue durée, qui a dû porter au loin ces mêmes corps, ou du moins les tenir, pendant long-tems, dans une agitation convulsive.

L'on voit avec étonnement, dans les environs d'Oban, de vastes murs de poudingue, dont quelques-uns ont plus de deux cents pieds de hauteur, sur une épaisseur de plus de soixante. Ces murs se prolongent sur toute la côte, depuis la partie droite du port, lorsqu'on regarde la mer en face, jusqu'à la distance de plus de trois milles.

Cette espèce de rempart naturel forme, dans quelques parties, une digue qui résiste depuis bien des siècles à la fureur impétueuse des flots, sur les bords d'une mer presque sans cesse en courroux; tantôt il est plus ou moins élevé dans certaines parties, tandis que dans d'autres il est absolument isolé de tous les côtés, et imite au parfait les murs d'un immense colisée qu'on peut parcourir dans tous les sens et examiner sur toutes les faces.

Le plus souvent ce mur extraordinaire se trouve adossé contre la chaîne de montagnes taillées à pic, dont la côte est bordée, et il y est adhérent et comme incrusté; enfin, ce poudingue remarquable, lié par un ciment naturel de la plus grande dureté, est quelquefois configuré en pics isolés, qui s'élèvent en pyramides et en manière d'aiguilles, et offrent l'idée de grands monumens érigés de la main des hommes. J'avoue que depuis le tems que je fais ma principale occupation et mes délices de l'histoire naturelle, je n'ai jamais, dans mes nombreux voyages, rencontré un objet en ce genre qui m'ait autant étonné. Le rocher pyramidal de S.-Michel, situé au milieu de la ville du Puy, dans le Vélai, est bien extraordinaire sans doute par sa forme conique et par son élévation, mais il est entièrement composé de lave, et doit son origine à un courant de matière fondue qui s'est fait jour à travers les terres, et s'est redressé sur lui-même, en se figeant par l'action de l'air froid ; mais ici ces pics formés par des matières de rapports cimentées les unes aux autres, comment se sont-ils élevés ? La question est difficile à résoudre. Voyons si les pierres diverses qui forment ces masses pourront nous mettre sur la voie de proposer au moins quelques conjectures vraisemblables.

Des pierres diverses qui entrent dans la composition des poudingues des environs d'Oban.

1. Quartzs blancs, quelquefois rougeâ-

tres, d'une grande dureté, étincelans avec l'acier, usés et arrondis sur leurs faces, plutôt circulaires qu'ovales, depuis la grosseur d'un œuf de poule jusqu'à celle d'un petit boulet de canon.

2. Fragmens ovales et arrondis de trapp verdâtre, de trapp gris, analogues à la roche porphyrique que j'ai décrite ; la pâte de ces trapps roulés paroît avoir été un peu altérée.

3. Schiste argilleux, noir, dur et un peu calcaire, de la même nature à peu près que celui qui existe sur l'escarpement dont j'ai parlé.

4. Pierre noire, calcaire, un peu argilleuse, semblable à celle qui sert à faire de la chaux à Oban.

Je dois observer ici que cette pierre, ainsi que la précédente, se trouvant beaucoup moins dure que les autres, et étant disposée par couches peu épaisses, les fragmens roullés qu'on trouve dans le poudingue ne sont guère plus gros qu'une petite noix.

5. Porphyre à fond verdâtre, à fond gris et à fond jaunâtre ; ces derniers sont

les plus abondans : les uns et les autres sont d'une grande dureté, et leurs cristaux de feld-spath en parallelepipèdes sont opaques et d'un blanc laiteux. Ces porphyres sont tous ronds ou ovales, de la grosseur du poing en général, quelquefois même d'un plus gros volume ; plusieurs de ces porphyres font mouvoir le barreau aimanté, tandis que d'autres n'ont absolument aucune action sur lui.

6. Lave compacte, noire, basaltique, produisant au chalumeau un émail noir, attirable à l'aimant. Cette lave, qui fait mouvoir elle-même le barreau aimanté, est très-saine en général, quelquefois néanmoins un peu altérée ; les échantillons sont tous ronds ou ovales.

7. Lave porphyrique de même forme ; plusieurs morceaux n'ont pas souffert dans leur pâte, d'autres sont altérés et comme rouillés, mais tous sont attirables.

8. Lave poreuse, pesante, noire, quelquefois rougeâtre, dont les cellules sont remplies de spath calcaire blanc. Cette lave est, en général, altérée et un peu terreuse.

9. Laves poreuses grises, noires ou rougeâtres, dont les cellules sont vides. Ces laves sont si altérées qu'elles sont friables sous les doigts et tombent en poussière graveleuse.

Toutes ces différentes pierres sont, je le répète, rondes ou ovales, plus ou moins grosses, en raison de leurs différens degrés de dureté, confondues et mélangées sans ordre, réunies et aglutinnées par un ciment si dur qu'on a les plus grandes peines à les séparer à coups de marteau; on les brise même, pour l'ordinaire, plutôt que de les disjoindre.

Il n'est pas facile de déterminer avec exactitude la nature du gluten qui a consolidé si intimement ces amas immenses de pierres différentes; car les plus petits interstices et les moindres vuides sont si étroitement remplis d'une espèce de sable graveleux formé par une sorte de detritus, provenu de la décomposition de toutes ces matières pétries et amalgamées ensemble, qu'on a bien de la peine à s'y reconnoître.

Cependant, en examinant avec de fortes

loupes les parties les plus atténuées de ce ciment, on voit que les débris pulvérulens des laves y dominent, en général, et qu'une espèce de suc lapidifique très-fin et très-délié a réuni le tout d'une manière intime. J'ai jeté dans l'eau forte quelques parcelles de ce ciment détachées avec la pointe d'un couteau, et j'ai reconnu qu'il étoit formé d'un mélange de quartz et de matière calcaire dans lequel le premier domine.

Plus l'on examine cette immense réunion de corps pierreux de diverses espèces, arrondis par le frottement, plus l'on étudie la forme de ces énormes massifs, leur position dans le voisinage des laves, leur physionomie (qu'on me passe cette expression), plus l'on trouve qu'ils diffèrent des amas ordinaires de galets, que les eaux ont accumulés en si grande abondance dans tant de lieux divers; l'on est porté alors à leur trouver une sorte de ressemblance avec certaines éruptions volcaniques boueuses dans lesquelles l'eau, portée au plus haut degré d'ébulition, est entrée en concours avec le feu et avec les diverses émanations élastiques qu'enfantent les incendies souterrains. Cette cause peut avoir donné lieu à ces pétrifications promptes et tumultueuses, dont les restes des anciens volcans éteints nous offrent, pour ainsi dire, à chaque pas des exemples.

Je ne serois donc pas éloigné d'attribuer l'origine de ces étonnans remparts, de ces grandes pyramides de poudingue, à des éruptions volcaniques de ce genre; car il faut croire que la mer entre dans des fureurs convulsives, lorsque son fond est soulevé par des explosions violentes et par les tremblemens de terre que produit l'eau réduite en vapeurs au milieu de ces terribles embrasemens. Il en résulte nécessairement de grands déplacemens de matières, les galets, les débris pierreux se réunissent, se confondent avec les vases, avec les sables, ainsi qu'avec les déjections volcaniques de toute espèce, qui leur servent de ciment, et il en résulte des masses solides qui peuvent se soutenir ensuite sur elles-mêmes, par l'effet d'un gluten d'autant plus solide qu'il est le produit des deux dissolvans les plus actifs connus, le feu et l'eau.

Il y auroit de grandes conséquences, sans doute, à tirer d'aussi grands faits; les savans exercés dans l'histoire naturelle des volcans seront mieux en état de les saisir et d'en faire l'application que moi; d'ailleurs, ce n'est pas ici le lieu d'entrer dans une pareille discussion, quelqu'importantante qu'elle puisse être; je crains même qu'on ne me reproche déja d'être entré dans des détails qu'on pourra regarder comme trop minutieux; mais les montagnes et la lithologie des environs d'Oban, offrent des objets si intéressans, par leurs variétés et leurs positions, et elles étoient si peu connues, que j'ai cru que les naturalistes me sauroient quelque gré de leur avoir rendu compte de mes recherches.

De la livèche d'Ecosse, ligusticum Scoticum.

IL ne me reste plus, avant de quitter les montagnes d'Ecosse, que de faire mention d'une plante qui jouit d'une grande réputation parmi les naturels du pays, tant à cause des propriétés qu'ils lui attribuent, que pour ses usages économiques, c'est le *ligusticum Scoticum* (1), que j'ai

---

(1) *Ligusticum Scoticum*, Linn. *L. Foliis Bitternatis. L. Sppl.* pag. 359. *L. Foliis duplicato ternatis. L. Hortus Cliffortianus*, 97. *Flora Suæ*, 232, 244. *Iter Wgoth*, 182. *Cum descriptione. Apium maritimum. L. fl. lapp.* 107. *Ligusticum Scoticum apii folio. Tournefort, inst.* 324. *Apium maritimum quibusdam, potius imperatoriæ affinis planta. Sibbaldi Scot. illustr. t. XIII, fig.* 3, *mala. Ligusticum humilius Scoticum à maritimis, seu apium maritimum dulce Scoticum. Pluk. Alm.* 217, *t. XCVI, fig.* 2, *mala. Seseli maritimum Scoticum. Herm. p.* 227, *t. CCXXVII. Rivin. Pent. Ireg, t.* 59 *Apium Scoticum et apium marinum quibusdam.* J. Newton, *Ray Hist.* 447. *Æder Flora Danica. t. CCVII. Gunner Flora Norvegica. p.* 85. *Angelica Scotica, petiolis foliorum tripartitis, ramificationibus pinnatis trifoliatis, foliis rhombeis, incisolobatis, serratis.* Lamarck, *Encyclop. Meth.*, tom. I, p. 173.

trouvé en assez grande abondance dans les environs d'Oban, ainsi qu'à Inverary sur les bords de la mer.

Robert Sibbald, dans son ouvrage qui a pour titre *Scotia illustrata*, publié à Edinburgh en 1684, est, je crois, le premier qui a décrit et fait graver cette plante; mais sa description est médiocre et incomplète et la figure mauvaise.

Pluknet l'a aussi figuré dans son recueil, pl. XCVI; mais elle est gravée sur un dessin inexact qui n'offre pas l'image de la plante.

Ce défaut de bonne figure m'a déterminé à en donner une dans ce voyage, où il est souvent question d'histoire naturelle; je me suis décidé à la publier avec d'autant plus de plaisir que la chose a paru être agréable à trois de nos plus célèbres botanistes, de Jussieu, Lamarck et Desfontaines, pour lesquels j'ai autant de considération que d'attachement personnel.

La plante a été dessinée par Maréchal, excellent peintre en histoire naturelle, et gravée par Sellier, dont les talens en ce genre sont connus *(voyez planche III)*.

Ray, à qui Jacob Newton, avoit envoyé des renseignemens sur les usages de cette plante, rapporte que cet auteur avoit entendu dire dans le pays que les montagnards d'Ecosse mangeoient tous les matins du *ligusticum*, dans la persuasion où ils sont que c'étoit un antitode qui les préservoit de toute maladie dans la journée. *Mihi (inquit) ibi notum est, Scotos montanos, apud quos copiose oritur quotidie mane eam esitare, quo se tutos esse persuadent toto die aquavis contagione. Raj, Hist. 447.*

Gunner dit, dans sa *Flore de Norwège*, qu'on donne de cette plante aux troupeaux, ainsi que de la livèche ordinaire, mêlées avec du sel, comme un préservatif contre les maladies. *Folia hujus, vel et ligustici levistici, plantae hortensis, cum sali pecoribus ut remedium vulgo preservativum dantur. Gunner, Norw. 85.*

Le botaniste le plus moderne qui ait fait mention des propriétés du *ligusticum* d'Ecosse, est John Lightfoot, dans sa *Flore d'Ecosse*. Voici ce qu'il en dit:

« Cette plante croît sur les rochers au bord
« de la mer, sur la côte de *Fife*, entre le
« nord et le sud de *Weems*, et au-dessous
« de *Kinghorne*; on la trouve fréquem-
« ment dans les îles orientales de *Jura*,
« d'*Isla*, de *Jona* et de *Sky*; on l'appelle
« *shunis* ou *siunas*, en langue celtique,
« dans cette dernière île; et on la man-
« ge soit crue en salade, soit cuite com-
« me légume. La racine passe pour un bon
« carminatif: on fait une infusion de ses
« feuilles dans le petit lait pour purger les
« moutons; la dose est de sept gros (1). »

Voilà tout ce que j'ai pu recueillir sur cette plante que les montagnards Ecossois et les habitans des îles Hébrides regardent comme une sorte de panacée universelle;

---

(1) *On the rocks by the sea-side in many places, as on the coast of* Fife, *between north and south* Weems *and below* Kingborne, *and frequent in the western islands of* Jura, Isla, Jona *and* Sky, *in wich last it is called by the name of* shunis *or* siunas, *gaulish; and is some times eaten raw as a sallad or boiled as greens. The root is reckoned a good carminative. An infusion of the leaves in whey they give their calves, to purge them* ♃ *VII*. Lightfoot, *Flora Scotica, pat. II, p.* 205, *tab.* 24.

il en étoit autrefois à peu près de même de notre angelique, que nous mettions au-dessus de tout ; et observez que le *ligusticum* d'Ecosse vient d'être placé par Lamarck parmi les angeliques.

FIN DU PREMIER VOLUME.

TABLE
DES CHAPITRES

CONTENUS DANS CE VOLUME.

CHAPITRE I. *Londres. Sir Joseph Banks. Docteur Whitehurst. Cavallo. Docteur Letsson. Scheldon. Société royale. Muséum britannique,*   page 5

CHAP. II. *Maison de campagne de sir Joseph Banks. Observatoire de William Herschel, près de Windsor. Ses grands télescopes. Miss Caroline Herschel, sa sœur,*   69

CHAP. III. *Arts et manufactures. Instrumens de physique et de mathématique,*   106

CHAP. IV. *Monument de l'incendie. Qua-*

kers. Quelques cabinets d'histoire naturelle. Chevalier Englefield. Préparatifs pour le voyage d'Ecosse et de l'île de Staffa, page 126

Chap. V. Départ pour l'Ecosse. Itinéraire. Observations d'histoire naturelle, 144

Chap. VI. Newcastle; ses manufactures; ses mines de charbon; importance de son commerce, 153

Chap. VII. Départ de Newcastle. Itinéraire. Laves basaltiques. Trapps. Porphyres. Belle roche de trapp à Doddmill, près de Tirleston. Trapps de diverses couleurs près de Channel-Kirk-Inn, 186

Chap. VIII. Docteur Swediaur. Prestonpans; ses fabriques; ses excellentes huîtres. Grande fonderie de fer de Caron. Stirling, 202

Chap. IX. Départ d'Edinburgh. Levingstone. Moorhead-Craggs. Prismes de basalte. Hearst-Hill. Boule de basalte. Laves compactes. Tourbes. Charbon de terre. Glasgow. Histoire naturelle, 231

Chap.

DES CHAPITRES.

CHAP. X. *Départ de Glasgow. Dumbarton. Matières volcaniques. Lac Lomond. Luss. Tarbet. Loch Fyne. Inverary. Château du duc d'Argille; ses parcs; ses jardins. Histoire naturelle*, page 261

CHAP. XI. *Départ d'Inverary. Arrivée à Dalmally. Montagnards écossois; leur costume. Tombeaux anciens. Patrick Fraser. Réception dans la maison de Mac-Nab, possesseur de plusieurs fragmens des poésies d'Ossian. Manière de se chauffer et de s'éclairer des montagnards d'Ecosse; leurs usages. Cercle ou autel des Druides,* 303

CHAP. XII. *Départ de Dalmally. Lac Ave. Roches schisteuses micacées. Porphyres. Bun-Awe. Monument des Druides ou Carn. Croix chrétienne en pierre, très-ancienne. La nuit nous surprend en route. Un orage violent nous inonde. Nous perdons la route à minuit. Une de nos voitures verse dans le lit d'une petite rivière. Aventure plaisante avec un vieux meûnier. Nous n'arri-*

vons à Oban qu'à une heure et demie du matin, page 346

Chap. XIII. *Histoire naturelle des environs d'Oban,* 377

FIN DE LA TABLE DES CHAPITRES.

TABLE

DES MATIÈRES

CONTENUES DANS CE VOLUME.

A.

ADAMS, ingénieur en instrumens de mathématiques, *voyez arts et manufactures*.
Air : action de l'air sur les ouvrages en fer à Londres, *p.* 128.
Andreani (le comte) de Milan, 144.
Argille (mylord Campbell, duc d'), *voyez Inverary*.
Argilleshire : Inverary sa capitale, 276.
Arts et manufactures, 106.
Ave (lac) près de Dalmally, 346.
Autels ou cercles des Druides, connus parmi les montagnards Ecossois et les Hébridiens sous le nom de *carn*, 343.

B.

BANKS (sir Joseph), président de la société royale de Londres, 6. Sa maison est le rendez-vous des savans, 7. On y trouve les livres les plus nouveaux en histoire naturelle, *ibid*. Sa bibliothèque est une des plus précieuses et des plus complettes en histoire naturelle, 7. Il possède les herbiers de Haller, de Jacquin, de Fusée Aublet, etc., 9. M. Banks va publier un superbe ouvrage sur les plantes des îles de la mer du Sud et autres recueillies dans son voyage, *ibid.* Sa maison de campagne, 69.

Basaltes en prismes, près de Moorhead-Craggs, 231.
  à Glasgow, 243 et 244.
  à Dumbarton, 262.

Idem en boules, à Hearst-Hill, 232.
  près de Glasgow, 247.
  à une petite distance d'Oban, 389.

Becher : ce chimiste est le premier qui a mis les Anglois sur la voie de préparer le charbon de terre en coaks, 173.

Bird, ingénieur en instrumens de mathématiques, 109.

Blund et Nairne, ingénieurs en instrumens de physique et d'optique, 109.

Brasserie (grande) à Londres dont le débit ordinaire est de cent quarante mille barriques, 116.

Brèche : différence entre les brèches et les poudingues, 400.

Brogues, chaussure des montagnards d'Ecosse, 307.

Bun-Awe, 349.

C.

CAFÉ (mauvais) à Londres dans les meilleures maisons, 58 et 67. N'est pas meilleur en Ecosse, 285.

Calcaires (bancs), recouverts par des bancs de porphyre à Inverary, 297. Autres bancs calcaires au-dessous des schistes micacés à Dalmally, 315. Dans l'un et l'autre cas la pierre calcaire est sous forme spathique, 316. Quelques observations sur les pierres calcaires primitives et sur les granits primitifs, 317.

Campagnes (belles) des environs de Londres, superbes chemins pour y parvenir, 72.

Carn ou cercle des Druides à Dalmally, 343. Autre carn à une demi-lieue de Bun-Awe, 355.

Caron (grande fonderie de fer à); quatre hauts fourneaux y sont en activité, 210. Les canons qu'on y fond et qu'on y forre, mortiers, bombes, obus, boulets, affûts, 211 *et suiv.* Grandes chaudières pour les raffineries de sucre, cheminées au charbon de terre, marmites, poëles, poëlons, bouilloires, bêches et pioches pour la culture de la canne à sucre, etc., 221. Les hauts fourneaux alimentés avec du charbon de terre converti en coaks; manière dont se fait cette préparation, 214. Diverses mines de fer qu'on emploie dans cette fonderie, 217.

Cavallo (Tiberius), célèbre physicien italien, résidant depuis long-tems à Londres; son appareil pour glacer promptement l'eau par le secours seul de l'évaporation, 32. Son électromètre, 41.

Chanvre de la Chine, apporté de Canton par M. Eliot, et donné par celui-ci à M. Fitz-Gerald, qui le sema et en obtint des tiges de quatorze pieds de hauteur, 19. Même chanvre envoyé de la Chine à M. Banks, 21. S'éleva à une grande hauteur en Angleterre, mais ne porta point de graine; s'éleva à seize pieds au Jardin des plantes de Paris; la graine n'y parvint pas à maturité, 22. Réussit parfaitement et mûrit à Montélimar et à Saint-Fond en Dauphiné, 23.

Charbon de terre; ses avantages pour les usages domestiques et pour les arts; est une mine inépuisable de richesses pour l'Angleterre, peut-être même un des principaux mobiles de sa puissance; façon de penser de Franklin à ce sujet, 178 *et suiv.*

Mines de charbon de Gateshead, 151.

Idem de Newcastle, 159.

Idem de Glasgow; détails sur les matières qui les recouvrent, 237.

Mines de charbon de Kukross près d'Edinburgh, recouvertes par des laves, et se prolongeant sous les eaux de la mer, 228.

Idem de Prestonpans, 204.

Mine de charbon de Hearst-Hill, recouverte par de l'argile mêlée de blocs de basalte et par une tourbière, 234.

Préparation du charbon à Newcastle, 174. A Caron, 214.

Club académique, 55. Description d'un dîner à ce club, 56.

Concha exotica : coquille pétrifiée près de Stilton, 147.

Cornemuse : instrument favori des montagnards d'Ecosse ; la prédilection qu'ils ont pour un air qui leur a été transmis par tradition, 371. Les familles distinguées avoient autrefois des joueurs de cornemuse à leur solde ; cet emploi étoit héréditaire, 373, *à la note.*

Croix de pierre encore en place dans le fond de l'Ecosse, 353.

D.

DALMALLY (village de), 309. Son hôtellerie, 305. Maison de Mac-Nab, possesseur de plusieurs fragmens de poésies d'Ossian, 335. Excursion d'histoire naturelle, 314. Bancs calcaires sous les schistes micacés, 315 *et suiv.* Tombeaux anciens, 322. Carn ou cercle des Druides, 343.

Dollond, ingénieur en instrumens de mathématiques, 109.

Druides, *voyez carn.*

Drury : sa riche collection d'insectes étrangers, 141.

Dumbarton : son château fort bâti sur un pic volcanique, 261.

E.

EDINBURGH (ville d'), 200. Hôtellerie de Duns-Hotel ; manière dont on y reçoit les voyageurs, 229.

Englefield (chevalier), savant estimable et plein d'affabilité, qui s'occupe de physique et d'astronomie, 142.

F.

FRANKLIN : son opinion sur le charbon de terre, considéré comme une source de richesses, et sur ses usages domestiques, 181.

Fraser (Patrick), maître d'école à Dalmally, homme instruit dans plusieurs langues, a fourni divers fragmens d'Ossian à Macpherson, 311.

Fyne (lac), dans l'Argilleshire, 276.

G.

GLASGOW, 235. Costume des femmes du peuple, 236. Cabinet de physique et d'histoire naturelle de l'université, 235. Mines de charbon, matières qui les recouvrent, 237. Productions volcaniques, 241 *et suiv*.

Gomme élastique ou *caoutchou*; manière de la dissoudre dans l'éther vitriolique; préparation de cet éther, 35. M. Winch, pharmacien à Londres, est le premier qui a employé ce procédé; il en fit part à Macquer, et lui envoya de cette gomme ainsi dissoute, 36 *et suiv*. Manière d'employer cette dissolution pour former des tubes élastiques, 40.

Greenwich : observatoire de la marine, 64.

Grenats à douze facettes dans un bloc de quartz, 257.

Idem à vingt-quatre facettes trapezoïdales d'un gris verdâtre, semblables à ceux des environs de Viterbe, dans une lave granitique des environs de Glasgow, 255.

H.

Hamilton (le chevalier) vient à Inverary dans l'intention de visiter l'île de Staffa, mais il ne peut trouver un jour favorable pour s'embarquer, 281.

Herschel (William), célèbre astronome; miss Caroline Herschel sa sœur, 74 et 75. Description de son observatoire à Slough, dans la forêt de Windsor; ses télescopes en plein air, 76. Observations sur la voie lactée, 81. Sur l'étoile du pied de la chèvre, *ibid.* Sur les nébuleuses de Messier, encore nébuleuses avec le télescope qui a servi à découvrir la huitième planète, visibles avec celui de vingt pieds; ces nébuleuses sont des amas d'étoiles, 82. Étoiles de diverses couleurs, 83. Disparution de quelques étoiles, 84. De Jupiter vu avec le télescope de vingt pieds, 85. Saturne, son double anneau, ses nouveaux satellites découvert par Herschel, 86 *et suiv.* De son grand télescope de quarante pieds, dont le miroir métallique pèse deux mille livres, le télescope et l'équipage quarante milliers, 87.

Hurter, ingénieur en instrumens de physique et de mathématiques, 109.

I.

Inverary, capitale de l'Argilleshire, 276. Château du duc d'Argille, 283. Ses parcs, ses jardins, 286. Affabilité du duc, de la duchesse et de ses enfans, 286 *et suiv.* Vie douce qu'on mène dans ce beau lieu, 288.

Itinéraire de Londres à Edinburgh, 146.

    d'Inverary à Dalmally, 303.

    de Dalmally à Oban, 346.

K.

Kew (jardin de), un des plus curieux de l'Europe pour la partie des plantes étrangères, 90. Des serres chaudes sèches, des serres chaudes humides, des serres tempérées, 92. Des *magnolia grandi flora* en pleine terre et formant de grands arbres couverts de fleurs, 95. Des arbres résineux de diverses espèces, *ibid.* Du jardin des fougères et de celui des mousses, 96.

L.

Laves et produits volcaniques auprès de Cornhill, 190. A Edinburgh, et depuis cette ville jusqu'auprès de Stirling, 209. Près de Kukross au bord du Forth, 227. A Leving-Stone, à Moorhead-Craggs, 231. A Hearst-Hill, 232. A Glasgow, 243. A Dumbarton, 262. Dans le torrent de Glen-Urchi, près de Dalmally, 305. Variété de laves des environs d'Oban, 388 *et* 405.

Letsson (docteur), célèbre médecin de Londres; son cabinet d'histoire naturelle; sa douce philantropie; a donné le premier la liberté à ses Nègres dans ses possessions d'Amérique, 42.

Livèche d'Ecosse, *ligusticum Scoticum*; ses usages, ses propriétés, 410. Figure exacte de cette plante, 414.

Loch Fyne, dans l'Argilleshire, 276.

Lomond (lac); ses îles; le point de vue qu'elles offrent du côté de Tarbet, 271.

Londres, 5.

Luss, auberge isolée au bord du lac Lomond, sur la route de Dumbarton à Inverary, 267.

M.

Mac-Nab, montagnard Ecossois à Dalmally, possesseur de plusieurs fragmens des poésies d'Ossian, 231.

Manufactures et arts, 121.

Marroquin : préparation des peaux pour les marroquins, *ibid.*

Meciès (M. de), naturaliste anglois, 145.

Montagnards d'Ecosse ; leur costume, 306. Ce costume a de grands rapports avec celui des anciens soldats romains, 308.

Monument (colonne du) de l'incendie de la ville de Londres ; action de l'air sur la rampe et sur la balustrade en fer de cette colonne, 126.

Muséum britannique, 99. Cette vaste collection renferme beaucoup d'objets étrangers à l'histoire naturelle, 100. Rien n'y est classé, 102. Le muséum d'histoire naturelle de Paris est plus riche et plus instructif, 104.

N.

Nairne et Blund, ingénieurs en instrumens de mathématiques, 109.

Newcastle, 153. La belle rivière qui baigne ses murs ; ses manufactures, 156. Ses mines abondantes de charbon, 159. Matières qui les recouvrent jusqu'à la profondeur de cent deux pieds, 160. Pompes à feu, machines, chariots ingénieux pour épargner les chevaux, 161. Vaisseaux charbonniers, école de matelots, le célèbre Cook formé à cette école, 158. Manufactures diverses, verres à vitres, verres fins à caraffes et à gobelets, verres noirs, 155. Fabriques de couperose, 167. Charbon de terre en

DES MATIÈRES. 427

poussière réduit en coaks; manière dont on y procède à Newcastle, 171.

O.

OBAN, son port, 265. Histoire naturelle des environs d'Oban, 377. Matières calcaires, *ibid.* Schistes argilleux, 379. Trapps et porphyres, 384. Basaltes et autres produits volcaniques, 388. Brêches et poudingues, 400.

Observatoire de Greenwich, 64. Edifice simple pour la construction, mais magnifique pour la perfection des instrumens qu'il renferme, 65. Politesse franche et affabilité de M. Maskeline, directeur de cet observatoire, *ibid.* Commission de savans pour vérifier chaque année l'état des instrumens, *ibid.* Dîner à ce sujet, 67.

Ossian : fragmens des poésies de ce grand poëte à Dalmally chez Mac-Nab, 331.

P.

PARCKER, propriétaire d'une des plus belles verreries angloises, 114.

Pigeon vert de l'Ile de Nicobar en vie à la maison de campagne de M. Banks, 69.

Porphyres : banc de porphyre recouvrant un banc de pierre calcaire à Inverary, 297. Porphyres des environs de Bun-Awe, 351. *Idem* des environs d'Oban, 384.

Prestonpans, village au bord de la mer, à trois lieues d'Edinburgh, ses fabriques de sel marin, d'acide vitriolique, 204. Ses huitres forment un objet de commerce, 208.

Q.

QUAKERS : des quakers de Londres, 132. Description des lieux où ils exercent leur culte, 133. De leurs discours et de leurs qualités morales, 134 et 136. De leurs inspirations examinées sous un point de vue physique, 138. Leur vie est un cours de morale mise en action, 140.

R.

RAMSDEM, célèbre ingénieur en instrumens de mathématiques, 106.

Romains : les Romains ont construit sous l'empereur Adrien des retranchemens et une grande muraille en pierres sèches près de Dumbarton, c'est le *vallum Adriani*, 266. Il ne faut pas confondre ce mur de circonvallation avec la grande muraille d'Agricola, qui est du côté de Carlisle, 264.

S.

SHELDON (John), célèbre anatomiste de Londres, 45. La vivacité de son caractère; sa bonhommie; ses collections anatomiques; son ouvrage sur les vaisseaux lymphatiques; a embeaumé sa propre maîtresse, morte d'une maladie de consomption, et la conserve dans sa chambre à coucher; manière dont il a fait cette préparation, 46 *et suiv.*

Sheldon (Thomas), frère du précédent, sa collection en histoire naturelle, 142.

Société royale de Londres; salle de ses séances; ordre qui y règne, 60. Fauteuil du président; tables des secrétaires, 61. Comparaison de ses séances avec celles de l'académie des sciences au Louvre, *ibid. à la note.*

Spath adamantin de la Chine, 10. Apporté par le docteur Lind, *ibid.* Presque toujours crystallisé, *ibid.* Le plus considérable des crystaux apportés par le docteur Lind est, dans ce moment, au Muséum d'histoire naturelle de Paris; c'est le même que cite M. Brisson dans son ouvrage sur la pesanteur spécifique des corps, 11. Poudre de spath adamantin de la Chine ; expériences faites à Paris par M. Fontaines fils, lapidaire, sur cette poudre, 14. Sa dureté surpasse celle de l'émeril, dispose mieux les pierres à recevoir le poli, 15. L'archet qu'emploient les Chinois pour couper les pierres diffère du nôtre en un point, 10. Le spath adamantin paroît exister dans quelques granits de la Chine, 13. On a reconnu des indices de cette pierre dans quelques granits de France, 18. Analyse du spath adamantin, par Klaproth, 16.

Stilton; bois changé en pyrites; coquilles pétrifiées; bloc isé de basalte, 147.

Stirling, résidence des anciens rois d'Ecosse, 225.

Swediaur (docteur), médecin très-versé dans la connoissance des maladies vénériennes; a fait un excellent ouvrage à ce sujet, 202.

T.

Tarbet, hôtellerie à l'extrémité du lac Lomond, 270.

Température de l'air sur la route de Newcastle à Edinburgh; le 30 août à quatre heures du matin; le thermomètre de Réaumur marqua un demi-degré au-dessous de la congellation et l'eau gêla d'une ligne d'épaisseur; le lendemain le mercure s'éleva à dix degrés au-dessus de zéro, 152.

Thompson, naturaliste anglois, 145.

Thornton (William), Anglo-Américain, un de mes compagnons de voyage, 145.

Tombeaux anciens à Dalmally, 322.

Tourbière au-dessus d'une mine de charbon à Hearst-Hill sur la route d'Edinburgh à Glasgow, 233.

Idem près de Dalmally, dans laquelle on trouve, à une profondeur de plusieurs pieds, des souches du *pinus tæda*, 340.

Trapp (pierre de), ce nom est suédois et signifie es-

calier, cette pierre étant quelquefois divisée en tables qui imitent des espèces d'escalier, 190. Trapps près de Cornhill, *ibid. Idem* de Doddmill près de Tirleston, 194. Passage du trapp au porphyre, 197.

W.

Wedgwood, ses belles manufactures de potteries fines, 109.

Whitehurst, auteur d'un ouvrage sur la théorie de la terre, 25. S'est trompé en prenant les trapps du Derbyshire pour des produits volcaniques, 28. Lamanon avoit commis la même erreur au sujet des trapps qu'il avoit reconnus dans les Hautes-Alpes du Champsaur, *ibid. à la note*.

Y.

Young (Arthur) est dans l'opinion que la ville de Londres est aussi grande que celles de Paris, de Lyon, de Bordeaux et de Marseille réunies, 6.

Z.

Zéolites dans les laves près de Dumbarton, 266.

FIN DE LA TABLE DES MATIÈRES.

ERRATA.

Page 9 ligne 21 Bohins, *lisez* Bauhins.
     18   4 *de la note*, forêt, *lisez* Forêt.
     30   18 électomètre, *lisez* électromètre.
     35   18 précitée, *lisez* précipitée.
     55   2 qui ait tort, *lisez* qui ai tort.
     290   2 pierre, *lisez* prière.
     293   20 flamboises, *lisez* framboises.
     299   11 contesture, *lisez* contexture.
     318   9 coquillées, *lisez* coquillères.

BIBLIOTHEQUE NATIONALE

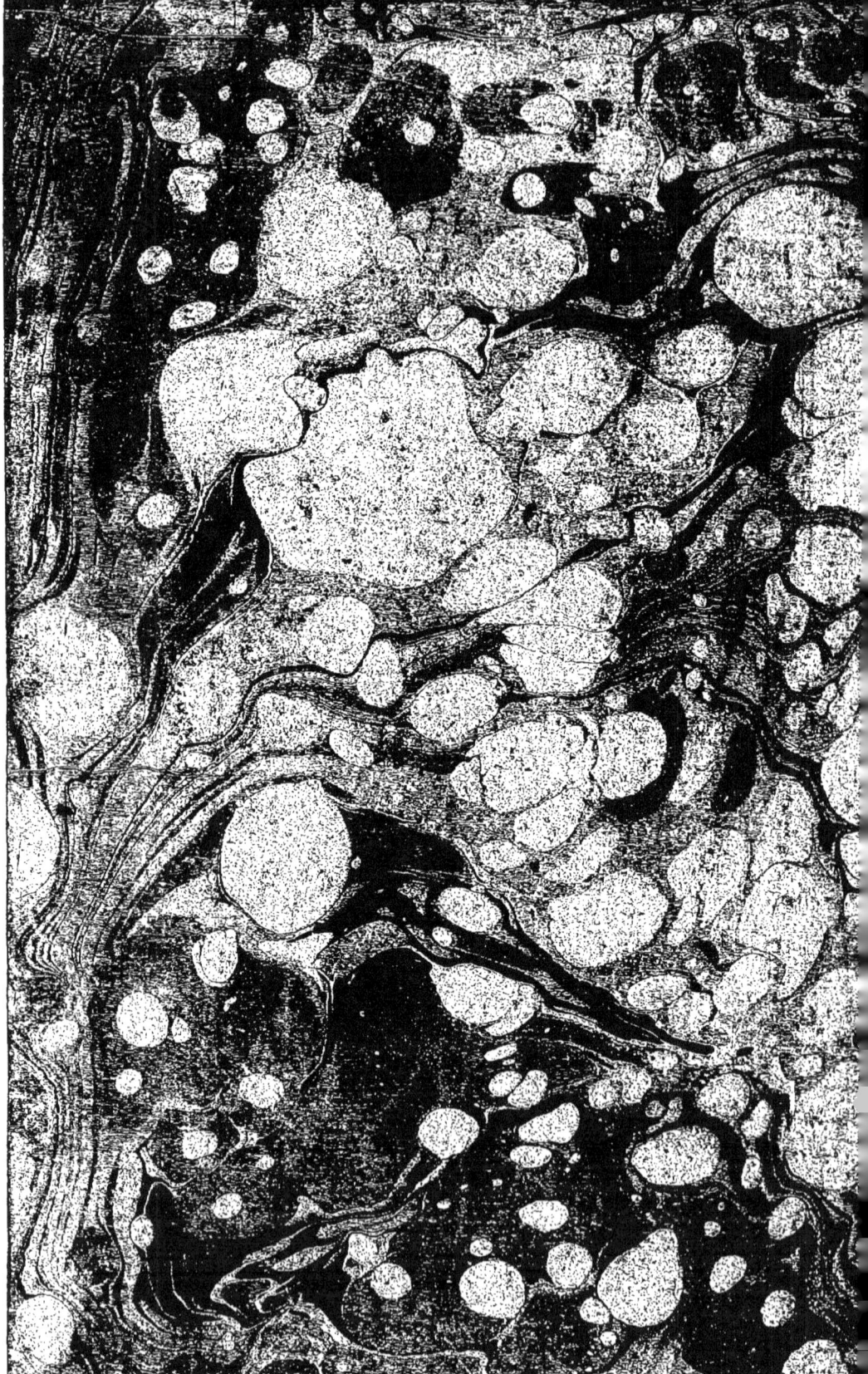

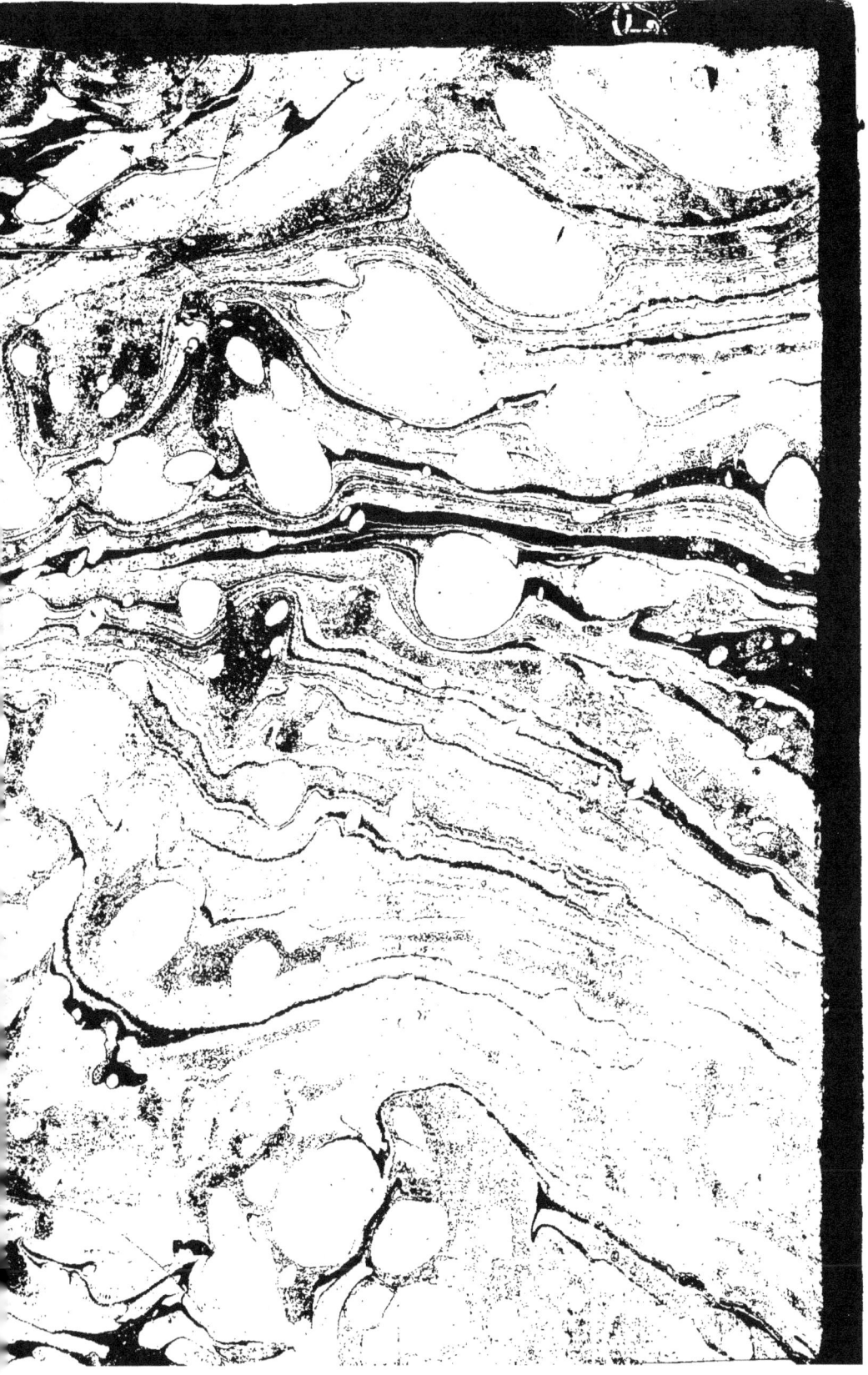

www.ingramcontent.com/pod-product-compliance
Lightning Source LLC
Chambersburg PA
CBHW072214240426
43670CB00038B/1423